2018 年主题出版重点出版物
“十三五”国家重点出版物出版规划项目

国际视野下的中国对外开放丛书
张燕生 主编

对外开放中的我国所有制结构变迁

姜春力 綦鲁明 谈俊 赵天然 著

SPM
南方出版传媒
广东经济出版社
·广州·

图书在版编目（CIP）数据

对外开放中的我国所有制结构变迁/ 姜春力等著. —广州：广东经济出版社，2019.4
（国际视野下的中国对外开放）
ISBN 978-7-5454-6706-2

Ⅰ. ①对… Ⅱ. ①姜… Ⅲ. ①对外开放-影响-所有制改革-研究-中国 Ⅳ. ①F121.24

中国版本图书馆 CIP 数据核字（2019）第 073568 号

出 版 人：李　鹏
责任编辑：黄　昱　梁　宜　张韵婷
责任技编：许伟斌

对外开放中的我国所有制结构变迁
Duiwai Kaifang Zhong De Woguo Suoyouzhi Jiegou Bianqian

出版发行	广东经济出版社（广州市环市东路水荫路 11 号 11～12 楼）
经销	全国新华书店
印刷	广东鹏腾宇文化创新有限公司 （广东省珠海市高新区科技九路 88 号七号厂房）
开本	787 毫米×1092 毫米　1/16
印张	21.75
字数	354 000 字
版次	2019 年 4 月第 1 版
印次	2019 年 4 月第 1 次
书号	ISBN 978-7-5454-6706-2
定价	60.00 元

如发现印装质量问题，影响阅读，请与承印厂联系调换。
发行部地址：广州市环市东路水荫路 11 号 11 楼
电话：（020）37601950　邮政编码：510075
邮购地址：广州市环市东路水荫路 11 号 11 楼
电话：（020）37601980　营销网址：**http://www.gebook.com**
广东经济出版社新浪官方微博：**http://e.weibo.com/gebook**
广东经济出版社常年法律顾问：胡志海律师

前　言

习近平总书记说，我们比历史上任何时期都更接近、更有信心和能力实现中华民族伟大复兴的目标①。

中华民族在辉煌的时期，有两个标识，一是以经济为基础的国力昌盛，二是对世界有较大的贡献。据西方经济史大家麦迪森的研究，在西汉末期的公元元年，中国GDP占世界GDP总量的26.2%，此后一直领先。到公元1000年左右的北宋早期，仍占到了22.7%，是当时世界上经济最繁盛的国家。16世纪以前，对人类生活有重大影响的约300项科技发明中，中国人贡献了175项。历史上，中国以“天下”的思想理念，建构了与东亚、东南亚国家相对稳定的国际关系。

中国的“辉煌”与世界上其他强国并存。在中国强盛的时代，世界其他地区可以找到和中国国力、影响相近的国家。如秦朝与亚历山大帝国，汉朝与东罗马帝国，唐朝与阿拉伯帝国，明朝与奥斯曼帝国等。近代中国落后的根本原因是政治制度腐败落后。自1840年第一次鸦片战争开始，中国开始沦为半殖民地半封建社会，对外签订一系列不平等条约，严重破坏了中国的领土和主权完整，使中国半殖民地半封建程度一步步加深。中国各个阶层虽然不断抗争努力探索，经过洋务运动、戊戌变法、辛亥革命等，都没能使中国摆脱半殖民地半封建社会的苦境。直到1921年中国共产党成立，领导中国各阶层人民英勇奋斗，才最终取得革命的胜利，建立了中华人民共和国，踏上

①《习近平：决胜全面建成小康社会 夺取新时代中国特色社会主义伟大胜利——在中国共产党第十九次全国代表大会上的报告》，http://www.xinhuanet.com/politics/19cpcnc/2017-10/27/c_1121867529.htm。

中华民族伟大复兴之路。

对人类做出更大贡献也是中华民族孜孜以求的目标。在改革开放以前，从经济上看，这一目标是可望而不可即的。1956年8月，中国共产党第八次代表大会召开前夕，毛泽东主席说，中国建设起来，是一个伟大的社会主义国家，将改变落后的状况，而且“会赶上世界上最强大的资本主义国家，就是美国”。但是1956年中国的GDP只有416.6亿美元，美国4375亿美元，中国经济总量只有美国的9.5%。1964年，第三届全国人大一次会议提出，要在不太长的历史时期内，把我国建设成为一个具有现代农业、现代工业、现代国防、现代科学技术的社会主义强国，但当年中国的GDP只有美国的8.9%。1975年，第四届全国人大一次会议再次提出了“四个现代化”的目标，此时中国的GDP只有美国的9.8%。直到开始改革开放的1978年，中国的GDP只占美国的9.4%。从1956年到1978年的22年间，我国经济总量只达到美国总量的9%左右。中国与美国的相对差距没有缩小，绝对差距在不断扩大。

改革开放推动了中国综合国力迈入世界前列。改革开放40年后的2018年，我国的GDP达到了13.46万亿美元，是美国的65.6%，稳居世界第二位。GDP增速和增量均超过美国。中国成为世界上最大的工业国家，建立了全世界最完整的现代工业体系，多年来对世界经济增长贡献率超过30%。中国投入的研究发展经费在2013年超过日本，成为世界第二大研发经费投入国家。中国在改革开放探索中取得的成就，为中华民族伟大复兴奠定了坚实的物质基础。

1978年到1992年的十余年，是我国改革开放的起步阶段。这段时期也是我国所有制结构的重大变革期，从理论到实践，从公有制经济到非公有制经济，从农村到城市，从外资到内资，我国所有制改革取得了历史突破性的重大进展，形成了我国所有制改革的框架雏形。这为之后的所有制改革的深化和延续奠定了坚实的基础。

我国的所有制改革是在马克思主义生产力和生产关系辩证统一关系理论指导下进行的。根据这一理论，生产力决定生产关系，生产关系反作用于生产力。当两者发生脱节、背离时，就会发生冲突甚至革命性的变化，并通过这种变革达到两者新的统一。一般来说，生产力相对活跃，发展变化较快，而生产关系则表现得相对稳定，发展变化较慢。因此，时常出现生产关系落后于生产力发展水平的状况，也有生产关系快于生产力发展的少数情况。我国改革开放之初，因长期受以“一大二公”为标志的所有制观念的影响，生产力发展受到严重制约，生产力水平低下，需要调整生产关系，对所有制进行实质性改革。但究竟什么样的所有制形式能够适应当时生产力发展需要？没有现成答案，改革只能摸索前行。因此，1978年到1992年这段时期我国的所有制改革带有明显的探索性，“摸着石头过河”是改革最为鲜明的写照。正是科学的理论认识及由之带来的强烈的改革意识，推动了我国所有制改革的伟大实践。

在具体实践中，所有制改革的生产力标志选择是一个现实难题。从我国当时经济发展现状看，农村是经济发展最为薄弱的环节之一，原有的土地经营制度已经不能适应农村生产力的发展，农村中自发出现包干到户、包产到户等现象，显现出新型农村所有制关系在农村迸发出的旺盛生命力。因此，顺应农村生产力发展趋势，选择以家庭联产承包责任制为代表的农村改革开启了我国改革开放的序幕。农村农业是整个国民经济的基础所在。在农村改革顺利推进的基础上，我国又开始探索个体经济、私营经济的发展。与此同时，在对外开放的背景下，开展外资经济的探索和实践。所有制改革最终延伸到国有企业的改革。我国在各个领域展开全方位的所有制改革，呈现出明显的秩序性、关联性、系统性。之后，各个阶段的所有制改革也明显带有和体现着这些特征。

如何正确处理公有制经济和非公有制经济的关系是改革之初的重大难点。受长期“一大二公”思想和计划经济的影响，改革之初不少人认同公有制经济，排斥非公有制经济。比如，私营经济中的雇工问题，不少人认为其带有剥削性质，因而对雇工持有明显的反对态度。改革实践表明，现阶段适应生产力发展水平的雇工现象，使得农村劳动力要素得以流转，短时间内提高了劳动生产效率和个人的收入，有效调动了农民的生产积极性。雇工对经济发展的正面作用远远大于负面影响。因此，从经济发展的整体看，非公有制经济有其鲜明的高效率特征，也是我国经济发展的重要组成部分，要发挥好非公有制经济的作用，使之与公有制经济形成相互促进、共同发展的局面。

国有企业的改革是又一重大难点。1978—1992年这段时期的所有制改革中，国有企业进行了大量创新性的改革。1992年7月，国务院公布了《全民所有制工业企业转换经营机制条例》。该条例根据两权分离的思路，明确了企业经营权、企业自负盈亏责任、企业和政府的关系、企业和政府的法律责任等问题。

整体而言，改革开放前期以搞活市场为方向的改革试点措施，促进了我国经济社会各项事业的快速发展。随着改革开放的不断深入，局部性的市场化改革已经不能满足经济社会发展的需要，迫切需要从一个整体的更高层面认识和推进市场化改革和对外开放，同时也需要从市场化改革和开放的视角全面认识我国所有制的结构变迁以及国有企业应有的作用。1993年，党的十四届三中全会回应了这一诉求。《中共中央关于建立社会主义市场经济体制若干问题的决定》在总结前期改革经验的基础上提出了我国发展市场经济的总体目标，明确了公有制经济和非公有制经济在我国经济社会发展中的地位与作用，这为非公有制经济的发展进一步扫除了障碍。同时，面对经济全球化水平不断提升的时代机遇，我国以积极的姿态主动融入世界经济发展潮流，不断加大吸引外资的力度，同时就恢复关贸总协定地位和加入世界贸易组织与相关方面进行卓有成效的谈判，并在这个过程中深化所有制领域的改革，推动实践发展，正式提出“公有制为主体、多种所有制经济共同发展”的基本经济制度。

实践表明，基本经济制度的确立符合我国社会主义初级阶段的国情，极大解放和发展了我国的社会生产力。作为我国所有制结构重要组成部分的国有企业，因历史包袱较重等，市场竞争力难以得到有效提升，在这一时期出现了较为普遍的经营效益不佳情况，部分行业甚至出现全行业亏损。对此，针对国有企业发展中的难点、痛点进行了有针对性的改革，辅之以相应的资金和政策等配套措施的支持，有力地缓解了国有企业经营效益较低的状况。

2002—2012年，是我国所有制结构改革的全面提升阶段。随着改革的稳步推进，我国所有制结构日趋合理，社会主义市场经济体制得到进一步完善，不同所有制企业的发展，共同带动了中国经济整体活力和竞争力的全面提升。

在国有经济领域，国家决策层意识到“产权是所有制的核心和主要内容”，因此以公司股份制改革为主要抓手，大力推进产权制度改革，并取得显著成效。同时，国有资产管理体制改革实现重大突破，在中央和地方分别成立资产监督管理委员会，实现“政企分离”“政资分离”和“所有权与经营权分离”，为国企改革的深化打下了坚实的基础。客观来看，上述改革在取得积极进展的同时仍然暴露出一些不足。首先，现代产权制度改革推进力度不够，一些国有企业缺乏解决改革难点、痛点的信心和动力，导致部分重点领域产权制度改革进展迟缓，如国有大型企业母公司的股份制改革推行受阻[①]；其次，新型国有资产管理体制有待进一步完善，仍然存在政企分离不清、国资监管部门干预企业自主经营权、“三统一、三结合”的国有出资人制度未完全落实等问题。这一阶段后期，社会各方开始探索国有、集体以及非公有资本相互融合的实现形式，混合所有制改革逐步成为下一步国企改革的主要发力点。

在民营经济层面，党的十六大“两个毫不动摇”的理论，第一次将公有制经济和非公有制经济的发展放在同等重要的地位，民营经济得以放心大胆地发展壮大。两个“非公经济发展36条”是这一阶段推动民营企业发展的最大亮点，两项政策的相继出台，搭建了对非公有制经济政策支持的框架体系，营造出平等准入、公平竞争的市场环境，民营经济快速发展并陆续进入多个垄断行业。

中国加入世界贸易组织的红利使外资经济迎来了发展的“黄金期”，随着关税的大幅降低和行业准入限制的逐步放开，外商投资规模迅速扩大，外资企业得以进入我国更多领域，并在政策和市场的引导下，由第一、第二产业向第三产业发展，由劳动密集型向资金和技术密集型转移。同时，个人、私营企业对外贸易及海外投资限制的放开，使更多国内企业走上国际舞台。

这一阶段，随着对公有制经济的调整和完善、对民营经济支持力度的加大，以及对外资经济准入的逐步放开，国内市场出现了各种所有制经济平等竞争、相互促进的新格局，我国经济进入了一个又快又好、持续发展的新阶段。

2012年，党的十八大以来，以习近平总书记为核心的党中央，坚持和

①常修泽等：《所有制改革与创新：中国所有制结构改革40年》，广东经济出版社，2018年，第71页。

完善社会主义基本经济制度，毫不动摇巩固和发展公有制经济，毫不动摇鼓励、支持、引导非公有制经济发展，我国经济发展取得历史性成就，经济实力再上新台阶，连续多年对世界经济增长贡献率超过30%，成为世界经济增长的主要动力源和稳定器。中国以自由贸易试验区为引领，开始探索构建开放型经济新体制，并将完善产权制度、实现产权有效激励作为经济体制改革的重点。2013年，党的十八届三中全会通过《中共中央关于全面深化改革若干重大问题的决定》，提出在深化经济体制改革中，紧紧围绕使市场在资源配置中起决定性作用深化经济体制改革，坚持和完善基本经济制度，加快完善开放型经济体系，并做出了构建开放型经济新体制的决定。会议提出适应经济全球化新形势，必须推动对内对外开放相互促进、“引进来”和“走出去”更好结合，促进国际国内要素有序自由流动、资源高效配置、市场深度融合，加快培育参与和引领国际经济合作竞争新优势，以开放促改革。2015年，中共中央、国务院发布《中共中央 国务院关于构建开放型经济新体制的若干意见》，对构建开放型经济新体制进行了系统部署，使开放型经济新体制逐步健全，进而推动形成全方位开放新格局。

2017年，党的十九大报告提出“发展更高层次的开放型经济”，“推动形成全面开放新格局”，目的就是通过开放促改革，促进制度建设、法规建设，推进新时代对外开放的体制机制创新，激发创新活力，释放发展潜力，促进资本技术密集型产业发展，提升国际竞争力。在推进完善开放型经济体制中，确立市场在资源配置中的决定性作用，深化政府和国有企业投资体制改革，转变政府管理方式，营造良好的营商环境，从而实现我国竞争力的升级，最终助力中国的现代化进程。报告再次明确，“公有制为主体、多种所有制经济共同发展”的基本经济制度是中国特色社会主义制度的重要支柱，也是社会主义市场经济体制的根基；公有制经济和非公有制经济都是社会主义市场经济的重要组成部分，都是我国经济社会发展的重要基础。必须毫不动摇巩固和发展公有制经济，坚持公有制主体地位，发挥国有经济主导作用，不断增强国有经济活力、控制力、影响力；必须毫不动摇鼓励、支持、引导非公有制经济发展，激发非公有制经济活力和创造力。公有制经济财产权不可侵犯，非公有制经济财产权同样不可侵犯。国家保护各种所有制经济产权和合法利益，保证各种所有制经济依法平等使用生产要素、公开公平公正参与市场竞争、同等受到法律保护，依法监管各种所有制经济。支持非公有制经济健康发展。坚持权利平等、机会平等、规则平等，废除对非公有制经济各种形式的不合理规定，消除各种隐性壁垒，制定非公有制企业进入特许经营领域具体办法。报告要求：“经济体制改革必须以完善产权制度和要素市场化配置为重点，实现产权有效激励、要素自由流动、价格反应灵活、竞争公平有序、企业优胜劣汰。”会议将“完善产权制度”作为经济体制改革的重点，并强调要“实现产权有效激励”。

党的十九大以来，中国加快了构建开放型经济新体制的步伐，经济发展从高速增长向高质量发展转变，并出台一系列扩大开放、优化营商环境、保护知识产权等举措。中国所有制结构的改革在对外开放中不断取得新的进展。

目录
Contents

第一编

1978—1992年：对外开放初期我国所有制结构理论突破与实践探索

第一章　改革开放初期所有制改革探讨和理论突破

在改革开放以前，我国将非公有制经济作为资本主义经济范畴，根本不承认非公有制经济的合理地位，从而把消灭非公有制经济作为社会主义革命的最主要内容。改革开放以后，为了应对长期“一大二公”传统思维和做法带来的经济困境，我们终于承认了非公有制经济，开始注重发挥非公有制经济的作用。同时，十分注重处理好公有制经济和非公有制经济的关系。由此，我国所有制改革从初步认识到理论化都有了长足进展。

第一节　“一大二公”和“分户承包”

1978年党的十一届三中全会召开，开启了我国改革开放的伟大进程。但受长期以来“左”的思想影响，党的十一届三中全会以来制定的路线、方针、政策，在实施过程中每前进一步，都会遇到不小的阻挠和干扰。

在农业生产方面，“左”的思想主要是急于追求“一大二公”。具体表现为，从个体生产到互助组，到合作社，再到人民公社化，只追求“大”和“公”，普遍认为“公比私好，越大越好”，只有“大”和“公”，才能解放生产力，因此，全社会掀起了一股“共产风”。受“公比私好”的思想影响，一度出现“宁要社会主义的草，不要资本主义的苗”的谬论。这种“公有主义”是超越阶段的，是违反马克思主义科学社会主义原则的。

当时，对“一大二公”的错误思想，社会各界进行了深刻反思和批评，形成了一些符合唯物史观的观点。比如，有学者提出，人类社会一开始就是以原始共产制为代表的公有制，随着生产力的发展，公有制被以奴隶制为代表的私有制所代替，然后又经历了封建主义、资本主义等私有制社会。无论怎么说，这都是人类社会的进步。如果不顾历史阶段和历史条件地认为，公有制就比私有制好，那么得出的结论就是，奴隶社会、封建社会、资本主义社会都是比原始共产社会落后的社会，人类社会就是倒退的了。这样的结论肯定是错误的。这也证明了“公有主义”的错误。

马克思在《〈政治经济学批判〉序言》中明确指出：“无论哪一种社会形态，当它还有发展余地的生产力没有展开以前，是决不会灭亡的；而新的物质条件没有出现以前，新的生产关系，也是决不会出现的。”（《马克思恩格斯选集》第二卷，第81页）。因此，当时还有学者以此为指导，分析中国当时的生产力和生产关系情况，提出如下观点：“中国从鸦片战争后逐步演变成半封建半殖民地社会，直到临解放时并没有改变社会性质。阻碍中国生产力发展的，一个是封建主义，一个是官僚资本主义（从国内而言）。当时我国资本主义处于幼弱阶段，资本主义私有制并没有形成我国生产力向前发展的阻力。私有制在中国还有发展余地的生产力没有展开。”并由此得出结论：“在中国搞社会主义同在发达国家搞社会主义有很大的区别，中国有自己的国情，有自己走向社会主义的道路。不能动辄以‘复辟资本主义’的观点威吓人。”其实，长期以来，因受外资压迫，中国民族资本并没有真正地发展起来，也谈不上什么“复辟”。事实上，这种观点也被实践证明是较为务实的，是坚持马克思主义的。

中华人民共和国成立后前30年的生产实践证明，受“左”的思想影响，社会生产的路子越走越困难，经济甚至接近崩溃边缘；当认真纠正“左”的思想而放宽经济政策时，经济生产很快就有所好转。如源自安徽小岗村的家庭联产承包责任制实施后，农业生产大幅度增长，农产品年年丰收，季季丰产。除农业的例子外，当时还出现了“包山办场”林业大幅度增产的事例。为什么政策如此重要呢？就因为长期以来“左”的思想路线对生产的危害太大了。那么人们还会问：“包山办场”“包产到户”到底是什么性质？有学者提出：“这要做具体的分析，把何时、何地、何场三者结合起来加以分析研究，不能孤立地看问题。如果在资本主义国家包山办场，它无疑是资本主义性质。但是它在社会主义中国包山办场，情况就不一样，包山办场的承包主，是社会主义中国的生产大队，而不是资本主义国家的农庄主；贷款主，是社会主义中国人民银行，而不是银行资本家。土地和资金，都掌握在社会主义国家手里，包山户仅拥有使用权和经营权。至于包山户少量雇主剥削，我国和资本主义国家也不一样。在资本主义国家剥削可以无限制地发展，在我国不行。人民手里有强大的国有经济，交通、运输、银行、重轻工业都掌握在国家手里，私人资本不可能影响国计民生，所以并不可怕。分清以上的界限，则不能把包山办场简单地定为资本主义性质，也就清楚了。至于包山办场的收益，符合国家利益：森林成材，是国家的财富，发展林业，增加覆盖面积，更是国家绿化祖国的要求；至于控制水土流失，增强水源涵养能力，促进农业生态平衡，有利于农业生产，那就更不待说了。像这样功在社会，有利国家的大好事，提倡尚嫌不够，有什么理由反对它呢！”①

第二节　处理好公有制经济与非公有制经济的关系

改革开放之初，我国承认非公有制经济并给予其一定的发展空间，是在其与公有制经济近乎严格分离的状态下进行的，因此带有明显的试验性和探索性。也就是说，在这个“试验”中，如果非公有制经济能一定程度地解决当时社会经济发展的突出问题，如就业、增收等，就允许其存在和发展，否则，这个“试验”也就随时被叫停，非公有制经济就会被再次逐出历史舞台。因此，与公有制经济不同，非公有制经济又被称为体制外经济。公有制经济有国家财政投入，并在实际上由国家管理，其任何行为都带有明显的国家意志和色彩。非公有制经济除了国家给予的政策支持外，不依靠政府财政，不花政府一分钱，自我开辟生存和发展的道路。因此，从一开始，我国非公有制经济就与公有制经济走的不是同一条路，两者有本质的区别。

正是在国家政策的支持下，非公有制经济依靠自身小而活的独有优势，在我国取得了举世瞩目的成就，给我国改革开放带来了一番别样亮丽的景

①童车五：《论“一大二公”和“分户承包”——兼谈李金耀包山办厂》，《中国农村观察》1982年第6期。

象。这给上亿人民从观念和心理上带来巨大冲击，进而导致后来“下海经商”潮的出现。

非公有制经济快速发展已经突破了与公有制经济严格分离的界限，从而不可避免地对公有制经济产生一定的影响。这时，传统思维下的一些观点提出，非公有制经济发展正在蚕食公有制经济的领域，缩小公有制经济的范围，一些国有资产被人利用各种手段化为私有，国有资产流失严重。同时，也有支持非公有制经济的观点提出，凭借独有的垄断地位及国家政策支持，公有制经济不光在市场竞争性领域谋求扩张，还设法阻碍非公有制经济进入其控制的领域，获取超额利润。随着这两种观点争论日趋激烈，公有制经济和非公有制经济的关系问题也日趋成为世人关注的重点问题。

公有制经济与非公有制经济到底是冲突关系还是互补关系？这个问题需要辩证地看。不难发现，非公有制经济发展不光没有削弱公有制经济的地位，还吸纳了大量就业，提高了产出，帮助解决了公有制经济难以解决的国民经济难题。特别是，在国企减员增效改革过程中，职工下岗再就业问题主要是靠非公有制经济发展来解决的。因此，非公有制经济与公有制经济本质上并不是冲突的。

在社会主义商品经济以及社会主义市场经济中，公有制经济和非公有制经济是统一的。两者既有竞争也有合作，都是社会主义市场经济的重要组成部分，都是社会主义现代化建设不可或缺的支撑力量。两者的统一性体现在以下方面。

首先，两者都是社会主义建设者。公有制经济的主体是全体人民或部分人民的集合，非公有制经济的主体是个人、私营企业主，是个别的人，虽然两种主体代表的利益有差异，但这两种主体都是社会主义的建设者，这两种劳动者在社会主义事业下是统一的。

其次，两者都要遵守市场经济规律。无论是公有制经济还是非公有制经济，其生产经营过程中所使用的生产要素，所生产的产品，都是在市场经济规律支配下配置和流动的。在市场面前，两者都是市场主体，都要遵守市场规则平等竞争，都受到法律保护。

再次，两者都要以“三个有利于”为最终目标。无论是公有制经济还是非公有制经济，其生产经营的最终目标都是“三个有利于”标准，即有利于发展社会主义社会的生产力、有利于增强社会主义国家的综合国力、有利于提高人民的生活水平。

最后，两者的实现形式将是统一的。无论是公有制经济还是非公有制经济，都要采取一定的实现形式。如果两者都是在遵循社会主义市场经济规律的前提下进行生产经营活动，其实施形式必然要与现代经济相适应，最终都会朝着同一个方向，即越来越社会化的方向发展，从而两种所有制的实现形式将逐步走向统一。目前，两种所有制经济中的股份制越来越多，就是这样一种趋势的表征。

但是，由于公有制经济和非公有制经济是两类不同性质的经济成分，两者间的差异也是非常明显的。主要体现在以下几个方面。

第一，由制度属性的不同导致的地位差异。由于社会主义经济性质是由公有制经济决定的，所以社会主义的制度属性表现为公有制经济的主体地位，社会主义优越性也在于公有制处于主体地位，也就是说，公有制经济是决定我国社会经济性质的经济成分。在传统思维下，私有经济的非公有制经济与公有制经济是对立的，非公有制经济不具有社会主义属性，甚至可能改变我国的社会主义属性。虽然改革开放的实践已经证明非公有制经济也是我国生产力发展的必要手段，与公有制经济一样，可以促进生产力发展，然而，从认识上看，仍然存在一些旧的观念，认为在社会主义条件下公有制才是“善”的，公有制经济天然优于非公有制经济，并给非公有制经济贴上“恶”的标签。尽管这些观念落后甚至背离实践，但时至今日仍然具有一定的影响。公有制经济和非公有制经济属性上的差异导致非公有制经济在发展过程中处于劣势或被动地位。非公有制经济很难与公有制经济公平竞争，表现在：一方面，公有制经济在国家政策支持方面处于有利地位，而非公有制经济则容易受到政策忽视或歧视；另一方面，公有制经济更容易给人“铁饭碗”的印象，所以，在就业市场上，人们更青睐国有企业，民营企业往往不具有这种优势。

第二，主体地位和市场地位两种地位间存在矛盾。一方面，在我国所有制结构中，公有制经济占主体地位，非公有制经济是非主体地位；另一方面，在我国社会主义市场经济中，公有制经济和非公有制经济都是其重要组成部分，并且两者的地位是平等的。社会主义市场经济的内在要求是公有制经济和非公有制经济的市场地位是平等的，两种经济的市场环境是一致的，所遵循的市场规则是一致的。因此，在所有制结构中，公有制经济与非公有制经济的地位存在差异，而在市场经济中，公有制经济与非公有制经济的地位是平等的，这两种地位存在明显矛盾。

第三，营商环境的差异。在营商环境上，公有制经济容易获得比较好的发展待遇。由于公有制经济具有社会主义经济制度的属性，并且在计划经济时期，公有制经济是大政府的组成部分，因此，公有制经济天然与政府有较为密切的关系。国家为了保持公有制经济的主体地位，对公有制经济持扶持态度，包括政策支持、金融支持、税收支持等，使得公有制经济能够有更好的营商环境，进而更容易发展壮大。以此相对，非公有制经济的营商环境与公有制经济有很大差别，导致各种经营成本居高不下，在融资、运营、税收等各方面都面临成本高的问题。比较典型的例子是，在2008年金融危机时，国家将“4万亿计划”的资金大部分投向国有经济，在国有经济的带动下，我国经济很快得到了恢复；而与此同时，民营企业则很难从国家层面得到资金，很多民营企业的经营陷入困境。危机下，政府仍然信任国有企业，支持国有企业，而非公有制经济则面临不同的待遇。

所以，在社会主义市场经济条件下，公有制经济和非公有制经济之间既有统一的一面，也有差异甚至对立的一面。需要全面认识和正确处理两者的关系。

第一，在市场经济中，各种经济成分的地位是平等的，这是市场经济的内在要求，所以只要是市场经济条件下的公有制经济和非公有制经济，其地位就是平等的。在市场经济中，任何主体都要受到市场规则的约束，都在同等的市场规则下公平竞争。改革开放40年来，随着社会主义市场经济的不断完善和发展，作为市场主体的公有制经济和非公有制经济的地位已然是平等的，并在市场竞争中获得共同发展。实践证明，公有制经济和非公有制经济是市场经济的有机组成部分，无高低善恶，不能厚此薄彼。当然，在社会主义市场经济的发展过程中，公有制经济和非公有制经济在一些具体的领域的优势和效率会存在差异。比如，有调查显示，公有制经济在一些社会化程度较高的行业或领域具有更高的效率，而非公有制经济在一些劳动密集型行业的效率更高。但公有制经济在某些行业的优势和效率与其发展基础及国家的政策支持密切相关。从市场经济的角度看，国家应该正视市场经济的基本精神和要求，为两种经济成分的平等竞争、共同发展创造更好的条件和环境。

第二，公有制经济和非公有制经济各有优势，应相互促进，协同发展。一方面，公有制经济是社会主义性质的经济成分，注重满足社会整体的需求，体现社会主义的公平、平等理念，并对非公有制经济发挥支持和引导作用。比如，公有制经济应积极主动地在公共产品的供给上发挥主要作用，充分体现公有制经济的社会主义属性，为全社会提供公共产品和公共服务，也为非公有制经济提供其所必需的公共产品和公共服务。再如，公有制经济一般在尖端科技研发方面具有体量优势，能够集中大量人力和资金搞大型科技攻关，可以为非公有制经济提供技术支持和创新引领。再如，在一些关系国计民生的重要行业，公有制经济可以防止私有资本或国际资本的垄断，捍卫经济主权，夯实社会主义市场经济的基础。另一方面，非公有制经济可以发挥自身优势促进公有制经济的发展。非公有制经济是市场经济的产物，是应市场竞争而生的，能够适应市场变化，具有较强的竞争、风险和忧患意识，对价格、成本、库存等市场信息反应灵敏，是市场经济活力的源泉。与非公有制经济相比，在适应市场方面，公有制经济明显有缺陷，因此，公有制经济应向非公有制经济学习，按市场要求改革自身经营管理，增强自身发展动力和活力。由此，公有制经济和非公有制经济在市场经济中发挥各自优势，同时，相互借鉴和促进，有机结合，形成合力，共同促进国民经济的发展。

第三，在市场经济条件下，公有制经济和非公有制经济以竞争促发展。公有制经济和非公有制经济之间除存在互补共生关系外，还存在竞争关系。首先，在竞争性领域的竞争。在一般竞争性领域，两者通过竞争实现发展，其发展比重完全由市场竞争决定。政府在这些领域的作用是创造公平竞争的市场环境，主要通过建立完善的社会主义市场经济法制，保证公有制经济和非公有制经济的公平竞争。其次，在逐渐向非公有制经济开放的领域，公有制经济要面对与非公有制经济的竞争。最后，即使在公共服务领域，未来随着对非公有制经济的开放，两种经济之间同样会存在竞争。在上述领域，竞争带来的不是对立，而是实现互利共赢。

第四，随着社会主义市场经济的完善和发展，公有制经济和非公有制经济应逐渐走向融合。公有制经济和非公有制经济在市场经济中为了生存和发展，会出现融合的现象，这是市场经济发展的必然结果。在实践中我们可以看到，非公非私、既公又私的股份制经济或混合所有制经济已经涌现了出来，融合发展成为趋势。所有制概念逐步让位给产权制度，公有制经济和非公有制经济的区分逐渐淡化，在产权制度的架构下，建立符合自我发展需要的企业产权结构，才是企业发展的重点。

第五，需要强调的是，正确处理公有制经济和非公有制经济之间的关系，前提是必须坚持和完善基本经济制度理论。现阶段，公有制经济和非公有制经济都是能适应生产力发展要求的经济成分，要防止单一公有制和全面私有化的错误倾向。

第三节　所有制结构变迁的理论

通过前面对公有制经济和非公有制经济两者关系的分析，我们可以看出，有必要对所有制结构的变迁进行理论化认识。理论化认识将对所有制结构改革实践产生指导。因此，理论化认识主要是通过归纳出所有制结构变迁的脉络，分析不同时期所有制结构的特点，概括出一定的变迁规律，从而为完善我国所有制结构提供理论性指导或参考。

一、中华人民共和国成立后我国所有制结构变迁的脉络

中华人民共和国成立后，我国所有制结构变迁经历了“结构多元化—结构单一化—结构多元化”这样一个里程。结构多元化不仅包含所有制形式的多元化，也包含实现形式的多元化。中华人民共和国成立初期，我国存在多种所有制经济形式，所有制结构呈现多元化。由于当时正处在由新民主主义社会向社会主义社会过渡的阶段，所有制结构中各种所有制形式的地位并不一样。中华人民共和国成立后前30年，特别是社会主义改造完成到改革开放前，是公有制经济在数量占比和质量上都不断上升的时期。由此，在这段时期，我国所有制结构逐渐向单一化演进。改革开放后，随着个体、私营、三资、合作经济等非公有制经济的发展，公有制经济在数量占比上开始不断下

降，我国所有制结构又转向新的多元化。中华人民共和国成立后，尽管我国所有制结构变迁经历了一番波折，但不管是多元化还是单一化，公有制经济始终处于主导地位或支配地位。改革开放后，这种主导地位或支配地位主要体现在公有制经济的控制力增强上。

在社会主义初级阶段，我国社会生产力发展水平差异巨大。因此，由差异带来的多层性是我国生产力发展的主要特征之一。为了适应这种生产力状况，必须要求有多样的所有制经济形式。如此，才能使各种所有制经济形式有效推动生产力发展。即使是在发达资本主义国家，比如英国，为适应生产力发展水平的差异，也存在资本主义经济成分及前资本主义经济成分，甚至还存在少许公有制性质的成分。

所有制结构多元化与公有制占主导地位并不矛盾。鉴于所有制经济形式多样化有利于推动生产力发展，形成公有制为主体的多元化所有制结构也应是我们追求的目标。

现阶段，我国多元化的所有制经济形式都是开放的，相互联系、相互合作。这主要体现在社会生产中，各种所有制经济都按照市场规则进行经营，生产要素按照效率原则在各种所有制经济形式中流动，生产产品按照“物美价廉者胜出”原则被各种所有制经济形式购买使用。开放的、多元化的所有制形式彼此既竞争又合作，形成一番欣欣向荣的经济活动景象。更为重要的是，不同所有制经济形式可以相互转化，相互混合，相互融合，使所有制结构的生产力效应不断得到优化。

二、诱致性制度变迁是改革开放后所有制结构变迁的主要特征

总的来看，我国所有制经济形式主要由公有制经济和非公有制经济组成。所有制结构变迁主要是指在不动摇公有制经济地位的前提下，公有制经济的比例不断下降，非公有制经济的比例不断上升。因此，我国所有制结构变迁呈现以下特征。

一是强制性制度变迁。改革开放之初，受长期“左”的思想影响，不少人对非公有制经济是持排斥态度的，社会各界即使有发展非公有制经济的

愿望和想法，也几乎没人敢“冒头”实施。因此，在这种情况下，改革遇到了巨大障碍。改革需要来自中央政府的自上而下的推动，以邓小平为代表的中央领导集体采取了强制性制度推动的办法，对阻碍改革的力量进行说服教育，对敢于迈出改革第一步的采取鼓励做法，对已经做出改革并遇到一些传统观念阻碍的采取保护做法，如对“傻子瓜子”等给予“看一看”的方针就属这种做法。正是这种带有强制性的政府推动，使我国所有制改革迈出了实质性步伐，所有制结构走上了日趋完善的道路。

二是诱致性制度变迁。我国所有制结构变迁在经历了第一阶段的强制性政府推动后，取得了重大进步。这种进步推动了我国社会经济的大发展，不少个体户、私营企业、外资企业如雨后春笋般在我国大地生根发芽结果，人民生活也得到了极大改善。所有制改革受到广大人民的拥护和支持。由此，我国所有制改革进入由政府推动转向群众推动的过程。因此，从动力的角度看，我国所有制结构变迁进入第二个阶段。同时，由自上而下的强制性制度变迁转向自下而上的诱致性制度变迁，成为我国所有制结构变迁的主要特征。

所谓诱致性制度变迁，是指新的所有制结构下，人们在享受获利机会的同时自发倡导、支持新的所有制结构，并有意识地去组织、实施和完善这种所有制结构。强制性制度变迁则是指政府通过命令和法律法规推动新的所有制结构。

不难看出，即使是诱致性制度变迁，也需要强制性制度变迁做支撑。但与纯粹的强制性制度变迁不同，诱致性制度变迁条件下的强制性制度变迁有了很大的“自由度”，即这种命令、法律法规是对已经发生或正在进行的制度变迁的认可、允许、支持和推广。

不能否认，诱致性制度变迁的产生与强制性制度变迁有着密切联系。诱致性制度变迁之所以发生，关键就是新的制度安排给个人或一部分人带来了获利机会，而这种获利机会恰恰是由强制性制度变迁导致的制度不均衡带来的。比如，家庭联产承包责任制是一种诱致性制度变迁。当小岗村的包产到户出现时，遭到不少反对，有些反对甚至是致命的。当时，政府对这种新生制度采取了宽容的保护态度，在近乎“力排众议”的情况下为其争取了发展机会和空间，这才有了家庭联产承包责任制及后来的全国推行。因此，强制性制度的不均衡必然会给部分人带来获利机会，进而会引发诱致性制度变迁。与此同时，一种特定制度安排的变迁将会导致一系列制度安排都发生新变化，从而引致全社会的所有制结构变化。如此，整个社会新的所有制结构不断变化，直到最终定型确立。

改革开放之初，尽管强制性制度变迁对诱致性制度变迁产生了不可或缺的推动作用，但我国所有制结构变迁仍以诱致性制度变迁为主，这是所有制主体根据自身偏好做出的理性选择。之所以这样说，是因为改革开放之初，在计划经济近乎崩溃，社会生产已经难以满足广大人民生活需要的情况下，我国广大人民内心深处已经有了改革的愿望和想法。像安徽等不少地方偷偷搞包产到户就是鲜明例证。因此，政府的强制性推动作用之所以能够有效发挥，从根本上来说还是因为政府的行为符合了广大人民的愿望。具体实践中，政府的作用仍主要体现在对新的所有制形式萌芽的默许、保护和鼓励，以及对其成功经验的推广上，更主要的，政府自我革命式地减少了对所有制形式的干涉。

所以，在所有制结构变迁过程中，相比强制性制度变迁，诱致性制度变迁更应得到重视。因为诱致性制度变迁更容易符合人民的意愿，更容易促进生产力发展，从而更容易产生效率。这已经为改革开放以后我国经济发展的实践所证实。

三、我国所有制结构变迁的根本动因

中华人民共和国成立后，以公有制为主导的多种所有制形式是历史形成的。那么，这种所有制结构变迁的根本动因又是什么？这也是需要从理论上加以认识的重点问题。

有观点认为，从马克思政治经济学的视角看，生产资料所有制属于经济基础范畴，经济基础决定上层建筑，又受到上层建筑的反作用。同时，在强制性制度变迁中，政府的推动作用是明显的，在诱致性制度变迁中，政府的作用也不可或缺。因此，所有制结构变迁需要来自政府的推动。这种观点不无道理，但并没有讲出所有制结构变迁的根本动因。回顾我国所有制结构变迁的历史，中华人民共和国成立之初，国有经济在各种经济成分中的主导地位的逐步确立，是在接受官僚资产阶级的资产并对其进行社会主义改造的基础上进行的，因此，国有经济地位的确立是历史形成的。在这个过程中，政府发挥作用是以加快生产力解放和改善人民生活状况为前提的。同样，改革开放后，诱致性制度变迁在所有制结构变迁中是主要的，这个制度变迁过程也是以促进社会主义生产力解放和发展，满足人民生活需要为根本前提的。在这个过程中，由政府推动的强制性制度变迁已经让位于诱致性制度变迁。相反，改革开放前我国所有制结构偏离了促进生产力发展和提高人民生活水平的目标，而是侧重于辨别是否是社会主义所有制，结果导致整个经济陷入停滞，单一的所有制结构也面临不能持续下去的困境。因此，笔者认为，促进生产力发展，满足人民生活需要，是我国所有制结构变迁的根本动因。

在现代经济中，生产力发展，满足人民生活需要的一个重要标志就是经济增长。国内生产总值（GDP）是衡量经济增长水平的重要指标。从支出法的角度看，GDP包含消费、投资、净出口。其中消费是人们生活水平的直接反映。因此，生产力发展和人民生活水平的提高，集中体现在居民消费水平上。

改革开放后，我国社会生产力得到极大解放，人民生活水平不断提高。从经济增长看，自1978年至今，我国GDP总量逐年提高，并始终保持中高速增长水平。以不变价计算，2017年我国GDP总量是1978年的218.7倍。以不变价的增速看，1978—2017年，我国GDP增速始终处于中高速增长区间（见图1-1）。这段时期，我国经济一直处于平稳运行状态，且在平稳运行中不断

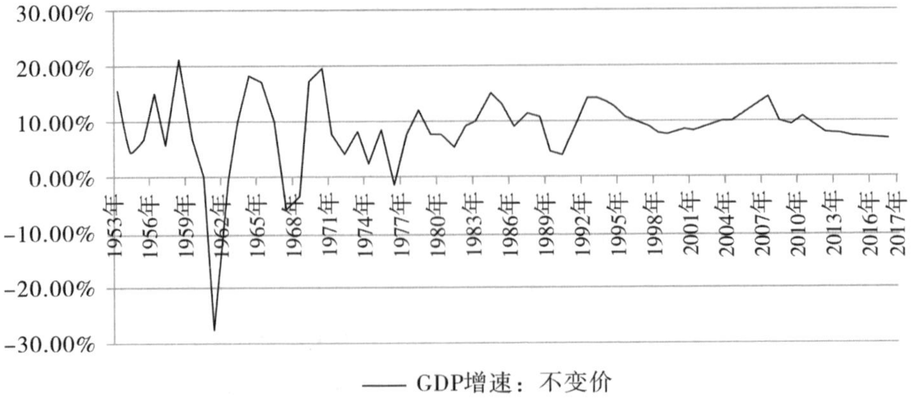

图1-1　1953—2017年我国GDP增速变化图

资料来源：Wind数据库。

进步。可以说，改革开放至今，我国经济发展取得了巨大成就。

改革开放后，我国经济之所以出现“稳中有进”的良好状况，很重要的一个原因就是我国所有制结构的不断调整、不断完善。改革开放后，非公有制经济的发展，不仅激发了广大人民群众干事创业的积极性，也促使公有制经济加快改革步伐，从而使公有制经济脱胎换骨，逐渐成长为适应市场经济规律的合格市场主体。公有制经济的生产效率不断提升，其对国民经济的贡献率也不断提高。近些年，虽然公有制经济总量不断下降，但其资产质量明显提升，对国民经济的控制力不断增强。总的来讲，只要我们把促进生产力发展、满足人民生活需要作为完善所有制结构的根本动因，我们对所有制结构的调整和完善就不会偏离方向。只有使所有制结构与生产力发展和满足人民生活需要有机结合起来，才会符合经济规律，符合历史发展潮流。

第二章　农村家庭联产承包责任制的伟大实践

英国古典经济学家威廉·配第曾经说过：劳动是财富之父，土地是财富之母。土地是人类赖以生存最基本的资源，并且人类将长期在土地上生存和发展。土地有保障功能、发展功能，尤其对于我国广大农民来说，土地是他们的命根子。20世纪70年代，受经济生活所困，由安徽省凤阳县小岗村18位农民按下红手印，将村内土地分开承包，即分田到户，推动了新一轮土地制度改革，开创了家庭联产承包责任制的先河。由此，改革开放先从中国农村开始慢慢拉开了序幕。

第一节　包干到户是家庭联产承包责任制的主要形式

20世纪70年代末，位于江淮之间的皖东农村生产停滞、经济困难。滁州（原滁县）地区农村人均口粮只有500斤左右，社员集体分配的人均年收入只有70元左右。在定远、凤阳、嘉山等贫困县，不少社员人均口粮只有300斤左右，人均年收入只有50元左右。从60年代初开始，每到冬春季，全地区总有大批农民扶老携幼、逃荒要饭。1978年，滁州地区遭受了百年不遇的特大旱灾，粮食大减产，农民生活雪上加霜，干部对此焦虑万分。正是在这种情况下，农民群众开始了对旧农村经济体制的反思和冲击。

1978年9月，“实践是检验真理的唯一标准”的大讨论已经进行了几个月，各级干部群众的思想正在活跃起来。滁州地委许多公社书记提出一个尖锐的问题：我国农业长期上不去，原因究竟在哪里？1个公社上不去，2个公社上不去，为什么全区240多个公社都上不去？难道我们这些公社书记都是笨蛋吗？他们强烈要求地委解放思想，放手让下面干。干上去了不求表扬，干不上去自动下台。在分组讨论中，来安县和天长县一些公社介绍了他们试行的包产到组、以产计工、小宗作物田间管理责任到人、超产奖励的责任制以及对基层干部按工作实绩进行奖励等行之有效的办法，引起了与会干部的极大兴趣。但这些办法在当时还属“禁区”，被称为“秘密武器”，只能暗中实行。

1978年底和1979年初，全区已有部分生产队暗中搞了联产承包到户，主要是包产到户，增产效果显著。几乎与此同时，凤阳县小岗生产队首创了包干到户的责任制形式。1978年12月，小岗生产队18位农民秘密开会，签下一份不到百字的包干“生死状”。其中最主要的内容有三条：一是分田到户；二是不再伸手向国家要钱要粮；三是如果干部坐牢，社员保证把他们的小孩养活到18岁。小岗农民首创的这种大包干责任制形式，比包产到户更向前迈进了一步。当年春天，小岗的做法并没有引起人们的特别关注。但是不久，这种做法的巨大优越性就迸发出来了，吸引其他地方的农民竞相效仿。

1979年10月下旬，这是小岗生产队大包干后的第一个秋天。丰收说明了一切：全队粮食总产13.2万多斤，比上年增产6倍多，18户农民家庭中有12户共收了3万斤粮；油料总产7.5万斤，超过了合作化20多年来油料产量的总和；社员人均收入311元，比上年增长6倍多。自1957年后22年以来，第一次向国家交售粮食和油料，分别超额完成任务7倍和80多倍。通过对小岗生产队的解剖分析，大家对双包到户的性质、作用等几个重大问题形成了统一的认识：①土地等主要生产资料所有权仍归集体，只是分户经营，不是分田到户；②生产计划由生产队统一下达，抗旱、防汛以及各种公差勤务由生产队统一安排，不是变相单干；③国家、集体、个人三者关系以及各种公益事业，年初通过合同的形式定下来，年终落实兑现，不是“富了个人，空了集体，穷了国家”。因而，不论是包产到户还是包干到户，都是坚持社会主义方向。

1980年春节前夕，时任省委第一书记万里又来到小岗生产队挨家看了一遍，只见各家各户凡是能装粮食的东西都装得满满的。他说：“这样干形势自然就会大好，我就想这样干，就怕没人敢干。”当生产队反映有人指责小岗是“开倒车”时，万里当即表示：“地委批准你们干三年，我批准你们干五年。只要能对国家多贡献，对集体能够多提留，社员生活能有改善，干一辈子也不能算‘开倒车’。”这是多么大的鼓舞和支持啊！2015年时任小岗生产队队长、“大包干”发起人之一的严宏昌向中新社记者回忆了“大包干”的“前世今生”。严宏昌说：“可以说，没有万里，就没有小岗村。万里的话起到了拍板定论的作用，给小岗村的老百姓吃了一颗定心丸。可以想象当时他这么做，承担着多大的‘风险’。”

当时，听了万里书记的话后小岗村社员十分激动，有的社员顾不上与省委第一书记倾吐心声了，急忙回家炒了花生。这是“大包干”的丰收果。他们把炒熟的花生一把把地往万里及其随行人员大衣兜里装。万里落了泪，他语重心长地对随行的地、县负责人说：“咱们不能再念紧箍咒了，你们说是不是？”回合肥后，他在省委常委会上捧出小岗生产队社员送的花生，给到会的同志吃，再一次说，不管什么办法，只要能增产增收，对国家能多贡献，集体能多提留，群众生活能够大改善，就是好办法。

大包干到户一出现，就以其独特的优越性，受到农民和农村干部的热烈欢迎。农民享有土地经营管理权，土地所有权仍归国家，根据双方签订的有关权利、责任和利益的承包合同，由农户自行安排各项生产活动，产品除向国家交纳农业税、向集体交纳积累和其他提留外，完全归承包者所有。农户承包集体的基本生产资料（主要是土地）自主经营，包交国家和集体应得的各项费款，其余产品或收入归承包户所有。这种责任制形式“责任最明确、利益最直接、方法最简便”，同绝大多数农村的生产力水平、农民的经营水平、干部的管理水平相适应。“大包干”用农民自己的话说就是：“国家的征购任务我们交，集体的提留我们给，剩下的随便有多少都在俺们的口袋里。”以后更进一步概括为“大包干，大包干，直来直去不拐弯，保证国家的，交足集体的，剩下都是自己的”。“大包干”成为广大农民的自觉选择，扩展非常迅速。家庭联产承包初期搞的包产到户，基本上都迅速发展成为大包干到户。到1981年底，全地区实行“大包干”责任制的生产队占99.5%。

皖东大地满园春色，这在当时引起了全国乃至全世界的瞩目。但从长远看，包干到户的体制也存在一定的局限性。首先，这种体制下，虽然土地国有性质并无改变，农民只拥有土地使用权，但长期以家庭为单位进行生产，难免会出现部分生产资料私有化的情况。其次，虽然在包干到户实施的初期生产队依然存在，但其功能已经大幅度削弱。生产队不能对农业生产进行统一的计划和安排，由于土地的分裂，一些大型的农机具和新的增产技术措施也无法得到推广，集体劳动协作力的发挥受到很大的限制。

尽管如此，包产到户和包干到户（双包）的实现，奠定了家庭联产承包制的基本格局。而包干到户因其独具的优越性受到农民的特别拥护，成了家庭联产承包的主要形式。

第二节　家庭联产承包责任制的内容、实质及主要特点

改革开放之初，家庭联产承包责任制的诞生既源自基层农民的敢闯敢干，也与政策和法律支持紧密相关。可以说，在当时的环境下，如果没有政策的强力支持，也就不会有家庭联产承包责任制。

一、家庭联产承包责任制的政策法律支持

1978年12月18—22日，党的十一届三中全会在北京召开，大会决定将全党的工作重点转移到社会主义现代化建设上来。会议通过了《中共中央关于加快农业发展若干问题的决定（草案）》，总结了20多年农业发展的经验教训，提出了发展农业的25项政策和措施。这次会议的召开为农村经济体制改革创造了政治条件。

进入1980年，中共中央开始支持并推动以包产到户为主要形式的家庭联产承包责任制。1980年5月31日，邓小平在与中央负责同志谈到农村政策问题时肯定了小岗村“大包干”的做法，表示：“农村政策放宽以后，一些适宜搞包产到户的地方搞了包产到户，效果很好，变化很快。安徽肥西县绝大多数生产队搞了包产到户，增产幅度很大。‘凤阳花鼓’中唱的那个凤阳县，绝大多数生产队搞了‘大包干’，也是一年翻身，改变面貌。有的同志担

心，这样搞会不会影响集体经济。我看这种担心是不必要的。”由此传达了一个明确的信息：农村改革势在必行。

1980年9月14—22日，中共中央召开省市自治区党委第一书记座谈会，会后印发了《中共中央印发〈关于进一步加强和完善农业生产责任制的几个问题〉的通知》，中共中央首次以文件形式明确肯定了十一届三中全会以来农民群众创造的以包产到户为代表的生产责任制新形式。文件受到广大农民的热烈欢迎，长期套在人们头上的意识形态紧箍咒随之解除了。包产到户在皖、浙、赣、苏、鲁、蒙、川、贵等省区农村迅速扩展开来。1980年11月初，全国农村实行包产到户的生产队比重占15%，1982年6月末该比重上升到67%。

1982年1月1日，中共中央批转《全国农村工作会议纪要》，指出农村实行的各种责任制，包括小段包工定额计酬，专业承包联产计酬，联产到劳，包产到户、到组，包干到户、到组，等等，都是社会主义集体经济的生产责任制；1983年中央下发文件，指出联产承包制是在党的领导下我国农民的伟大创造，是马克思主义农业合作化理论在我国实践中的新发展。1991年11月25—29日举行的中共十三届八中全会通过了《中共中央关于进一步加强农业和农村工作的决定》（以下简称《决定》）。《决定》提出把以家庭联产承包为主的责任制、统分结合的双层经营体制作为我国乡村集体经济组织的一项基本制度长期稳定下来，并不断充实完善。

为保障农民的土地经营权，1982年12月4日，第五届全国人民代表大会第五次会议通过的《中华人民共和国宪法》规定：“农村和城市郊区的土地，除由法律规定属于国家所有的以外，属于集体所有；宅基地和自留地、自留山，也属于集体所有。”

1983年1月2日，党中央颁发了《当前农村经济政策的若干问题》的文件，高度评价了以包产到户为主的家庭联产承包责任制。在党中央的领导和支持下，在成功示范效应带动下，包产到户从南到北、从东到西进一步发展。到1983年末，全国已有1.75亿农户实行了包产到户，包产到户在所有责任制中的比重达到97.8%；1984年末比重进一步上升到98.9%。随着包产到户的兴起和迅速发展，为传统计划经济体制配套的人民公社制度弊端日益凸现出来。为此，改革政社合一的人民公社体制、建立乡镇政府便成为历史必然。同时，以“交够国家的，留足集体的，剩下全是自己的”为特征的包干到户，还迫使国家改革农产品流通体制，推进了农产品购销的市场化进程。

1986年6月通过的《中华人民共和国土地管理法》，使这一制度更加明确，它规定：“集体所有的土地依照法律属于村农民集体所有，由村农业生产合作社等农业集体经济组织或者村民委员会经营、管理。已经属于乡（镇）农民集体经济组织所有的，可以属于乡（镇）农民集体所有。村农民集体所有的土地已经分别属于村内两个以上农业集体经济组织所有的，可以属于各该农业集体经济组织的农民集体所有。”这种土地制度并没有从根本上改变土地集体所有的性质，只是将土地的所有权、经营权分开了。但在当时，家庭联产承包责任制作为农村经济体制改革的第一步，突破了“一大二公”“大锅饭”的旧体制。而且，随着承包制的推行，个人付出与收入挂钩，这对调动农民的积极性、解决农民的温饱问题来说，的确是很大的成就。

二、家庭联产承包责任制的具体内容

中国农村集体经济经营体制是以家庭联产承包为主的责任制和统分结合的双层经营体制。家庭联产承包责任制是以集体经济组织为发包方，以家庭为承包主，以承包合同为纽带而组成的有机整体。通过承包使用合同，把承包户应向国家上交的定购粮和集体经济组织提留的粮款等义务同承包土地的权利联系起来；把发包方应为承包方提供的各种服务明确起来。

绝大部分地区采用的是包干到户的形式。家庭联产承包责任制是我国农村集体经济的主要实现形式，主要生产资料仍归集体所有；在分配方面仍实行按劳分配原则；在生产经营活动中，集体和家庭有分有合。家庭联产承包责任制是中国农民的伟大创造，是农村经济体制改革的产物。党的十一届三中全会以后，在党中央的积极支持和大力倡导下，家庭联产承包责任制逐步在全国推开，到1983年初，全国农村已有93%的生产队实行了这种责任制。

实行家庭联产承包责任制后，取消了人民公社，又没有走土地私有化的道路，而是以家庭联产承包为主，统分结合，双层经营，既发挥了集体统一经营的优越性，又调动了农民生产的积极性，这是适应我国农业特点和当时农村生产力发展水平以及管理水平的一种较好的经济形式。

三、家庭联产承包责任制的实质

自中华人民共和国成立以来，我国实施了多次土地制度改革。首先是中华人民共和国成立初期到1952年底，全国广大解放区的土地改革已全部完成，彻底消灭了封建剥削制度，结束了中国社会的半封建性质，土地由剥削阶级所有转为农民所有，实现了“耕者有其田”的目标，解决了民主革命时期留下的最大问题，同时也有力地激发了农民的劳动积极性，大大解放了农业生产力，使农业生产迅速得到恢复和发展。

其次是土地改革以后，在农村又掀起了农业合作化运动。这可以分为两个阶段：一是初级农业合作化阶段。土地改革使农民对土地私有后，根据马克思主义的合作制理论，结合当时中国的实际情况，中国共产党开始引导农民走向合作化道路。先是建立农业生产互助组，在土地和其他生产资料私有制和分散经营的基础上实行劳动互助；进而建立农业初级合作社，农民通过土地入股、集中经营、统一分配的方式联合生产，其实就是把农民土地私有制转变为农民私有、集体统一经营使用的土地制度。二是高级合作社和人民公社化阶段。从1955年秋开始，高级合作社开始在全国推行。在高级合作社中取消了按土地和农具入社分红制，出现了“一大二公”，把农民土地私有制改成了合作社性质的劳动群众集体所有制，土地的农民私有被集体统一所有代替。高级合作社和人民公社化，脱离了中国农村生产力发展的实际水平，加上高度集中的劳动方式和分配中的平均主义，影响了农民生产的积极性，农村经济的发展受到约束。

1978年的家庭联产承包责任制改革，将土地产权分为所有权和经营权。所有权仍归集体所有，经营权则由集体经济组织按户均分包给农户自主经营，集体经济组织负责承包合同履行的监督，公共设施的统一安排、使用和调度，土地调整和分配，从而形成了一套有统有分、统分结合的双层经营体制。家庭联产承包责任制的推行，纠正了长期存在的管理高度集中和经营方式过分单调的弊端，使农民在集体经济中由单纯的劳动者变成既是生产者又是经营者，从而大大调动农民的生产积极性，较好地发挥了劳动和土地的潜力。

家庭联产承包责任制的实质是打破了人民公社体制下土地集体所有、集体经营的旧的农业耕作模式，实现了土地集体所有权与经营权的分离，确立了土地集体所有制基础上以户为单位的家庭承包经营的新型农业耕作模式。

家庭联产承包责任制是特定社会经济条件下的历史选择，该种农业生产组织形式与传统的农业生产组织方式（大集体时期）相比具有较大的进步，在改变农村经济格局的同时，奠定了经济发展和后续改革的基础，调动了农业生产者的积极性，为我国农民脱贫起到了重要作用，推动了农业生产的快速发展，极大地改变了我国农业生产和农民生活，被邓小平同志誉为中国农村改革与发展的“第一次飞跃”。

如果说，中华人民共和国成立之初的土地改革是把土地分给农民，实行类似封建社会的小农经济，本质上还是封建主义的，那么，家庭联产承包责任制则是在坚持社会主义公有制的前提下，把土地承包给农民，农民承担一定的义务，土地所有权属于集体，农民只有经营权和使用权，本质上是属于社会主义的。

四、家庭联产承包责任制的主要特点

农村普遍实行家庭联产承包责任制后，发挥了集体的优越性和个人的积极性，既能适应分散经营的小规模经营，也能适应相对集中的适度规模经营，因而促进了劳动生产率的提高以及农村经济的全面发展，提高了广大农民的生活水平。为了进一步加强农业的基础地位，中国将继续长期稳定并不断完善以家庭承包经营为基础、统分结合的双层经营体制，依法保障农民对土地承包经营的各项权利。

农户在承包期内可依法、自愿、有偿流转土地承包经营权，完善流转办法，逐步发展适度规模经营。实行最严格的耕地保护制度，保证国家粮食安全。按照保障农民权益、控制征地规模的原则，改革征地制度，完善征地程序。严格界定公益性和经营性建设用地，征地时必须符合土地利用总体规划和用途管制，及时给予农民合理补偿。

“统分结合的双层经营体制”具体体现在集体和农户两个经营层次。集体在经营中的作用主要体现在土地发包，产前、产中、产后服务方面，农户则成为基本的生产经营单位。“统”和“分”是相互依存、相互促进、共同发展的关系。其中，集体经济组织是双层经营的主体，承包家庭经营是双层经营的基础，离开了其中任何一方，联产承包责任制就不能成立，双层经营体制就不存在。可以这样说，家庭联产承包责任制如果离开了集体经济组织，离开了“统”的功能的发挥，家庭承包就失去了主体，家庭经营实质上就成为个体小农经济，偏离了农业的社会主义方向；如果离开了承包家庭的分散经营，农民的生产积极性就不能得以充分发挥，农业集体经济就失去了活力，集体经济的优越性也就不能得到发挥。

第三节　家庭联产承包责任制的制度影响

研究表明，家庭联产承包责任制改革对农业生产的影响是一次性的突发效应，到1984年全国范围内都实行家庭联产承包责任制以后，这种制度变迁的冲击已经释放完毕。另外，农业的发展和农村市场化政策的逐步实行，使得农村非农就业机会增加，劳动力加速从种植业向非农产业转移。1978—1984年，中国农产品产值以不变价格计算增长了42.23%，其中46.89%归功于家庭联产承包责任制取代集体耕作制度的体制改革。

家庭联产承包责任制是符合当时时代背景和国情的重大改革举措，具有鲜明的历史性和时代特征。因此，其影响也应当一分为二地看，它作为一项制度，既有积极的一面，也有一定的局限性。

一、积极意义

家庭联产承包责任制改变了我国农村旧的经营管理体制，解放了农村生产力，调动了广大农民的生产经营积极性。

第一，家庭联产承包责任制适应当时我国农村的生产需要。原来那种大规模经营下的集体劳动（改革前农村以生产队为基本生产经营单位，农民评工记分年终分配）对每个人的劳动数量、质量很难准确统计，因而必然是平均主义的“大锅饭”，而以家庭为经济单位可克服干多干少一个样的平均主义。另外，农业生产的劳动对象是动物、植物等生命体，劳动对象的这种特性要求劳动者有更强的责任心，以家庭为经营单位有助于这种要求的实现。所以，家庭联产承包责任制使农业生产和农村经济得以蓬勃发展。

第二，家庭联产承包责任制根本上体现了农民与生产资料直接结合的关系。而这一直接结合的特殊形式是社会主义公有制的题中应有之义。马克思认为，“不论社会生产形式如何，劳动者与生产资料始终是生产的要素……凡要进行生产，就必须使它们结合起来，实行这种结合的特殊方式和方法，使社会结构区分为不同的经济时期”。在阶级社会里，生产资料私有制，决定了劳动者与生产资料的分离。作为阶级社会最后社会形态的资本主义社会也是如此，也恰是资本主义私有制规定着的劳动者与生产资料的分离，使资本主义的生产社会性与资本主义私人占有形式之间的基本矛盾不断激化，导致了一次又一次资本主义社会的全面危机。也正是为了解决资本主义的基本矛盾，马克思、恩格斯从无产阶级的利益要求和社会历史发展的必然规律出发，提出了以社会主义公有制代替资本主义私有制的科学设想。恩格斯指出：“私有制必须废除，代替它的是共同使用生产工具和按共同协议来分配产品。”显然，恩格斯所阐述的作为对资本主义的劳动者与生产资料分离否定的社会主义公有制，就是劳动者与生产资料直接结合的公有制。家庭联产承包责任制使农民紧紧地与土地直接结合在一起，本质上是社会主义农村公有制的实现形式。

家庭联产承包责任制的实行，解放了我国农村的生产力，开创了我国农业发展史上的第二个黄金时代，充分体现了社会主义公有制的优越性。实行家庭联产承包责任制之后，粮食总产量从1978年的6595亿斤，增至2017年的12358亿斤。我国以占世界7%的耕地养活了占世界22%的人口。农业的发展也为国民经济的发展奠定了坚实的基础。而且，由于利益的内在推动，使家庭承包经营“不仅适应以手工劳动为主的传统农业，也能适应采用先进科学技术和生产手段的现代农业”，从而推动我国农业的现代化。

二、消极影响

（一）家庭分散经营，经营规模过小，难以形成规模经济效益

自从在农村推行家庭联产承包责任制以来，农村社会生产力迅速发展，农村面貌发生了翻天覆地的变化。但是，随着市场经济在中国的深入发展，家庭联产承包责任制本身的局限性逐步显现了出来。现代社会的许多生产经营活动，其收益都是与规模经济密切相关的。规模经济是假定在技术水平不变的条件下，在生产经营活动中，生产要素配置同比例增加引起的超额收益增量。农业的适度规模经营，是指与一定的农业生产技术相适应，在保证提高土地生产率的前提下，使农户经营的耕地面积得到适度扩张，从而使从事专业化农业生产的农民取得规模经济收益，收入水平与其他行业同等劳动力的收入水平基本持平。我国的家庭联产承包责任制，土地按人口平均分配，各种质量的土地均匀搭配。20世纪80年代中期，平均每户所承包的土地只有8.35亩。到了20世纪90年代中期，我国农户平均拥有的耕地下降到6亩，有1/3的省、市人均耕地不足1亩。如此细小分散的农田结构，使耕作经营十分不便，农民无法进行大规模的投入，农业技术进步的成果无法体现出来。而且，由于每户的农田分散，给日常的经营管理造成很多麻烦，浪费了很多人力。这一切都导致我国农业的规模经济效益根本无法显现出来。

（二）农民不能自由处置土地，限制了农民的择业自由

我国农村实行的是集体经济制度，农村的土地属于集体所有，农民对土地只有使用权，没有所有权，因此农民没有对土地的自由处置权。农民不能自由处置土地，一方面限制了农田的规模化经营，另一方面限制了农民的生产积极性及其选择谋生方式的自由。农民自己耕种收入太少，完全抛荒又有点可惜，同时怕被集体处罚或者收回土地，所以很多地方出现了由妇幼老弱耕种的现象。农民只是对较好较近的土地进行管理，把经营土地当成了义务，目的只是保留对承包的土地应有的那点权利，有的农民则为了保留对承包土地的权利，徘徊在留守耕地与外出择业之间。因此，土地是处于半充分利用状态，甚至许多地方出现了大片田地荒芜的现象。这在一定程度上也限

制了农民的择业自由。

（三）农村基础设施难以建设，农业生产长期高成本

在我国农村集体经济中，农田水利等基础设施的建设是靠集体组织来进行的。一方面，农户个体能力有限，无力单独进行大规模的基础设施建设；另一方面，农村基础设施属于公共产品，在公有制下，由私人建设不符合经济学原理。家庭联产承包责任制，对农村中诸如农田水利基础设施建设、道路建设等公共产品的建设，所产生的阻碍甚至破坏的作用是不可忽视的。如：一条水渠自上而下，水渠的产权归集体所有，即为能够从该水渠中得到灌溉利益的农户共同所有，产权主体不具体，因此，处于上游田块的农户为了自身的利益最大化，往往会破坏水渠的规划设计，私自破渠灌溉，从而对农村公共产品造成破坏。另外，对于农村中需要修建的公共产品，却因占用土地的问题难以解决或解决的成本过高而无法修建。农村的公共产品长期建设不足，甚至已建的公共产品遭到破坏，直接导致农业生产长期高成本。

（四）家庭小块田地分散经营，不利于农业科技水平的提高

现代农业的发展以及农业的现代化离开了农业科学技术的进步是寸步难行的。在农业发达国家，其农业的发展大都充分考虑了科技成果在农业中的推广，它们充分利用新的科学技术发展农村的灌溉事业，普及机械化，推广生物技术和改进耕作方法，使其农业生产率大幅度提高。由于我国是家庭分散经营，每家每户分得的土地极其有限，每户的总产量不高，在当前的农产品购销政策下，主要农产品收益比较低。因此，一方面，农民缺乏积累和扩大再生产的能力，难以进行更大更多的技术改造；另一方面，我国农民也缺乏提高农业科技水平的动力。每家每户土地有限，只要靠部分劳动力或劳动时间就可以耕种，不需要普遍使用机器等新技术，也不便普遍采用机械化耕种，因而小块土地分割阻碍了机械化的推广。

（五）家庭小块田地分散经营，增加了农业生产的管理成本

实行家庭联产承包责任制后，许多地方为了做到平等，分配土地时实行“远、近插花”“好、中、差搭配”，导致土地碎化分散。而且，因为经营

权到户，农户经营权不受外来干涉，每户家庭中，随着儿女长大分居，也要对本户经营的土地经营权进行分配，因此，土地进一步碎化。农民在这样细小的土地上耕作，必然增加许多时间成本，从而导致总成本增加。

（六）农村家庭联产承包责任制的土地制度缺乏规范化的法律保障，制约了农民通过经营土地提高收入的能力

土地使用权没有一定的法律规范，土地使用权的主体、地位、界限、获取与转让的法律程序、法律形式及法律保护手段都没有明确的法律规定。自家庭联产承包责任制推行以来，土地使用权长期作为一种政策规定在运行，而不是作为一种法律规定在操作。地方政府部门随意调整农民承包的土地、缩短承包期限、终止承包合同、收回农户承包地高价发包、非法征用农地等侵害农民土地使用权的事件时有发生。农民对土地占有和使用不稳定，导致农民对土地缺乏长期投资的热情，土地经营短期化行为不可避免，土地资源处于掠夺式经营状态。这种情况必然导致农业产业化经营的生产条件无法改善，科技含量低，农业生产力无法提高，农民收入增长缓慢。

（七）家庭联产承包责任制不能适应市场经济发展的需要

市场化是农业产业化经营的基本特征之一，但家庭联产承包责任制所推行的土地经营分散化，难以协调农户在商品生产经营中的利益矛盾，难以克服分散农户在商品生产中的盲目性，经常会出现“跟风农业”现象，风一来，农户盲目跟进，生产供大于求，价格下跌，产品难销。力不从心的分散农户经营个体，得不到市场上供求的准确信息，农业生产经营经常处于震荡之中。同时，由于家庭经营的规模过小，专业化程度低，农民没有多少产品进入市场，即使进入市场的农产品，交易方式也是分散成交，增加了市场交易的成本。

三、结论

生产关系一定要适应生产力发展的要求，有什么样的生产力，就必然有与之相适应的生产关系。生产力的发展是一个渐进的过程，但生产关系却具

有相对的稳定性。生产力发展到原有的生产关系阻碍其发展的时候，就要求对生产关系进行调整。然而，需要调整生产关系时的生产力的标志又是很难确定的，只能从一些经济现象来进行判断。在现阶段，就农村而言，就是随着我国农业生产力的进一步发展，传统的土地制度的正效应已渐减弱，农村中已自发出现土地流转等现象，说明现行单纯以实物为主的家庭联产承包责任制的土地制度已不再完全适合农村生产力发展的需要，应当坚持土地集体所有，有利于土地资源的合理配置，有利于兼顾土地开发利用的社会目标、集体目标和农民家庭目标，有利于创造良好的农业生态环境的目标，进行农村土地制度创新。

第三章　改革开放使个体、私营、外资企业快速成长

1978年12月召开的党的十一届三中全会，开启了我国改革开放的伟大历史征程。随着改革开放方针的确立，我国经济社会发展逐步走上正常的轨道。一方面，这一时期提出进一步解放思想的方针政策，为制定和实施新的非公有制经济政策创造了良好的社会环境和政治环境；另一方面，充分把握经济全球化发展趋势与国际接轨，这一时期逐步实施对外开放政策，既是发展经济的必然选择，也为我国恢复和发展个体经济、私营经济和外资经济提供了客观环境，提出了现实要求。

第一节　改革开放背景下个体经济的快速成长

党的十一届三中全会后，我国各项事业百废待兴，社会经济发展面临很多困难和问题。其中一个十分突出的问题，就是以大批返城知青为主体的就业问题。据统计，截至1979年上半年，全国需要安排就业的人数高达2000多万人，其中主要有大专院校、中技校毕业生和家居城市的复员转业军人105万人，按政策留城的知识青年320万人，插队知识青年700万人，城镇闲散劳动力230万人[①]。1980—1985年，全国城镇待业人数达到3700万人，城镇就业压力日益加大。

①中共中央文献研究室编《三中全会以来重要文献选编（上下册）》. 人民出版社，1982年。

在党的十一届三中全会以前，受“左”的思想影响，个体手工业被视为资本主义因素被长期压制甚至清除掉了。在这种情况下，市场活跃和经济发展都受到很大冲击，这给人民群众的生活带来诸多不便。因此，打破原有就业体制、拓宽就业渠道、发展多种就业形式、逐步放宽对非公有制经济的限制、尽快恢复个体工商业就成为经济发展的必然选择。

一、个体经济合法地位的确认

改革开放之初，允许非公有制经济的存在和发展，在所有制问题上打破传统社会主义观念的认识和理论误区，是从恢复和发展个体经济开始的。

1978年12月，党的十一届三中全会通过的《中共中央关于加快农业发展若干问题的决定（草案）》明确指出：“社队的多种经营是社会主义经济，社员自留地、家庭副业和农村集市贸易是社会主义经济的正当补充；决不允许把它们当作资本主义经济来批判和取缔。……社员自留地、家庭副业和农村集市贸易，是社会主义经济的必要补充部分，不能当作所谓资本主义尾巴去批判。相反地，在巩固和发展集体经济的同时，应当鼓励和辅助农民经营家庭副业，增加个人收入，活跃农村经济。”[①]由此，个体经济先后在农村和城镇得以恢复。

面对大批知识青年返城带来的七八百万人的巨大就业压力，1979年2月国家工商行政管理局召开的工商行政管理局长会议提出，“各地可以根据当地市场需要，在取得有关业务主管部门同意后，批准一些有正式户口的闲散劳动力从事修理、服务和手工业等个体劳动，但不准雇工”。尽管这个规定仍较为严格，尤其是规定不准雇工，但它毕竟为个体经济的发展开了绿灯。到1979年底，全国的个体工商户发展到31万人（户），比1978年增长了1倍多[②]。

①摘自《中共中央关于加快农业发展若干问题的决定（草案）》（中发〔1979〕4号），中国共产党第十一届中央委员会第三次全体会议于一九七八年十二月二十二日原则通过。

②张厚义等：《中国私营企业发展报告（1978—1998）》，社会科学文献出版社，1999年，第93页。

1980年8月，中共中央在《进一步做好城镇劳动就业工作》的文件中提出，要积极鼓励和扶植城镇个体经济的发展，并强调指出，我国宪法明确规定，允许个体劳动者从事法律许可范围内的，不剥削他人的个体劳动。“这种个体经济是社会主义公有制经济的不可缺少的补充，在今后一个相当长的历史时期都将发挥积极作用，应当适当发展。有关部门对个体经济要积极予以支持，不得刁难、歧视。一切守法的个体劳动者，应当受到社会的尊重。”

1981年7月，国务院发出的《国务院关于城镇非农业个体经济若干政策性规定》指出，“在我国社会主义条件下，遵守国家的政策和法律、为社会主义建设服务、不剥削他人劳动的个体经济，是国有经济和集体经济的必要补充。从事个体经营的公民，是自食其力的独立劳动者”。该文件充分肯定了个体经济在国家经济建设中的重要地位和作用。特别值得注意的是，该文件指出，“个体经营户，一般是一人经营或家庭经营；必要时，经过工商行政管理部门批准，可以请一至两个帮手；技术性较强或者有特殊技艺的，可以带两三个最多不超过五个学徒”。这显然打破了个体经济不能雇工的限制。同时，该文件针对个体经营户的资金不足问题，提出了很多帮扶政策。

1982年12月，全国人大五届五次会议通过的《中华人民共和国宪法》第11条做了如下规定：“在法律规定范围内的城乡个体劳动者经济，是社会主义公有制经济的补充。国家保护个体经济的合法权利和利益。国家通过行政管理，指导、帮助和监督个体经济。”至此，个体经济的合法地位得到国家宪法的认可。

二、个体经济的恢复与发展

在改革开放大背景下，我国的个体经济逐步在广大城乡得到了恢复，并有了较快的发展。1981年底，全国城镇个体工商户发展到183万户，从业人员227万人，比1980年翻了一番多。到1982年底，全国个体工商户达到261万户，从业人员320万人，个体经济比上年增长42.6%；注册资金也由1981年的5亿元增至8亿元。1983年底，个体工商户发展到590万户，比上年增长126.1%；从业人员达到746万人，比上年增长133.1%。1984年底，个体工商户发展到933万户，比上一年增长58.1%；从业人员首次超过1000万人，达到1304万人，比上一年增长74.8%；注册资本金首次达到100亿元。

在这一时期，家庭联产承包责任制在广大农村普遍实行，推动了农村多种经济形式的发展和“两户一体”的产生。所谓“两户一体”，是指专业户、重点户和新经济联合体。农村个体工商业不仅发展速度快，而且经营规模也在迅速扩大。据国家工商行政管理局的统计资料，1981—1983年，农村个体工商户的户数、从业人员、注册资金和营业额，分别增长了3.38倍、3.42倍、8.18倍和12.58倍；平均每户的注册资金和营业额，也分别增长了1.1倍和2.1倍。

1978年，全国个体工商户约为14万户，从业人员为15万人，在工业总产值中占0.8%，在商品零售总额中占2.1%，对GDP的贡献率约为1%。经过10年的改革，到20世纪80年代末，全国个体工商户超过1000万户，对GDP的贡献率达到20%。

第二节　改革开放背景下私营经济快速发展

20世纪80年代初期，在个体经济迅速发展的基础上，以雇工经营为特征的私营经济也逐步得以恢复。私营经济再生，构成了我国改革开放背景下又一道亮丽的风景线。

一、关于“雇工”问题

改革开放初期，我国非公有制经济的产生和发展，始终是与解放思想、实事求是的时代精神相伴随的。这也意味着，在改革开放之初，不同思想观念之间的冲突和争论是不可避免的。改革开放初，个体经济在乡村和城镇都得以恢复和发展。随着个体经济的发展壮大，它们逐渐突破了国家规定的雇工8人的限额，从而成为事实上的私营企业。雇工问题涉及是否坚持社会主义政治方向、如何解放和发展社会生产力等根本问题。因此，雇工现象的出现，一下子成为社会上广泛关注和争论的焦点。

当时，有两个个体户在全国引起广泛关注，一个是安徽省芜湖市的年广久，一个是广东省高要县的陈志雄。

（一）年广久开办“傻子瓜子”的雇工情况

年广久是安徽省怀远县人，中华人民共和国成立前，其随家人逃荒要饭到了芜湖，全家靠其父亲的水果摊为生。从9岁起，年广久就跟随父亲肩搭秤杆、叫卖街头。随后，其父病逝，他便子承父业，独撑门头。他做买卖实诚，从不跟顾客计较，对买走了水果又跑来找麻烦，说少给了秤，或者少找了钱的顾客也从不计较，爽快地补水果、找钱，让顾客满意而去。因此，邻近摆摊的同行都说他“傻”。天长日久，水果摊的一些同行们干脆不喊年广久的名字，直接给他起了个绰号叫“小傻子”。1972年年广久开始炒卖瓜子，由于他博采众长，改进了炒作工艺，终于在1981年创制出风味独特，并以自己绰号命名的“傻子瓜子”。受个体经济发展鼓励政策影响，在当地小有名气的“傻子瓜子”日趋火爆起来，“傻子瓜子”的经营规模迅速扩大。1981年，年广久开始雇工经营，人数为10人以上。从1982年10月开始，他先后在芜湖市增设了3个生产点，雇工达60多人。“傻子瓜子”每天炒出的瓜子从1万斤到10万斤，从10万斤到20万斤，很快从一个小作坊变成工厂。1982年，年广久就赚到了人生第一个100万元，成为名副其实的百万富翁，仅1984年就纳税30多万元。对此，人们议论纷纷，中央和地方各级领导也对其格外关注。

（二）陈志雄承包鱼塘的雇工情况

陈志雄是广东省肇庆地区高要县沙浦公社沙一大队第六生产队的社员，他当过公社会计，懂得专业养鱼技术，还长期从事采购和销售工作，胆大敢闯，对党的政策有一定的了解和认识。1978年11月，陈志雄找到大队党支部书记梁新，提出承包村南端长期缺乏管理的8亩河涌塘进行扩大生产的设想。梁新赞同陈志雄提出的能有效增加大队收入的设想，但鉴于当时的政治形势，两人担心要承担政治风险，所以没有立刻付诸实践。受改革的影响，在经过一番讨论和交流后，最后大队领导集体决定接纳陈志雄的设想。

1979年春，沙浦公社沙一大队第六生产队采用投标承包办法，将8亩村边鱼塘承包给陈志雄培育鱼种，承包金额为1700元，生产队每年返还陈志雄

7000个工分。这年，陈志雄一家人全力以赴地进行生产，年终结算收入约8000元，扣除成本与承包金，纯收入约6100元，比当年沙一六队10个一级劳动力的收入总和还多。此外，他还多赚下2000多斤（时价2000多元）用于来年生产的鱼苗[①]。

1980年，陈志雄又向梁新提出扩大面积跨队承包鱼塘的设想，梁新也更加大胆地让他放手经营。这年陈志雄跨越2个队承包141亩鱼塘，承包金额达到9700元[②]。随着承包面积的激增，在家庭人手有限的情况下，陈志雄开始产生了长期雇人帮工的想法。当时，不少沙一大队的劳动力认为到陈志雄那里打工，工作时间可以由个人决定，还可以得到额外收入，都非常乐意接受。梁新最后只敢把自己妻子陈秀英“雇佣”给陈志雄。之后陈志雄又偷偷地雇请了临时工400个工作日。尽管只是小规模的雇工，但也为陈志雄的生产提供了足够的支持。就在当年，陈志雄全年总产值为25450元，除去生产成本、雇佣工资和承包金，纯收入10150元[③]。

但是，雇工早就被定性为“剥削”，在20世纪50年代就明令禁止，即使在党的十一届三中全会后，中央1980年75号文依然规定禁止雇工的行为。对这类经营和承包大户，有些人反对，有些人主张限制或取消。1981年5—9月，《人民日报》就“怎样看待陈志雄承包鱼塘问题”，在报纸上展开了专题讨论。当时人们讨论较多的是陈志雄的“雇工问题”。在讨论中，比较一致的看法是，雇工经营有利于发挥“能人”的作用，即使有一点剥削，也不应大惊小怪。

附：肇庆农民陈志雄雇工经营事件详情[④]

肇庆地区位于粤中西部山区，历史上耕地面积和粮食生产能力都是偏低的。1979年肇庆地区农民人均收入只有93元，远远低于全国平均水平160元，

①中共广东省肇庆地委办公室：《关于陈志雄承包鱼塘三百多亩的情况调查》，1981年2月21日。

②《关于陈志雄承包经营的情况报告》（粤农委〔1982〕25号），1982年4月22日。

③同上。

④摘自肇庆党史网，http://ds.zhaoqing.gov.cn/dsyj/201703/t20170303_439235.html。

以及全省平均水平222.7元。

从1979年开始，肇庆地区逐步推行以农村家庭联产承包责任制为主要内容的经济体制改革。家庭联产承包责任制使农民有了经营自主权，激发了他们的主动性和创造性，极大地提高了劳动生产率。农业劳动生产率的提高一方面加剧了农业劳动力和劳动时间的剩余，另一方面则提供了扩大再生产的资金积累。于是农业的剩余劳动力就开始向多种经营和非农业生产部门转移以寻求出路。

为了推行农业生产责任制，肇庆地区各级党委政府采取了一些灵活的办法。如在1979年，高要县沙浦等公社就取消了硬性上交实物粮食做公粮的政策，规定可以用货币代替实物。这个方法的推行，更加有利于农户完成任务后，用剩余的劳动时间因地制宜地去进行各种扩大生产。

高要县沙浦公社在20世纪50年代就发展了养鱼业，作为改善经济水平的主要副业。从1968年开始，沙一大队干部冒着政治风险把所属2200亩水稻田、500多亩旱地秘密实行包产到户，提高了效率，保证了产量，人均年分配收入从45元增加到260元，后来又增加到350元。这种转变经营思路的做法得到了全大队干部群众的认同和参与，在“文革”期间没有中断过，为日后当地农民陈志雄进行更为大胆的承包经营尝试打下相当成熟的基础。

1978年11月，陈志雄找到大队党支部书记梁新，提出承包村南端长期缺乏管理的8亩河涌塘进行扩大生产的设想。梁新赞同陈志雄提出的能有效增加大队收入的设想，但鉴于当时的政治形势，两人担心要承担政治风险，所以没有立刻付诸实践。没过多久，梁新和陈志雄在《人民日报》上看到“吉林省农民利用土地搞小秋收致富”的报道，了解到中央进行改革的信息，终于下定决心筹划承包鱼塘。由于这始终是在政治条件未成熟的情况下，自发改变生产制度的行为，为了得到干部群众的支持，梁新在村党支部会议上提出承包鱼塘的构想，并对干部群众进行了耐心的解释和意见交流，最后大队领导集体决定接纳这个意见。1979年春，沙浦公社沙一大队第六生产队采用投标承包办法，将8亩村边鱼塘承包给陈志雄培育鱼种，承包金额为1700元，生产队每年返还陈志雄7000个工分。这年，陈志雄一家人全力以赴地进行生产，年终结算收入约8000元，扣除成本与承包金，纯收入约6100元，比当年沙一六队10个一级劳动力的收入总和还多。此外，他还多赚下2000多斤（时价2000多元）用于来年生产的鱼苗。

有了第一次成功经验，1980年，陈志雄向梁新提出扩大面积跨队承包鱼塘的设想，梁新也更加大胆地让他放手经营。这年陈志雄跨越2个队承包141亩鱼塘，承包金额达到9700元。随着承包面积的激增，陈志雄仅靠家人已经运作不起来了，于是萌发了长期雇人帮工的想法。

随着党的十一届三中全会后农业生产责任制获得肯定和推广，以及陈志雄承包生产致富带来的示范影响，沙一大队大搞承包生产，几乎把全部土地承包给了7个承包户。而当时整个大队的劳动力共900多人，他们当中的绝大部分人就成了剩余劳动力。这些拥有大量剩余劳动时间的群众，认为到陈志雄那里打工，工作时间可以由个人决定，还可以得到额外收入，都非常乐意接受。但是雇工早就被定性为"剥削"，在20世纪50年代就明令禁止，在60年代更被"上升"到了"阶级斗争"的高度，即使在党的十一届三中全会后，中央1980年75号文依然规定禁止雇工的行为。因此梁新最后也只敢把自己妻子陈秀英"雇佣"给陈志雄。之后陈志雄又偷偷地雇请了临时工400个工作日。尽管只是小规模的雇工，但也为陈志雄的生产提供了足够的支持。就在当年，陈志雄全年总产值为25450元，除去生产成本、雇佣工资和承包金，纯收入10150元。

1981年，在承包中得到实惠的陈志雄继续扩大生产规模，承包面积达到497亩。其中，上半年跨越3个队承包鱼塘357亩，承包金额为50500元；下半年承包水稻田140亩，承包上交稻谷56000斤，全年承包总金额65060元。为了保证充足的劳动力，他大胆投入资金28000元，雇请5个"固定工"，临时工1000多个工作日，还从外地高薪雇请了一位养鱼技师负责专业养鱼技术。当年，陈志雄的经营继续获得成功，全年总产值114000元，纯收入21540元。陈志雄的承包使生产队的收入显著增加。如沙一大队第五生产队有33亩鱼塘，过去一年最多产鱼6000斤，扣除成本和各项开支，年年亏本。1980年下半年，陈志雄承包了这33亩鱼塘，仅半年就产鱼1万余斤，生产队不花一分钱，不出一个劳动力，就净收入承包金4500元。陈志雄还在群众中推广了他的捞鱼花、育鱼苗等技术，生产队有5名社员经他培训成为养鱼能手。陈志雄雇工承包鱼塘致富的消息后来迅速地传播到其他地区，1980年便有全国12个省的数百人来信求教，有人甚至要求来给他当雇工和学徒。

二、对雇工问题的“看一看”方针

雇工现象的出现，引起了社会各界的高度重视。各级政府都对雇工问题发表了看法，较有代表性的看法如下。

（一）中央层面对雇工问题的看法

当时党和国家的主要领导人曾多次发表讲话，明确指出，对于雇工经营“不要采取‘戴帽子’‘割尾巴’简单取缔的办法”。1982年，经邓小平提议，中央政治局讨论通过了对私营企业采取“看一看”的方针。所谓“看一看”，有两重含义：一是对雇工问题不能简单地加以肯定或否定，二是尊重实践，尊重人民群众的首创精神。这对当时新生的私营企业起到了允许存在的保护作用。

1983年，中共中央对于“超过规定雇请多个帮工的”规定了“不宜提倡，不要公开宣传，也不要急于取缔”的“三不”政策。对于一度闹得沸沸扬扬的“傻子瓜子”问题，1984年10月22日，邓小平在一次讲话中针对有些人的担心，明确指出：“我的意见是放两年再看。那个能影响到我们的大局吗？如果你一动，群众就说政策变了，人心就不安了。你解决了一个‘傻子瓜子’，会牵动人心不安，没有益处。让‘傻子瓜子’经营一段，怕什么？伤害了社会主义吗？”[①]邓小平的讲话从改革的全局出发，强调政策的稳定性，实际上给当时的“雇工”合理化一个明确的说法，成了中国“雇工”问题的一个拐点。1992年，邓小平在回顾当年的情况时说：“农村改革初期，安徽出了个‘傻子瓜子’问题。当时许多人不舒服说他赚了100万，主张动他。我说不能动，一动人们就会说政策变了，得不偿失。”[②]

（二）地方层面对雇工问题的看法

以广东肇庆农民陈志雄雇工经营事件为例，面对陈志雄雇工承包鱼塘剥削性质的问题，高要县委认为，要吸取20世纪50年代以来沉痛的教训，不

①邓小平：《邓小平文选》第3卷，人民出版社，1993年，第91页。

②同上书，第371页。

能盲从阶级斗争的观点，应通过调查研究，实事求是地慎重处理这个新鲜事物。通过实地调研，高要县委了解到沙浦公社推行生产责任制，因地制宜发展养鱼业以及沙一大队大胆推动承包生产后的一系列变化。并分析认为，虽然农村实行了包产到户，但是生产技术、工具、服务等还停留在原有水平，大部分农户还是只靠家庭劳动力耕种分配所得的责任田地，生产效率没有大的提高；同时，大量农民在完成耕种家庭责任田的工作之余，拥有大量的剩余劳动时间，成为剩余劳动力。如果不集中部分土地搞连片承包的规模经营，不准雇工生产，农业剩余劳动力会因为没有别的出路而白白浪费，农民的收入也不能增加，就不能在解决温饱问题之后实现再突破。承包大户在这种条件下很难存活，这就必然触及"不准雇工"的禁区。高要县委据此认为陈志雄的雇工经营活动是根据扩大生产需要进行的，不是为了剥削。他在生产收入增加的同时也增加了集体的收入；他是通过农民自愿的形式雇工，和资本家强制剥削农民、工人有本质区别。最后高要县委实事求是地对陈志雄雇工承包鱼塘的活动采取了热情鼓励和积极支持的态度，在1980年和1981年连续两年把陈志雄评为该县的劳动模范和先进生产者①。

肇庆地委也对陈志雄承包鱼塘雇工经营的事件采取了重视态度并通过调研后做出明确表态。时任肇庆地委书记许士杰为此专门到高要县沙浦公社调研，现场察看了陈志雄承包的鱼塘，并与陈志雄进行了座谈。许士杰对陈志雄说："这是一个新的思路、新的经营方法，我鼓励你继续探索。成功了我们就总结推广经验，不成功就吸取教训。就算做错了要追究责任，我作为地委书记，是我支持你的，我来承担责任。"在此之后，肇庆地委专门召开了农村富社富队座谈会，把沙浦公社成功的经验在会上进行了推广。到了1981年，肇庆地委更是专门撰写了题为《沙一大队一年变富》的典型材料，通过总结推广沙一大队的成功经验，鲜明地表示了对陈志雄承包雇工经营活动鼓励支持的态度②。

广东省委为了妥善处理雇工问题引发的广泛争议，保护改革开放稳定的势头，决定对陈志雄雇工事件的事实再次进行深入的调查研究。1982年4

①摘自肇庆党史网，http：//ds.zhaoqing.gov.cn/dsyj/201703/t20170303_439235.html。

②同上。

月，任仲夷指示由杜瑞芝牵头，组织人员到陈志雄承包的鱼塘调查，要求必须弄清情况，再来划清政策界限，制定统一的规定。

按照杜瑞芝的指示，高要县委将吉林省实行承包责任制后的8个方面转变的调查报告，省社科院、华南师范学院两位工作人员的报告，以及地委、县委联合调查组撰写的调查报告3份材料列举了出来，把其中的观点进行了对比分析。随后，省委农村工作部、省委政研室调查组先后到高要县实地调查，多次召开小型座谈会，与沙浦公社党委书记陈均二、支部书记梁新、陈志雄以及农民代表进行座谈，完成调查取证，最后形成了《关于陈志雄承包经营的情况报告》。

1982年4月22日，杜瑞芝签发省农委致省委并报国家农委《关于陈志雄承包经营的情况报告》。这份报告客观分析了陈志雄承包的由来，肯定陈志雄开创专业承包的先例，对承包双方均带来好处。该报告说："这个公社地处西江河畔，河涌塱塘及低洼易涝田较多。由于经营管理上'打大捞'，产量长期低而不稳，生产成本高，经济效益差。三中全会以来，调整农村经济政策，落实生产责任制，部分生产队把这些涌、塘及低洼田采用承包方式，由承包者择优种养。一般社员对这种做法是否允许心有余悸，不敢承包；而陈志雄经常看报，对党的政策知道较早，又当过大队会计，有一定经营管理经验，还懂得一些养鱼苗的技术，便于1979年在沙浦公社首开专业承包的先例。由于承包双方取得比较显著的经济效果，逐年扩大承包面积。"

该报告对省社科院经济研究所和华南师范学院两位工作人员所说沙浦公社"出现一批以雇佣劳动为基础的承包大户"做了重要更正，指出"全公社称得上以雇佣劳动为主的承包大户只有陈志雄和陈基祥两户，其他承包者都是以自己劳动为主，多是联合承包"；指出"水田承包也是向大户集中的趋势"，造成"三成人耕七成地，七成人耕三成地"的论断，也不符合实际情况。报告还认为，种养业搞专业承包责任制，不能要求每个社员都要承包一份土地，有的社员承包了养殖业或干别的，就可以不再担负种植业的任务。这是合理的分工，有利于发挥社员的各种专长，搞专业化，并使农村富余劳动力向非农产业转移。这是社会进步的表现，不足为怪。

报告针对"看不出陈志雄式的承包和旧社会老板向地主投标承包、雇工经营的方式有多大差别"，"以雇佣劳动为基础的大规模经营，其资本主义性质是明显的”论断，明确表示陈志雄的经营“属资本主义性质的经营方式，但又不能同一般的资本主义经营方式一样对待”，“这种承包方法和经营方式，就其经济效果来说，比原来‘吃大锅饭’的集体经营要好”，对陈志雄大面积承包集体鱼塘给予了肯定。

报告最后总结认为，陈志雄的承包经营，对农村扩大再生产、增加剩余劳动力出路、增加集体积累、增加农民收入，都有好处。唯一的问题是对社会主义条件下出现的雇工问题仍然难以界定，因此报告依然只能把陈志雄雇工经营的性质定为“雇工剥削”，要“采取坚决措施纠正”。

为了从理论、思想上彻底弄清这一问题，广东省委有关部门又专门召开了一次大型的农村雇工问题研讨会。会议由省委农村工作部、省农业经济学会和佛山农经学会联合召开，杜瑞芝全程参与，邀请国务院农村发展研究中心、中国社科院农村发展所、农业部经营管理干部学院和广东理论界、研究部门的专家，以及地、县人员，就农村当前雇工的利弊及产生的原因、两种社会制度下雇工的异同以及雇工的对策等议题，进行了广泛的讨论，取得了基本的共识。大家认为，农村之所以出现雇工，根本原因在于社会主义初级阶段，生产力水平比较低，地区发展不平衡，实行家庭联产承包制以后，农民扩大经营自主权，在剩余劳动力增多、生产资金增加的情况下，出现多种经营形式和雇工现象是难以避免的。基于我国的国情，农村雇工有利有弊，但是利大于弊，有利于使分散的生产要素结合起来，使潜在的生产力成为现实的生产力，从而有利于利用农业剩余劳动力、发挥“能人”的才智，增加社会财富，满足市场需求，进而有利于个人增加收入、集体增加积累、国家增加税收。对雇工经营应该因势利导，一方面，不仅在农业，而且在二、三产业也都应该允许存在，特别对各地开发性项目，更应适当放宽；另一方面，针对雇工的剥削收入，要通过税收等手段加以调节限制，以经济手段取代简单化的行政手段来加强管理。随后，这次会议的纪要及主要论文在北京有关报刊发表了出来，之后在全国产生了积极影响。

力主农村经济改革的广东省委，自始至终没有对农村雇工经营活动做出任何限制或取消的规定，也没有进行全省通报。陈志雄等雇工大户得到很好的保护，生产和生活都没有受到冲击，依然红红火火地经营生产，个体户“雇工”现象也有增无减。而随后中央在1983年1月针对雇工经营问题提出

“不宜提倡，不要公开宣传，也不要急于取缔”的“三不”政策，使关于雇工经营问题争论的风波逐渐平息了下去。

可见，陈志雄承包鱼塘雇工经营事件及其引发的大讨论，加快了中国私营经济合法化的进程，推动了以市场选择来配置资源的生产要素流通机制的建立，促进了社会主义市场经济的发展，为开创中国特色社会主义发展道路进行了有益探索。

改革开放本身就是解放思想、实事求是的成果，改革开放的过程，就是思想解放的过程。正是由于对这个宝贵精神的坚持，在陈志雄雇工事件掀起的这场风波里，从广东省委到肇庆地委、高要县委，各级干部都从那段徘徊的岁月里吸取了历史教训，不再一味地盲目“唯上、唯书”，而是坚持用实践作为检验真理的唯一标准，实事求是地证明了陈志雄大胆探索的合理性和必要性。对雇工经营的肯定和坚持，最终冲破了旧的理论观念的束缚，为社会进步带来了新的风气和环境，为之后全省乃至全国市场经济的迅速发展走出了一条新的道路，成为改革开放的有益探索。实践发展永无止境，解放思想永无止境，改革开放也永无止境，停顿和倒退没有出路。改革开放之初我们从陈志雄雇工事件里所得到的经验，对今天新一轮全面深化改革来说，依然弥足珍贵①。

在私营经济萌生初期，不少地方政府努力推进改革，对私营经济表态支持，平息不利于私营经济的争议风波，极力为私营经济争得一块发展空间。中央政府则采取了较为稳妥的方针，表示要“看一看”，不急于下定论。尽管如此，对私营经济毕竟不能无休止地“看”下去。在经过几年的观察和思考之后，还必须对私营经济的性质、地位及管理给予明确的界定。在经过几年的实践和讨论后，1986年9月，中共十二届六中全会通过了《中共中央关于社会主义精神文明建设指导方针的决议》，明确指出：“我国还处在社会主义的初级阶段，不但必须实行按劳分配，发展社会主义的商品经济和竞争，而且在相当长的历史时期内，还要在公有制为主体的前提下发展多种经济成分，在共同富裕的目标下鼓励一部分人先富裕起来。”这是首次在中央文件中提到“多种经济成分”，显然，它不仅仅是指个体经济，这就为后来

①摘自肇庆党史网，http：//ds.zhaoqing.gov.cn/dsyj/201703/t20170303_439235.html。

提出发展私营经济埋下了伏笔。在1987年1月的中央5号文件《把农村改革引向深入》中，雇工数量的限制最终被去掉。1988年4月，第七届全国人大一次会议通过宪法修正案，增加了“国家允许私营企业经济在法律规定的范围内存在和发展。私营经济是社会主义公有制经济的补充。国家保护私营经济的合法权利和发展。对私营经济实行引导、监督和管理”的内容。这是中国在20世纪50年代实行社会主义改造、消灭私营经济之后，首次在宪法上重新确立私营经济的法律地位，雇工活动也随之完全合法化。

在1956年三大改造以前，全国有私营工业12.3万户，从业人员达164万人，对工业产值的贡献率达62%；私营商业和小商贩402万户，从业人员为662万人，约占商品零售总额的80%。经过三大改造，所有私营企业都转为公私合营企业，个体工商户绝大多数进入手工业合作社和合作商店。自1978年起，经过10年的改革，到20世纪80年代末，全国个体工商户超过1000万户、私营企业达20多万户，从业人员达2500万人，对GDP的贡献率达到20%。

第三节　改革开放背景下外资经济的快速发展

改革开放初期，从国际形势看，西方国家正经历着一场影响深远的科技革命，并借助于科技革命的最新成果及资本主义生产关系的局部调整，许多西方国家包括中国周边的一些国家和地区进入经济高速增长期，从而进一步拉大了中国与发达国家之间的差距。中华人民共和国成立后，西方国家对中国实行封锁和禁运，加上国内因素的影响，使得我国长期处于与外界隔绝的封闭状态。这种做法使得我国无法借鉴和吸收西方发达国家最新的科学技术成果，给我国科学技术的发展造成了严重的消极影响。邓小平多次强调，当今的世界是一个开放的世界，不能关起门来搞建设，必须实行对外开放，以便引进发达国家的资金、技术和管理经验，促进我国现代化建设事业的发展。后来他又明确指出：“社会主义要赢得与资本主义相比较的优势，就必须大胆吸收和借鉴人类社会创造的一切文明成果，吸收和借鉴当今世界各国包括资本主义发达国家的一切反映现代社会化生产规律的先进经营方式、管理方法。”由此可见，打破经济上的自我封闭状态，实行全方位、多层次的对外开放已是大势所趋。正是在这一背景下，党的十一届三中全会以后，我国逐步确立了对外开放政策，这就为引进和利用外资、发展外资经济奠定了基础。

从1978年开始，随着改革开放的不断深入，我国利用外资的水平不断提高，作为外商直接投资的形式，外商投资企业主要包括中外合资经营企业、中外合作经营企业以及外商独资经营企业。外资经济作为非公有制经济的一种重要形式，在我国经济发展中发挥着日益重要的作用。

一、外资经济的起步

中华人民共和国成立之初，在以美国为首的西方国家对中国实行经济封锁和禁运的情况下，我国利用外资的主渠道是苏联和东欧国家。在第一和第二个五年计划期间，我国曾经从苏联和东欧国家引进过若干项目，还举办过一些合营企业。然而，20世纪50年代末到60年代初，中苏关系恶化，中国同苏联和东欧国家间的经济合作项目大多因政治原因而中断，至改革开放以前，在华的合营企业已所剩无几。

20世纪60—70年代，我国先后从日本和西欧等国进口了一批石油、化工、冶金、电子和精密机械等方面的技术和设备。这些项目建成投产，增加了我国一些重要部门的生产能力，并填补了我国工业的某些空白。但是，由于“左”倾思想的干扰，对外正常的经济技术交往经常因国内政治形势的变幻而被打断。总的来说，在很长一个时期内，由于外界封锁和各种干扰，国内与世界经济的联系处于松散状态，我国利用外资断断续续，而且面比较窄，许多渠道没有利用起来，工作没有得到全面开展。

1978年12月，党的十一届三中全会在总结历史经验的基础上，根据当时国际上的有利条件适时做出了对外开放的重大决策，强调把经济工作的视野从国内扩展到国际范围，充分利用国外的资金和技术，加速社会主义现代化建设。国家根据利用外资工作的需要，制定了一系列法规、政策和措施，初步改善了我国的投资环境，调动了各地利用外资的积极性，引进外资工作有了一定的进展。

1979年，在广东、福建两省做出申请的情况下，中央决定，鉴于广东、福建两省靠近港澳，华侨多，资源比较丰富，具有加快经济发展的许多有利条件，对广东、福建两省对外经济活动率先实行特殊政策、灵活措施，给地方以更多的自主权，使之发挥优越条件，抓紧当前有利的国际形势，先走一步，把经济尽快搞上去[①]。1980年，中央政府决定兴办深圳、珠海、汕头、厦门4个经济特区，从特区可以引进技术，获得知识，学到管理。由此，走出了对外开放的第一步。

二、外资经济的政策法规

外资经济发展很大程度上缘于政策法规的推动。

政策方面，经济特区的创建加快了我国对外开放的步伐。中央政府给予特区政策上的优惠，对引进外资，特别是吸引外商直接投资起到了十分重要的作用。如，深圳特区对到该地投资设厂的外商提供优惠条件和各种方便，特区企业所得税税率为15%，特区企业所进口的生产资料和消费资料，除烟酒和少数物品按最低税率减半征税外，其他均免征进口税，等等。经济特区的政策对吸引外商投资起到了重要作用。

1984年，我国相继开放了天津、上海等14个沿海港口城市和海南岛，长江三角洲、珠江三角洲和闽南三角地带，建立了经济技术开发区。在这些地方扩大地方权限，给予外商投资者若干优惠政策，改善沿海地区的投资环境，吸引外商来华投资。1985年以后，又开辟了山东半岛、辽东半岛、河北唐山、秦皇岛等沿海经济开放区。这样就逐步形成了从南到北相连的沿海开放前沿地带，并形成了由经济特区、沿海开放城市到我国内地多层次、全方位的对外开放格局，我国对外开放的深度和广度有了进一步的发展。我国改革开放政策的实施，为外资经济的起步和发展营造了一个良好的政策环境和投资环境。

与此同时，我国也开始了利用外资的立法工作。1979年7月1日，五届全国人大二次会议通过了第一部利用外资的法律——《中华人民共和国中外合资经营企业法》。自此以后，前来我国和有关部门、地区和企业接触、洽

①谷牧：《谷牧回忆录》. 中央文献出版社，2014年，第349页。

商、谈判合营企业的约有几百家。由于双方对彼此的情况需要有个了解熟悉的过程，而我国国民经济又正处于调整过程中，有关法律制度还不完备，因此商谈的多，谈成的较少，但也取得了一定的进展。

1982年颁布的《中华人民共和国宪法》，以国家根本大法的形式确立了我国吸收外国投资的政策。宪法第18条对外资在华办企业有如下规定："中华人民共和国允许外国的企业和其他经济组织或者个人依照中华人民共和国的法律的规定在中国投资，同中国的企业或者其他经济组织进行各种形式的经济合作。在中国境内的外国企业和其他外国经济组织以及中外合资经营的企业，都必须遵守中华人民共和国的法律。它们的合法的权利和利益受中华人民共和国法律的保护。"这样就将利用外资工作纳入了法制化的轨道，为以后引进外资和外资经济的发展提供了法律保障。

三、外资经济的快速发展状况

改革开放初期，在各种政策法规的推动下，外商和港澳台投资企业迅速增加。截至1980年底，我国已批准的中外合资经营企业共20个，总投资2.1亿多美元，其中外资1.7亿多美元。合营者主要是港商，还有瑞士、法国、美国、日本等国的厂商。此外，已批准举办的合作经营项目有300多个，吸收外资约5亿美元。绝大多数是在广东、福建地区，主要是港澳同胞和华侨的投资。

据统计，截至1982年底，全国已批准设立中外合资经营企业48家，投资总额2.2298亿美元，其中吸收外商投资1.0254亿美元。外商合作者包括香港22家，美国11家，日本、菲律宾各4家，西德、瑞士、瑞典、法国、澳大利亚、泰国和挪威各1家；其中属于华侨、华裔、港澳商人投资的共28家，占60%以上。这一时期举办的合资经营企业多属中小型项目，双方投资额不足100万美元的有24家，1000万美元以上的仅有6家。

总的来看，在1983年以前，利用外资的工作所面临的问题比较多，局面尚未真正打开。1979—1982年，对外洽谈的合营项目不下四百个，办成的只有40多个；我国合同利用外资金额为205.5亿美元，实际利用外资为124.6亿美元；境外商人投资项目920个，直接投入资本49.6亿美元。1983—1990年，境外商人投资项目28605个，直接投资356.6亿美元，对GDP的贡献率约为5%。

第四章　乡镇企业崛起推动工业化战略转型

以家庭联产承包责任制为特征的合作制度，推动了农村劳动力、资金、技术的流动和合理结合。随着生产的全面增长及主要农产品供应紧缺状况的改善，农村产业结构的改革具备了良好的物质基础。党的十二届三中全会以后，以城市为重点的经济体制改革全面展开，城乡之间互相促进、协调发展的新局面出现，广大农村正面临着加速发展商品生产、产业结构优化的极其有利的时机。因此，国家在农村实行家庭联产承包责任制的同时，还推出了乡镇企业发展战略。

第一节　乡镇企业崛起的政策背景

我国乡镇企业始于20世纪50年代，但由于种种原因，在党的十一届三中全会召开之前，乡镇企业的发展基本处于停滞状态。1978年底党的十一届三中全会召开以后，乡镇企业才真正获得蓬勃发展。党的十一届四中全会通过的《中共中央关于加快农业发展若干问题的决定》明确指出："社队企业要有一个大发展，逐步提高社队企业的收入占公社三级经济收入的比重。凡是符合经济合理的原则，宜于农村加工的农副产品，要逐步由社队企业加工。城市工厂要把一部分宜于在农村加工的产品或零部件，有计划地扩散给社队企业经营，支援设备，指导技术。对社队企业的产、供、销要采取各种形式，同各级国民经济计划相衔接，以保障供销渠道能畅通无阻。国家对社队企业，分别不同情况，实行低税或免税政策。"这里提出的社队企业大发展已经埋下了乡镇企业发展的种子。

1979年7月的《国务院关于发展社队企业若干问题的规定（试行草案）》提出："社队企业要坚持自力更生、艰苦奋斗，民主办企业，勤俭办企业，厉行经济核算。积极试办农工商联合企业。"并指出："社队企业是社会主义集体所有制经济，社办社有，队办队有。国营企业和社队企业、社队企业和其他集体经济单位之间的经济往来，要实行等价交换。任何单位和个人，不得无偿调用社队企业的资金、产品、设备、原材料，不得向社队企业借款。要尊重社队企业的自主权。"同时提出社队企业的经营范围包括："积极发展种植业、养殖业。因地制宜举办林场、果园、茶场、蚕桑场、药材场、良种场、食用菌场、畜禽场、水产养殖场等。这是农副产品加工工业的基础。有宜垦荒地的，可以举办农场。努力发展农副产品加工工业。本着经济合理的原则，宜于由社队企业加工的农、林、牧、渔业产品及土特产，均可由社队企业加工。国家已经设厂加工的，是否转归社队企业来办，由省、市、自治区革委会会同有关部门，权衡利弊确定。努力办好农用工业。举办中小农具制造和农机修配业。在地方农机工业统一计划下，承担零部件加工。有条件的，可以举办腐殖酸类肥料、细菌肥料、农药、兽药、饲料加工等企业。因地制宜地多搞燃料、原材料工业。举办沼气站、小煤矿、小铁矿、小有色及其他采矿业。举办砖瓦、石灰、沙石及小水泥等建筑材料业。有盐卤资源的地方，可办小盐场和盐化工。大力发展动力工业。根据具体条件，举办一万二千千瓦以下的水电站和坑口火电站。有条件的地方，可承担大工业扩散的零部件和部分产品的生产。利用工业边角余料、城乡废旧物资和废渣、废水、废气，根据市场需要和动力供应等条件，发展小化工、小五金、小冶炼、小百货等。根据需要和可能，组织建筑队伍和运输装卸队伍，承担城乡基本建设和运输装卸的一定任务。努力生产当地有资源或有技术条件生产的传统工艺品和出口产品。根据对外贸易的需要，逐步建立出口商品基地，有条件的可以开展补偿贸易。当地有需要的，可以举办缝纫、修理、旅店、饮食等服务行业。"

1981年5月，《国务院关于社队企业贯彻国民经济调整方针的若干规定》又给出了发展社队企业的规定，指出："社队企业关系到农民的经济利益，关系到近三千万人的就业，关系到一些不可缺少的市场商品供应的问题……以县为单位，结合国营企业和大集体企业，统一规划，合理布局。也可参加全国或地方行业组织，接受共同制定的供产销计划。社队企业要因地制宜，积极开发和充分利用资源，努力发展消费品生产。要以种植业和养殖业为基础，发展为农业生产、为人民生活、为小集镇建设、为大工业、为外贸出口服务的生产性行业和生活服务性的事业，特别是传统的劳动密集型行业、能源工业、原材料工业和建筑材料工业。在少数民族地区，社队企业要注意发展当地特需产品的生产。社队企业要促进与带动社员家庭副业、手工业以及社员合伙经营的工副业生产事业的发展。”由这些规定可以看出，社队企业已表现出乡镇企业的雏形。

1984年3月，中共中央、国务院转发农牧渔业部《关于开创社队企业新局面的报告》，同意将社队企业改名为乡镇企业，并指出：“乡镇企业〔即社（乡）队（村）举办的企业、部分社员联营的合作企业、其他形式的合作工业和个体企业〕，是多种经营的重要组成部分，是农业生产的重要支柱，是广大农民群众走向共同富裕的重要途径，是国家财政收入新的重要来源……目前，乡镇企业已成为国民经济的一支重要力量，是国营企业的重要补充。乡镇企业与国营大中型企业相比，多数设备比较简陋，技术比较落后，信息比较迟缓，容易产生盲目性。但是，由于它独立核算、自负盈亏，‘不吃大锅饭’‘不捧铁饭碗’，因而竞争性强；它投资少、费用低，自主权比较多，容易应用科研成果；它‘船小好掉头’，容易适应市场需要，很快转产。因此，尽管它劳动生产率比较低，但是，某些产品，国营企业生产亏损，乡镇企业生产却能盈利。”从此，我国乡镇企业进入到一个新的发展时期，农村也开始打破单纯经营农业的格局。

1985年1月，中共中央、国务院发布了《关于进一步活跃农村经济的十项政策》。文件指出，在打破集体经济中的“大锅饭”之后，还必须进一步改革农村经济管理体制，在国家计划指导下，扩大市场调节，使农业生产适应市场的需求，促进农村产业结构的合理化，进一步把农村经济搞活。同时，号召改革农产品统派购制度，大力帮助农村调整产业结构，进一步放宽山区、林区政策；积极兴办交通事业，对乡镇企业实行信贷、税收优惠；鼓励农民发展采矿和其他开发性事业，鼓励技术转移和人才流动；放活农村金融政策，提高资金的融通效益；按照自愿互利原则和商品经济要求，积极发展和完善农村合作制；进一步扩大城乡经济交往，加强对小城镇建设的指导，发展对外经济、开展技术交流活动。在上述大背景下，受非农产业利润较高的诱惑，大量农民利用刚刚获得的身份自由，携带着农业剩余资金，抬起双腿迈出农业门槛，瞄准市场需求最短缺的领域，轰轰烈烈搞起了乡镇企业。

1987年党的十三大报告明确提出："社会主义有计划商品经济的体制，应该是计划与市场内在统一的体制。在这个问题上，需要明确几个基本观念：第一，社会主义商品经济同资本主义商品经济的本质区别，在于所有制基础不同。建立在公有制基础上的社会主义商品经济为在全社会自觉保持国民经济的协调发展提供了可能，我们的任务就是要善于运用计划调节和市场调节这两种形式和手段，把这种可能变为现实。社会主义商品经济的发展离不开市场的发育和完善，利用市场调节决不等于搞资本主义。第二，必须把计划工作建立在商品交换和价值规律的基础上。以指令性计划为主的直接管理方式，不能适应社会主义商品经济发展的要求。不能把计划调节和指令性计划等同起来。应当通过国家和企业之间、企业与企业之间按照等价交换原则签订订货合同等多种办法，逐步缩小指令性计划的范围。国家对企业的管理应逐步转向以间接管理为主。第三，计划和市场的作用范围都是覆盖全社会的。新的经济运行机制，总体上来说应当是'国家调节市场，市场引导企业'的机制。国家运用经济手段、法律手段和必要的行政手段，调节市场供求关系，创造适宜的经济和社会环境，以此引导企业正确地进行经营决策。实现这个目标是一个渐进过程，必须为此积极创造条件。"党的十三大关于经济体制改革的决定，特别是提出政府调节市场，市场引导企业的改革目标，意味着政府将在管理企业事务方面逐渐从直接干预中退出。这为乡镇企业的发展创造了优越的政治环境和市场环境。国发〔1987〕6号、8号文件规定："放活科研院所，放活科技人员，允许其与乡镇企业进行联合，科技人员可以到乡镇企业工作。"由此，国家从人才支持方面，给予乡镇企业足够的重视。1980—1990年，乡镇企业数增长了12.2倍，固定资产原值增长了5.8倍，就业人数增长了2.1倍，创造的非农产业产值也增长了4.4倍[1]。

①马晓河、刘振中、钟钰：《农村改革40年：影响中国经济社会发展的五大事件》，《中国人民大学学报》2018年第32卷第3期。

第二节 乡镇企业崛起及内在机理

改革开放以后，在政策的大力支持下，从20世纪80年代到90年代初期，乡镇企业出现了高速发展的态势。乡镇企业经济总量迅速增长，整体素质不断提高。乡镇企业的崛起为工业化战略转型提供了坚实支撑。

一、20世纪80年代到90年代初期乡镇企业的发展历程

这一时期，乡镇企业的发展大致经历了三个阶段[①]。

第一阶段：集体所有的乡镇企业（1979—1983年）

在这个阶段，家庭联产承包责任制将大量农村劳动力从农田里解放出来，越来越多的农民需要寻求新的劳动机会，这为农村工业提出了新要求。在当时，农民进城受到户籍制度的限制，因此，发展农村工业是增加农民工作机会的唯一办法。改革开放之初的几年里，私有和个体农村工业企业还备受争议，其发展仍然受到许多政策及观念的制约。在这种情况下，从个体企业主的角度看，成立一个自己管理下的集体所有企业，而不是私营企业，他们能够得到地方政府的认可和支持，并且能避免一些政治或社会观念的冲击。

这样，乡镇企业大多为集体所有制企业。在具体运营实践中，政府可以干预乡镇企业，个人包括经理在内同其他职工一样按工资、奖金分配利润，扣除工资、奖金外的企业利润全部归集体企业所有。这种乡镇企业的典型代表是江苏的乡镇企业，也就是所谓的“江苏模式”。

第二阶段：民营化的乡镇企业（1984—1988年）

乡镇企业快速成长，很快成为推动农村工业化的重要力量。政府开始在政策上鼓励多种形式所有制的发展。1987年，乡镇企业总产值首次超过农业

①樊刚、陈瑜：《“过渡性杂种”：中国乡镇企业的发展及制度转型》，《经济学（季刊）》2005年第10期。

总产值，成为农村经济的重要支柱。这标志着我国农村发展开始由单纯的农业发展目标转换为农业发展和非农业发展双重目标。这说明我国的现代化建设在农村已迈出了实质性的一步。

1987年再次提出要鼓励乡镇企业发展。在政府的认可与支持下，乡镇企业的胆子更大了，发展速度更快了。一些原来的集体所有制企业开始探索股份制转变，并成为民营化企业。

在这个阶段，虽然乡镇企业开始探索股份制民营化转型，但由于它们仍以“集体所有”名义注册，集体所有的性质仍没有改变。然而，由于这些民营化的乡镇企业在收入分配过程中，采取的做法是由企业管理者按照规定或者与地方社区事先签好合同，在缴纳一次性“管理费用”之后，获得全部“剩余”。因此，民营化的乡镇企业受到的政府直接干预相对更少。当时，这种民营化的乡镇企业在福建省和浙江省居多，因此其也被称为“浙江模式”的乡镇企业。

1984—1988年是乡镇企业快速增长的时期，乡镇企业产值每年都以30%以上的速度高速增长。经过5年的高速增长，乡镇企业的发展实实在在地迈上了一个新的台阶。

第三阶段：整顿提高阶段（1989—1991年）

自1988年下半年起，我国开始对国民经济进行治理和整顿。在这种情况下，由于民营企业私有的成分较多，民营化乡镇企业受到了最严重的负面影响，面临被清除出市场的可能。从1989年起，乡镇企业投资减少，增速放缓。1989—1990年，许多乡镇企业处于停产半停产状态，几百万名乡镇企业职工又回到农田。民营企业的数量停止了上升并开始有所下降。但是，企业希望生存，而地方政府也希望挽救民营企业，这对当地经济成长十分必要。特别是像浙江、广东和福建等东南沿海各省，情况尤其如此。在地方政府的支持下，民营化乡镇企业仍以集体所有企业的名义登记注册，向地方政府和地方集体缴纳一定的费用，虽然承担了较高的成本，但乡镇企业还是保住了自己的市场主体身份。紧接着，随着市场环境的慢慢稳定，乡镇企业又开始发展了起来。

二、乡镇企业崛起的内在原因

20世纪80年代，乡镇企业之所以能够快速发展并取得重要经济地位，是由其深刻的内在因素决定的，并不是偶然的。

第一，人地关系高度紧张是乡镇企业产生的基本原因。世界经济史表明，随着越来越多的劳动力从农业中分离出来，从事工业和商业等活动，是社会分工发展的必然要求，是社会生产力进步的必然结果。在许多国家尤其是发达国家，从农业中分离出来的劳动力可以被城市的发展所吸收，尤其是城市机器大工业的形成和发展，足以容纳破产了的农业劳动力。但是，各国的国情不同，一方面，我国是一个人口大国，且大部分人口居住在农村，随着人口的快速增长，土地相对越来越少，人地关系越来越紧张，日益减少的耕地很难承载日益庞大的人口和劳动力，农业劳动力寻找新的就业门路的迫切性愈加增强。另一方面，庞大的劳动力资源是城市工业难以完全容纳得了的。在我国，工业、商业等与农业分离，不能采取城市吸收的单一形式或主要形式。要解决这一矛盾，实现地尽其力、物尽其用、人尽其才，必须寻找新的社会分工形式，这种形式就是乡镇企业。这是适合我国国情的农业与工业、商业等分离的重要社会形式。

第二，解决城乡二元结构矛盾为乡镇企业发展提出了客观要求。中华人民共和国成立后，我国采取了高度集中的计划经济体制，强化了农业产品和价值剩余向城市工业积累的转移，并利用户籍制度等限制农村劳动力向城市的转移，进而导致城乡分割为特征的城乡二元结构。破解这种二元结构是现代化建设的必然要求。解决的办法就是通过工业化和城市化让农民的收入提高，使工业部门和农业部门的劳动收益无差别，使工业和农业劳动力的经济地位改善，最终使得工农业得到均衡发展。乡镇企业是工业化战略的重要抓手，一方面，迈出了农村产业结构战略性调整的重大步伐，开辟了适合我国国情的依托乡镇企业发展农村工业化的道路；另一方面，创造了大量的就业机会，为农业剩余劳动力的转移提供了载体。同时，乡镇企业的发展和集聚，又会促进小城镇的发展，从而推进农村城镇化。所有这些，都是工业和农业相互交融，有效解决城乡二元结构矛盾的必要手段。

三、20世纪80年代到90年代初期乡镇企业取得的巨大成就

乡镇企业是在我国市场取向改革的宏观背景下发展起来的，它从诞生开始就没有计划体制的保障和束缚，完全是凭着自己灵活的机制，适应市场调节和导向而发展起来的。它大多是劳动密集型行业，对劳动者的技术水平要求一般不高，因此有利于吸收农业剩余劳动力，深受农民欢迎。加之它有比较充分的经营自主权，规模一般较小，“船小好调头”，能及时调整经营方向，适应性较强，有较顽强的生命力，因此在发展中逐步提高了自己在农村经济乃至整个国民经济中的比重和地位。20世纪80年代乡镇企业的迅猛发展，被人们称为“异军突起”，经过“六五”期间（1981—1985年）的成长，“七五”期间已经壮大为农村发展、经济增长和出口创汇十分重要的力量。“七五”期间，在全国社会总产值的净增量中，乡镇企业占31.5%；在工业产值的净增量中，乡镇企业占37.3%；在农村社会总产值的净增量中，乡镇企业占67%；在出口创汇的净增量中，乡镇企业占28%。“七五”期间乡镇企业新增就业人口2200万，占新增就业人数的57.6%左右。在乡镇企业发展过程中，1987年是具有标志性意义的一年，这一年乡镇企业产值比重首次超过农业产值。这标志着乡镇企业已真正成为我国农村经济发展的重要支柱，标志着我国农村发展开始由单纯的农业发展目标转换为农业发展和非农业发展双重目标。这说明我国的现代化建设在农村已迈出实质性的一步。

第三节　乡镇企业在工业化转型中的作用

从前述分析不难看出，乡镇企业是改革开放之初根据我国国情做出的选择，有历史必然性。这个选择在我国工业化战略转型中发挥了重要作用。

首先，乡镇企业主要是工业，还包括建筑业、交通运输业、商业、餐饮服务业等，这些产业形成一个工业体系，是推动我国工业化建设的一支重要力量。

乡镇企业的典型特征是小、配、联。小就是规模小，配就是城市大工业

的配角，联就是不仅自身内部联系，也可与城市大工业联合经营。这构成了中国农村工业的特色，从而与城市大工业相互配合、相互补充，我国工业形成城乡联动协作格局。

乡镇企业不仅可以解决城市工业发展遇到的空间上的困难，也可以帮助城市工业解决产品和零部件供应问题。特别是城市工业通过扩散零部件和转移中低技术，就可以腾出人力、财力研制新产品，向高精尖产品发展，从而推动城市工业结构向高级化发展，这对于加速工业现代化建设具有更大的意义。因此，城乡工业分工协作，给我国工业化战略转型创造了更大的空间和更多的机会。例如当时的北京洗衣机总厂，其把白兰牌洗衣机98%的零件放到乡镇企业去生产，5年来人未增加，厂未扩大，但产量却增长了近30倍，既支持了郊区乡镇企业的发展，又提高了本企业的经济效益[①]。

与此同时，我们还应当看到乡镇企业发展对提高工业产值结构方面的重要作用。“六五”期间，全国工业发展速度为10.8%，而乡镇企业达25.4%；乡镇企业在全国工业总产值中所占比重不断提高，已由1980年的10.5%提高到1986年的23%。1985年，乡镇企业的煤炭产量占全国总产量的33.3%，建材业的产值占全国产值的70%，皮革业的产值占全国产值的75%，造纸业的产值占全国产值的30%，食品业的产值占全国产值的14.2%。可见，乡镇企业在我国工业中占据着越来越重要的地位。再有，乡镇企业利用自己的积累对企业进行技术改造，不断提高产品质量，大力发展劳动密集型产品出口的创汇企业，为我国工业引进先进技术和设备来对大型骨干企业进行技术改造发挥了重要作用。随着我国沿海经济发展战略的实施，外向型加工企业的迅速发展，乡镇企业在换取外汇支援重工业发展方面将会发挥更大的作用[②]。

其次，乡镇企业的发展加快了少数民族地区的工业化进程，也为我国工业化合理布局创造了新局面。

我国幅员辽阔，是一个多民族国家，少数民族居住的地区地域众多，地下资源十分丰富。但由于这些地区经济发展滞后，不仅地下资源开发缓慢，

①尹献生、黄道伟：《试论乡镇企业在实现我国工业化中的作用》，《广西社会科学》1988年第6期。

②同上。

而且工业化水平低下，使得少数民族地区的居民收入水平低下。可以说，不发展工业化，这些地区很难摆脱贫困，走上富裕道路。

如素以矿产资源丰富著称的广西壮族自治区，有铝、铅、锌、金、银、锰、锑、锡等35种冶金矿，以及煤、石灰石、滑石、石英石、大理石等66种非金属矿分布全区各地。但在集中管理的旧体制下，地下矿产资源只能由国家开采，由于国家投资有限，加上许多矿产资源零星分散，而且交通不便，不值得大规模建矿开采，那里的农民只能守着宝贝受穷。而乡镇企业兴起，那里的农民自己组织起来在矿产部门的指导下办了采矿业，使地下许多零星矿产资源得到迅速开发利用，死宝变成了活宝，开发了铅锌矿、硫铁矿、滑石、重晶石矿、萤石矿、煤、磷、锑、水晶、石灰、二砂、石米、陶瓷、大理石、花岗石等39种有色金属和非金属，以及铁矿、锰矿等黑色金属矿产。1986年，乡镇企业产量与全区产量相比，铁矿占26%、锰矿占21%、煤占20%。由此我们可以看出，虽然少数民族地区乡镇企业起步较晚，但乡镇企业已成为振兴少数民族地区工业的主力军，不仅使这些地区加快了地方工业发展，逐步摆脱贫困，而且支持了我国工业的发展，缓解了工业原材料紧张的矛盾。同时，也有利于调整国家产业布局、产品布局和资源分配结构，为我国工业化的合理布局，城乡工业的分工协作、协调发展提供了有益的启示[①]。

最后，我国改革开放是从农村开始的，家庭联产承包责任制的实施和推广拉开了我国改革的序幕。我国乡镇企业是在农村有大量富余劳动力的前提下发展起来的，乡镇企业的发展，为中国农村工业化、城镇化打开了一条通道，找到了实现城乡一体化，缩小工农差别、城乡差别的有效途径。因此，从根本上说，乡镇企业对提高农民收入、缩小城乡差距发挥了不可或缺的作用，正是这种收入上的提高又反过来推动更高层次上的工业化，也为更高层次的改革提供了新的物质基础和实践基础。

①尹献生、黄道伟：《试论乡镇企业在实现我国工业化中的作用》，《广西社会科学》1988年第6期。

第五章 国企经济的“放权让利”改革之旅

自中华人民共和国成立至1978年，我国实施的是高度集中的计划经济。在计划经济体制下，国有企业，也称国营企业，是政府的附属物，在运营过程中，其完全接受主管部门的任务指令，按照指令进行人、财、物和产、供、销活动。这使得生产不能和社会需求有效对接，企业积极性不能有效释放，社会生产力发展受到严重制约。与此同时，资金、技术和经验严重匮乏，因此要求必须对外开放，吸引国外投资，以缓解短缺问题。

随着1978年党的十一届三中全会召开，改革开放的春风吹遍大江南北。在此背景下，国企改革受到了巨大推动，开始了以“放权让利”为主要特征的改革之旅。这段改革一直延续到1993年党的十四届三中全会召开，大体持续了15年的时间。

第一节 “放权让利”的三个阶段

1978—1993年的“放权让利”改革，主要是通过探索企业所有权和经营权分离，引导国企摆脱计划经济体制的旧观念与行为的束缚，使它们能够逐步接受并适应商品化的经营环境，完成自身的企业化改造，解决国企市场化的问题。1978—1993年，按照改革实践的主体内容，国企“放权让利”改革大致分为三个阶段：1978—1984年的扩大自主权阶段，1984—1989年的推行经营承包制阶段，以及1989—1992年的转换企业经营机制阶段。

一、1978—1984年的扩大自主权阶段

1978年10月，经国务院批准，中共四川省委、四川省人民政府选择了四川省重庆钢铁公司、成都无缝钢管厂、宁江机械厂、四川化工厂、新都县氮肥厂和南充钢铁厂等6家具有代表性的地方国营工业企业率先进行了“扩大企业自主权”试点。四川省的“扩大企业自主权”试点，成为国有企业改革乃至城市经济体制改革起步的标志。这些企业试点的主要做法是，给企业一个增产增收的年度指标，完成指标后允许提留少量利润和给职工发放少量奖金。1979年5月，国家经贸委等部门在京津沪选择首都钢铁公司、北京清河毛纺厂、天津自行车厂、天津动力厂、上海柴油机厂、上海汽轮机厂等8家企业进行扩权改革试点。1979年7月，国务院下发了《国务院关于扩大国营工业企业经营管理自主权的若干规定》等5份有关企业扩权的文件，明确了企业作为相对独立的商品生产者和经营者具有包括生产计划权、产品销售权、利润分配权、劳动用工权、资金使用权、外汇留成权等权利和责任，并在全国26个省级区域上千家企业进行了试点。

1979年4月5日，中共中央召开工作会议，明确提出要扩大企业自主权。1979年7月13日，国务院颁发了有名的第一个“扩权十条”，它是改革开放以来关于企业改革的第一批文件。1981年4月，在国务院召开的工业交通工作会议上，以提高社会经济效益为目的，明确提出了建立和实行工业经济责任制的要求，实行责、权、利紧密结合的生产经营管理制度。

对企业放权让利不断深入，一定程度上调动了企业的积极性，但是，由于利润基数确定科学性和公平性无法实现，存在“苦乐不均”和“鞭打快牛”现象，并且国家财政收入稳定性无法得到保证。1983年开始进行“利改税”的第一步，即实行税利并存的制度。在企业实现利润中，先征收一定比例的所得税和地方税，然后对税后利润采取多种形式在国家和企业之间进行合理分配。从1984年10月1日起，试行第二步“利改税”，即将国有企业原来上缴国家财政的税利，改为向国家交税，即由原来税利并存改为完全交税。1984年10月，党的十二届三中全会进一步明确了企业是自主经营、自负盈亏和自我发展的独立经济实体，扩大企业自主权的改革告一段落。

二、1984—1989年的推行经营承包制阶段

虽然两步“利改税”很大程度上推动了放权让利的进展，但是，两步“利改税”也在一定程度上混淆了国家的政权代表和资产所有者代表角色，同时，税率过高等因素严重影响了企业积极性。于是，1986年承包经营责任制又被重新重视。1987年3月，六届全国人大五次会议的《政府工作报告》提出在所有权和经营权适当分离的原则下实行承包经营责任制，承包经营责任制得到全面推行。1988年，国务院发布《全民所有制工业企业承包经营责任制暂行条例》，进一步规范承包经营责任制。1989年，企业经营承包责任制得到进一步完善。

从现实案例看，承包制一度是拯救二汽于死亡边缘的好措施。1981年，首钢提出与国家签订利润递增承包合同，一方面包向国家上缴的利润逐年递增，另一方面包企业改造和发展任务。这一做法得到了邓小平的肯定。那时，由于国家资金投入能力限制，二汽被列入了“停缓建”名单。在十堰的深山沟里，二汽就像搞了个半拉子过程，几万名职工的工作生活亟待解决，二汽进入了最困难的时期。那时二汽的五吨卡车已经投产，而且供不应求。只要国家的管理体制改一改，或松动一点，把生产能力发挥出来，是完全可能的，也是可行的。因此二汽对邓小平提出的改革开放情有独钟，希望从改革中找到出路。在万里同志、国务院主要领导到二汽考察时，二汽提出了“要政策不要钱”、学习首钢搞承包的方案。方案提出在利润以7%递增上缴国家的条件下，实行“自筹资金、量入为出、续建二汽”。不要钱而且上缴国家的部分每年还有7%的递增，国务院主要领导很赞赏。万里同志说：“大企业我就抓两个，一个是首钢，一个是二汽。”这样，承包制拯救了二汽，使二汽没有陷入很多三线企业的悲惨境地。

在这个阶段，还有两项改革取得了进展：一是国有企业领导体制从1984年10月开始从党委领导下的厂长负责制转变为厂长（经理）负责制，并在随后几年不断完善；二是1986—1988年积极推进了横向经济联合和企业集团组建。

三、1989—1992年的转换企业经营机制阶段

虽然承包制在开始出现了“一包就灵”的现象，但由于它的不规范性和不稳定性，1989年以后其弊端日益明显，企业利润出现下降。1989年以后，整顿经济秩序成为经济工作的主基调，政府花费大力量清理整顿公司、清理“三角债”。在这种背景下，国有企业改革中心更加强调所有权和经营权两权分离下的企业经营机制转变。在1991年4月全国人大通过的国民经济和社会发展的第八个五年规划中，明确企业经营机制转变的目标是实行政企职责分开，所有权和经营权适当分离，探索公有制的多种有效实现形式，建立富有活力的国有企业管理体制和运行机制。1992年7月，国务院颁布了《全民所有制工业企业转换经营机制条例》，规定了14项企业经营自主权。这个阶段，在具体探索企业经营机制转变中，一方面，继续完善实施企业经营承包制，1990年，第一轮承包到期预算内工业企业有3.3万多家，占全部承包企业总数的90%，以此为基础，1991年第一季度末开始签订第二轮承包；另一方面，积极探索租赁制、股份制等各种形式的经营机制转变模式，尤其是从1984年7月北京天桥百货股份有限公司成立以来，股份制试点日益增多，1991年全国已经有3220家股份制试点企业，1992年底有3700家试点企业，其中92家在上海证券交易所上市。这为下一阶段建立现代企业制度奠定了很好的基础①。

第二节　国企改革的推动力量

从1978年到20世纪90年代初期，这一阶段国企改革在不断地探索中前进，具有十分鲜明的试错特征，改革的动力主要来源于以下方面。

①黄群慧：《“新国企”是怎样炼成的——中国国有企业改革40年回顾》，《中国经济学人（英文版）》2018年第1期。

一、改革开放提出了国企改革的客观要求

改革开放初期，长期的计划管理使我国经济陷入近乎崩溃的边缘。国有企业活力严重不足，上缴利润与投资严重不相称，这不仅使国家财政吃紧，也使经济发展所需的生产资料和生活资料长期处于严重短缺状态。为了解决当时的短缺问题，摆脱经济困局，中央制定了改革开放的基本国策。另外，对外开放要求吸引国外资金、先进技术和管理经验，以推进改革。因此，所有制结构与国企改革成为改革开放的必然内容和重要手段。

改革开放要求所有制结构调整，发展个体经济、私营经济、外资经济，推进国企改革。在具体实践过程中，这却是在中央指导、理论研究和地方实践共同作用下推动的。与国有企业改革密不可分的是非公有制经济的改革，个体和私营企业在中央的默许和“看一看”的宽容政策支持下，通过自我发展与实践，取得了卓越的成就。地方的成功实践获得了中央的认可，进而推动所有制结构的巨大变革，个体和私营经济成为所有制结构的一部分。外资经济在政策的鼓励下也获得了一定程度的发展。

二、在“摸着石头过河”的过程中逐步调整改革的方向

这一阶段，国企改革没有明确的方向和路线指引，除了有一些改革之前的教训外，也没有可以借鉴的发展经验，走的是一条完全陌生的道路。国企改革在探索的初期，主要表现为以地方实践为主，自下而上推进，即中央政策主要是采取“试点”的大原则，结合企业发展实际和相关理论，再推出多种政策。然后根据实践调整和完善政策。通过不断的试探性改革，寻求改革的正确方向和路径，也就是在“摸着石头过河”的过程中逐步调整改革的方向。为了调动国有企业的积极性，推出了“放权让利”政策，但是“内部人控制”等问题的出现，使改革调整为推行承包经营责任制，然而问题依然没有解决，于是又调整为转换经营机制。

第三节　国企改革的经验和教训

1978—1992年是我国国企改革的初步探索阶段，取得了非常明显的成就，并积累了丰富的经验和教训。

一、放权让利的部分经验和教训

党的十一届三中全会的会议公报明确指出，我国经济管理体制的一个严重缺陷就是权力过于集中，应该大胆下放，让地方和企业有更多的经营管理自主权。国企改革之初，放权让利主要集中在两个方面：一是以计划经济为主，同时充分重视市场调节的辅助作用，调整国家与企业的关系；二是扩大企业自主权，并且把企业经营好坏同职工的物质利益挂起钩来，着眼于调动企业和职工的积极性和主动性。1979年7月，国务院先后颁布了《关于扩大国营工业企业经营管理自主权的若干规定》等5个文件。这些决策对国企改革起到了非常大的推动作用，有效调动了企业和职工的积极性，并打开了传统计划经济体制的缺口。

但是，由于信息不对称，企业经营缺乏规范约束，一些企业为扩大自销比例而压低计划指标、不完成调拨任务和财政上缴任务等，结果形成“内部人控制”和行为短期化等问题。在这种情况下，中央开始推广实行工业经济责任制，目的是解决放权让利中暴露出的问题，着重处理好国家和企业之间的分配关系，结果在硬化企业预算约束、强化企业内部管理等方面收到了成效，尤其是国家财政赤字大幅减少。但是，由于企业外部环境不平等，企业内部条件也千差万别，该政策很难找到可操作化的指标来规范国家与企业之间的责、权、利，企业激励不足问题又突显了出来。

二、国企改革先后采取了多种形式

1984年10月，中共十二届三中全会召开，提出要建立自觉运用价值规律的计划体制，发展社会主义商品经济。明确国企改革的目标是要使企业真正成为相对独立的经济实体，成为自主经营、自负盈亏的社会主义商品生产者和经营者，具有自我改造和自我发展能力，成为具有一定权利和义务的法人，并在此基础上建立多种形式的经济责任制。改革的主要措施是实行厂长（经理）责任制，在大多数国有企业实行承包经营责任制，对一些小型国有企业实行租赁经营，在少数有条件的全民所有制大中型企业中开始了股份制改造和企业集团化的改革试点。

到1987年底，全国国有大中型企业普遍实行了承包制。同年，中共十三大报告肯定了股份制是企业财产的一种组织形式，试点可以继续实行。到1988年底，全国共有3800家股份制企业，其中800家由国有企业改制而来，60家发行了股票，其余3000家原是集体企业。1988年2月，国务院更加明确了企业承包制在国有企业改革中的地位，规定了“包死基数，确保上交，超收多留，歉收自补”的承包原则。同时，全国人大颁布了《中华人民共和国全民所有制工业企业法》，从而将扩权试点以来取得的改革成果用法律形式规定了下来。

虽然承包制在当时取得了一定的成功，但在实践中承包制的问题也逐渐暴露了出来。1991年9月，中央工作会议强调要转换企业经营机制。1992年后国务院就不再鼓励企业搞承包。1992年7月，国务院公布了《全民所有制工业企业转换经营机制条例》。该条例根据两权分离的思路明确了企业经营权、企业自负盈亏责任、企业和政府的关系、企业和政府的法律责任等问题。但是很快人们就发现，仅靠企业内部转换机制，难以达到改革的预期目标。

三、国企改革与价格体制、投融资体制改革等同步进行

国企改革是与价格体制、投融资体制等宏观经济改革同步进行的。在价格体制上，国企改革的推进对价格体制提出了挑战。1984年以后开始了对价格体制的改革，以不同形式、不同程度放开价格为主。1987年9月，国务院发布了《中华人民共和国价格管理条例》，明确规定国家现行的3种价格形式，即国家定价、国家指导价和市场调节价，并规定企业在价格管理方面享

有的权利，主要是赋予企业对一部分价格的定价权。

在流通体制上，1978年中国以计划管理的商品将近400种，到1990年底已经逐渐减少为9种。同时，改变原来生产资料不能成为商品的现状，将近850种生产资料由国家统一计划调拨的方式转变为市场调控，生产资料正式成为商品。生产资料成为商品后，以它的有效和方便的运转支持和支撑了国企改革的进行。

在投融资体制上，中央进行了“拨改贷”改革，成立了国有资产管理局。20世纪80年代中期，国家建设项目投融资体制从拨款改为贷款，国家不再给新建企业投入资本金。在监管体制上，1988年4月，为了加强对国有资产的管理，理顺国家与企业的财产关系，国务院直属的国有资产管理局成立，行使国有资产所有者的代表权、监督管理权、投资和收益权、处置权。

此外，进入20世纪80年代后期，随着发行股票的企业增多，对股票交易的需求压力相应增大。经中国人民银行批准，上海（1986年）和深圳（1987年）先后建立了股票柜台交易市场。其后，两地先后于1990年和1991年成立了规范的证券交易所，主要在于缓解已经发行在外，且具有相当规模的股票交易需求的压力。据中国证监会的统计，从1987年至1990年末，我国共向社会发行了可流通股47亿股，筹集资金47亿元。资本市场的建立不仅为国企改革提供了融资渠道，还为将来国企改革的深化奠定了基础。

参考文献

［1］童车五．论“一大二公”和“分户承包”：兼谈李金耀包山办厂［J］．中国农村观察，1982（6）：1-2.

［2］马晓河，刘振中，钟钰．农村改革40年：影响中国经济社会发展的五大事件［J］．当代中国研究史，2018（3）：121.

［3］樊刚，陈瑜．“过渡性杂种”：中国乡镇企业的发展及制度转型［J］．经济学（季刊），2005（10）：945-947.

［4］谷牧．谷牧回忆录［M］．北京：中央文献出版社，2014：349.

［5］钟杨，冯泽波，朱芷君．《广东改革开放实录》肇庆市第一专题：肇庆农民陈志雄雇工经营事件始末．［EB/OL］.（2017-03-03）［2017-03-13］http://ds.zhaoqing.gov.cn/dsyj/201703/t20170303_439235.html.

［6］邓小平．《邓小平文选》第3卷［M］．北京：人民出版社，1993：91.

［7］邓小平．《邓小平文选》第3卷［M］．北京：人民出版社，1993：371.

［8］黄群慧．“新国企”是怎样炼成的：中国国有企业改革40年回顾［J］．中国经济学人（英文版），2018（1）：61-65.

［9］尹献生，黄道伟．试论乡镇企业在实现我国工业化中的作用［J］．广西社会科学，1988（6）：19-23.

第二编

1993—2001年：社会主义市场经济体制确立初期所有制结构变化

第六章 “入世”谈判中的所有制结构调整（1993—2001年）

中国改革开放的大背景之一是经济全球化水平的不断提升。经济全球化给世界上广大的发展中国家和欠发达国家提供了分享经济全球化红利的历史机遇。中国改革开放的过程同时也是不断融入世界经济体系、搭乘经济全球化“列车”的过程。邓小平同志在会见外宾时曾表示，“根据中国的经验，把自己孤立于世界之外是不利的。要得到发展，必须坚持对外开放、对内改革”，“中国执行开放政策是正确的，得到了很大的好处。如果说有什么不足之处，就是开放得还不够。我们要继续开放，更加开放”[①]。从“复关”到“入世”，中国做了极大努力，在这过程中，所有制结构也或主动，或被动地进行了调整。

第一节 经济全球化的红利

近几十年来，随着科技进步的加快，经济全球化的水平也不断提升。经济全球化使产品的生产和销售突破了国界的限制而扩大到地区乃至全球，市场的扩大给不断融入世界经济的国家带来了巨大的红利，显著加快了本国的发展速度，部分国家摆脱了贫困的束缚进入高收入国家行列。

①邓小平：《加快四项基本原则教育，坚持改革开放政策》，载《邓小平文选（第三卷）》，人民出版社，1993年，第202页。

一、经济全球化“列车”不断前行

第一次工业革命以来，随着科学技术的不断进步，人类生产力水平也得到不断提升，产品产量的极大提升催生了将国内市场拓展至国际市场的内在需求，而现代交通运输、通信等的出现使产品的“全球产、全球买、全球卖”成为可能。“二战”以来，特别是最近二三十年，经济全球化进程整体加快，虽然在部分国家贸易保护主义的声音一直都存在着，但并没有改变经济全球化的发展趋势，越来越多的国家融入经济全球化发展大潮，经济全球化“列车”不断前行。

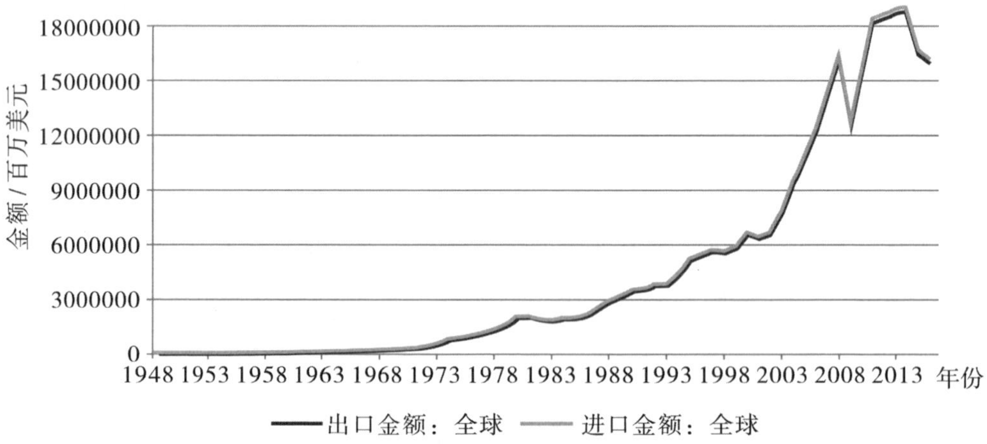

图6–1　1948年以来全球进出口总额情况

从图6–1我们可以较为直观地看出，“二战”结束以来，全球进出口总额整体上呈现出上升的发展势头，特别是2008年国际金融危机爆发前，全球进出口总额的增长呈现出不断加快的发展趋势。

图6–2呈现了1976年以后全球国内生产总值（GDP）和商品服务出口的增速情况。从图中可以看出，1976—2008年期间，全球商品和服务出口增速虽然波动较大，但增长速度整体上高于同时期全球GDP增长速度，跨国贸易成为拉动全球经济增长的强大引擎。这在一定程度上意味着经济全球化程度的不断加深，在世界经济中发挥的作用也越来越大。

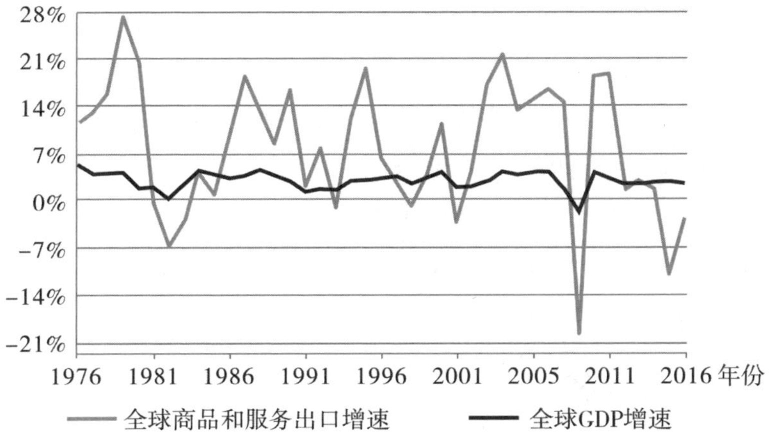

图6-2　1976年以后全球GDP及商品服务出口增速情况

二、经济全球化红利巨大

越来越多的国家主动融入和推动经济全球化的不断发展，最根本的原因在于其拥有巨大的发展红利。对厂商而言，经济全球化使厂商可以在世界范围内找到成本最低的地方进行生产，而在售价较高的地方销售产品，从而实现利润最大化；对国家来说，经济全球化某种程度上意味着分工的全球化、市场的全球化，可以根据本国的自然资源状况、人力资本水平等因素最大限度地发挥出相对于其他国家而言的比较优势，从而加快自身的发展。

（一）市场红利

市场红利对一个融入世界经济发展的国家来说，意味着市场空间不局限于本国的范围，而是可以扩展至其他国家和地区，是一个国家融入世界经济后所能获得的最直接的红利。市场红利的增加将扩大一国产品的产销量，从而提升本国企业的经济效益，增加本国的就业岗位，提高居民的收入水平。

（二）技术红利

技术红利是一国获得的伴随经济全球化引起的技术转移过程而产生的本国技术水平的提升。经济全球化过程中，技术具有外溢效应，会通过产品、专利、生产技术等形式从一个国家转移至另一个国家。具体来说，经济全球化的过程通常伴随着产业转移，如在全球范围内劳动密集型产业梯次从发达经济体转移至具有劳动力成本优势的发展中国家和地区，而产业转移的过程同时也是生产技术转移的过程，能够提升产业转入国家的生产技术水平。经济全球化过程中，技术转移的另一个主要渠道是交易，通过购买先进技术提升本国的技术水平，并在此基础上对先进技术加以消化、吸收，使其真正成为本国所掌握的技术。

（三）人才红利

人才红利是经济全球化带给各国的主要红利之一。经济全球化加快了生产要素的跨国流动，人才的流动是主要方面之一。随着各国竞争的日趋激烈，人才的竞争成为各国竞争的核心，人才资源也成为各国积极争取的核心资源。伴随经济全球化而来的产业、技术的跨国流动中，人才资源也会相应地流向最能体现其价值的国家和领域，从而提高一国的人力资本水平。

（四）资金红利

资金是经济发展的“血液”，投资、生产、分配、消费的过程同时也是资金流动的过程，再生产的顺利实现须臾离不开资金的作用。经济全球化给了一国通过国际金融市场进行融资以弥补自身资金不足的途径，如通过吸引外商直接投资为国内实体经济的发展带来资金，通过逐步放松资本项目管制吸引银行、证券、保险等资金进入本国金融市场，促进金融体系的优化和行业国际竞争力的提升。

毋庸讳言，经济全球化是一柄双刃剑，在给各国带来上述红利的同时，也会带来风险和挑战，主要体现在：第一，经济危机的全球化。经济全球化使产品的生产、分配、交换和消费在全球范围内进行，在这一过程中，市场经济所具有的盲目性、自发性、滞后性等缺点也被扩散至全球范围，原先局部性的经济危机在全球化传导机制的作用下演变成为全球性的经济危机，导致经济危机的全球化。第二，各国贫富差距进一步拉大。伴随着经济全球化而来的市场全球化为具有市场优势地位的企业提供了更大的消费市场，使其能够在全球范围内最大限度地赚取经济利润。与此类似，经济全球化下发达经济体相对于发展中国家和落后经济体的竞争优势将进一步凸显，国家间的贫富差距被进一步拉大。与此同时，经济全球化也会导致一国内部居民贫富差距进一步拉大。

经济全球化既是一个巨大的机遇，给每个国家都提供了更为宽广的舞台，同时也是一个艰巨的挑战，但从整体来看，经济全球化的正面影响仍大于其负面影响。

三、中国需要世界，世界也需要中国

中国作为世界上最大的发展中国家，自身的快速发展带来了经济规模的快速增大。随着中国对外开放程度不断提高，与各国经贸往来也越发密切，世界带给了中国发展所需的大量资金、各种技术和人才，中国回馈给世界质优价廉的产品、潜力巨大的市场，中国日益成为世界经济体系不可或缺的组成部分。

首先，中国经济的影响力不断增大。据世界银行测算，1997年中国的经济总量跃居世界第7位，许多重要的工农业产品总产量位居世界前列。中国的对外贸易从中华人民共和国成立初期的仅对苏联、东欧等国家扩大到包括美国、日本、欧盟等在内的220多个国家和地区；进出口总额在世界贸易中的排名已由1978年的第32位上升到第11位，成为世界上举足轻重的贸易大国。1978—1998年，中国实际利用外资总额累计达4069亿美元；20年间共批准外商直接投资项目30多万个，连续多年成为世界第二大的资本输入国。中国外汇储备由改革开放之初的21.5亿美元增长到1998年的1450亿美元，居世界第2位。

其次，中国经济与发达经济体有很强的互补性。中国人口占世界人口1/5，改革开放前期，中国劳动力成本较低，自然资源丰富，这对许多缺乏劳动力和自然资源的国家有很大吸引力。美国、德国、英国、法国、日本以及韩国、新加坡等发达经济体和新兴市场经济体积极把握中国对外开放的时代机遇，将劳动密集型产业的生产基地纷纷转移到中国，既降低了它们的生产成本，提升了国际竞争力，也给我们创造了大量的就业岗位，并促进了居民收入水平的提升。同时，拥有14亿人口的中国是世界上最大的潜在市场，为外商投资企业提供了大量的商业机会。

再次，中国是推进经济全球化不可或缺的力量。世界需要一个公平、安全、非歧视的多边贸易体系，中国对此一贯主张，多边贸易谈判必须考虑不同发展水平的国家间的利益平衡，尊重发展中国家的经济发展目标和开放模式。没有发展中国家积极和充分的参与，经济全球化是不公平的，也无法顺利推进。中国作为世界上最大的发展中国家，是经济全球化的积极推动者、公平经济规则制定的重要力量。

曾担任国家经济体制改革委员会副主任的高尚全同志于1992年10月在接受采访时表示："当前，世界经济向国际化、集团化、一体化方向发展的趋势越来越明显，整个世界经济已经是你中有我，我中有你，密不可分了。据世界银行的资料统计，现在世界上的35000个跨国公司，总资产达到1.6万亿美元，贸易量占全世界贸易总量的1/3。现在国际贸易有一个显著的特点，就是交易内部化，许多交易是在跨国公司中的母公司与子公司之间进行。中国走向世界，要参与国际分工和国际竞争，如果还是靠两种体制、在两个轨道上运行，不要说参与，连门都进不去。这个道理是很明显的。"①

第二节　漫长而艰辛的谈判历程

从1986年我国正式提出恢复中国关贸总协定缔约方地位申请，到2001年正式加入世界贸易组织，前后历时15个春秋，经历了由"复关"到"入世"的转变，其间的谈判历程漫长而艰辛。

一、"复关"

中国是关税及贸易总协定（简称"关贸总协定"，General Agreement on Tariffs and Trade——GATT）的23个原始缔约国之一。由于面临复杂的国际环境，我国曾一度中断与关贸总协定的联系。改革开放后，我国于1980年重

①高尚全：《改革访谈》，经济科学出版社，2008年，第91页。

新开始与关贸总协定接触，并为恢复在关贸总协定的地位做了一系列准备工作。如1981年列席了关贸总协定纺织品委员会主持的第3个国际纺织品贸易协议的谈判会议，1982年11月首次派代表以观察员身份列席第38届缔约方大会等。

1986年7月11日，中国常驻日内瓦联合国代表团钱嘉东大使照会关贸总协定总干事邓克尔，正式提出恢复中国关贸总协定缔约方地位申请，并阐明了中国的原则立场。1987年6月，关贸总协定专门成立“中国的缔约方地位工作组”（简称“中国工作组”）。此后，1987年10月至1992年2月，中国政府先后10次派代表团赴日内瓦参加关贸总协定的会议，提交中国贸易制度备忘录并累计回答缔约方提出的约2000个问题。1992年10月，在中国工作组第11次会议上，时任中国外经贸部副部长佟志广首次正式阐述了中国政府寻求权利和义务相平衡的议定书的原则立场。

在与中国工作组多次磋商的基础上，1994年8月31日，中国政府正式发布“复关”谈判的最后一揽子方案，成为与各个缔约方谈判的基础。同年9月至11月，中国与大多数缔约方进行了关税与非关税减让谈判，并在诸多方面取得一致。但由于美国等国家坚持拒绝同意中国以发展中国家的身份加入关贸总协定，对中国提出苛刻要求，致使中国工作组第19次会议无果而终，中国没能够在1995年1月1日之前恢复关贸总协定缔约方地位。随着1995年1月1日世贸组织取代关贸总协定，中国的“复关”谈判随之变成“入世”谈判。

回顾整个“复关”历程，中国为此做了大量努力，但仍然没能够成功“复关”，原因是多方面的。从内部因素来看，我国整体经济体制，特别是外贸体制与总协定的要求仍存在较大差距，我国的社会主义市场经济仍处于起步阶段，市场经济的原则在诸多经济领域尚未成为基本原则，外贸体制虽经历了不少市场取向的改革，但毋庸讳言，仍存在不少计划经济的管理方式。例如，根据关贸总协定的规定，外贸制度中关税应起到非常重要的作用，即一国应主要依靠关税来调节商品的进口，尽量少用非关税措施。改革开放初期，由于我国仍处于计划经济向市场经济转轨过程中，尚未完全建立市场经济的外贸调节方式，存在不少贸易限制措施，如进口计划、进口许可证、外贸经营权、透明度问题、政策统一性及实质上的出口补贴等。因此，关贸总协定要求中国继续进行外贸体制改革，以适应他们的要求。

从外部因素看，关贸总协定是以市场经济为标准建立的，推崇贸易自由化。关贸总协定关于“非市场经济”的若干法律规定，对社会主义国家另有规定。而具有中国特色的市场经济体制尚无法律依据，这就成为许多国家限制中国“复关”的借口，成为中国“复关”的一个重要障碍。中国坚持以发展中国家身份“复关”，实质上是争取享受关贸总协定对发展中国家的优惠及特殊待遇，而以美国为首的一些国家则认为中国是一个贸易大国和经济大国，不同意中方的这一要求。如果不以发展中国家身份“复关”则意味着中国需要更进一步开放市场，并且失去经济调整的时机，这是中国所不能承受的，也是不能接受的苛刻条件。

关贸总协定不同于传统意义上的由各成员组成的国际组织，所有入关国家都要签订“入关议定书”，然后通过关贸总协定最惠国待遇原则适用于所有的缔约方，这样就涉及各缔约方的切身利益。不少国家一方面怕中国搭便车，加入关贸总协定后利用最惠国待遇获得好处却使它们得不到回报；另一方面也想乘中国加入之机，获取中国市场开放带来的红利，从而更大限度地进入中国市场，这样势必加大了“复关”的难度。

历史因素也是中国“复关”未成的一个重要原因。由于中国是“复关”，不是重新加入，这意味着中国可以享受相应的权利，而任何缔约方都不得援引第35条规定拒绝与中国建立缔约国之间相互适用关贸总协定的关系，使议定书无追溯效力。对于在中国中止缔约方活动期间遗留下来的中国与其他缔约方之间的相互权利，缔约双方必须予以放弃，互不追究，从而达到通过其他途径难以达到的保护本国各类产业的目的。

二、“入世”

1995年，中国开始了加入世界贸易组织的谈判历程。虽然“复关”谈判为“入世”奠定了一定基础，但在与部分国家的双边谈判中被刻意提高“要价”，其间的曲折、复杂程度艰辛异常。

1995年5月，中国开始就加入世界贸易组织与有关方面进行接洽，同年7月获得世贸组织观察员身份。1997年，中国“入世”谈判取得较大进展；同年8月，与新西兰和韩国相继达成双边协议；10月，与澳大利亚等30个世贸组织成员进行了双边磋商，与匈牙利、捷克等结束双边谈判；11月，与日本的双边谈判基本结束。1998年，时任中共中央总书记、国家主席、中央军委主席江泽民同志在接受美国记者采访时提出中国“入世”三原则，即：WTO没有中国参加是不完整的；中国毫无疑问要作为一个发展中国家加入WTO；中国的“入世”是以权利和义务的平衡为原则的。

1999年是中国“入世”的关键一年，中国与美国就双边贸易协定进行了“拉锯式”谈判，其间出现了一些波折，但双方最终仍然达成了双边贸易协定。1999年3月，中美高级别贸易代表团就降低关税，开放农业、电信、金融和保险市场进行了磋商，但成果乏善可陈；4月，美国政府拒绝了时任总理朱镕基提出的方案，但双方同意在同年12月世贸组织西雅图峰会之前尽力达成协议；5月，北约轰炸中国驻南斯拉夫大使馆，为表示抗议，中国中止了与美国和欧盟关于加入世贸组织的谈判。

同年7月，日本首相小渊惠三访华，同意中国加入世界贸易组织的条件，中国与日本的双边协议谈判正式结束。9月，中美两国于APEC（亚太经合组织）峰会后恢复了关于中国加入世界贸易组织的谈判。由于两国立场差异较大，分歧始终难以弥合。11月，美国贸易代表巴尔舍夫斯基抱着“最后一次机会”的态度访问中国，与中国进行最后的磋商。在双方的共同努力下，在最后一刻中美最终就中国加入世界贸易组织达成了协议。对此，时任中国国务院总理朱镕基深有感触地说：“黑头发都谈成白头发了，该结束谈判啦！”

中国与美国双边谈判的结束扫除了中国“入世”路上的最大障碍，极大地减轻了中国与其他国家和地区谈判的阻力，中国“入世”进程显著加快。2000年5月19日，中国与欧盟就中国“入世”相关议题达成双边协议。2001年6月28日—7月4日，第十六次世界贸易组织中国工作组会议就多边谈判中遗留的12个主要问题达成全面共识；同年9月，中国和墨西哥达成双边协议，至此，中国完成了与所有世界贸易组织成员的双边市场准入谈判。

2001年11月10日18时30分，世界贸易组织第四届部长级会议以全体协商一致的方式，审议并通过中国加入世贸组织的决定；11月11日，中国政府代表在中国加入世贸组织议定书上签字；12月11日，中国正式加入世界贸易组织，成为其第143个成员。

加入世界贸易组织，是中国发展中具有历史意义的重大事情。“入世”加快了中国经济融入世界经济的进程，对保持中国经济平稳健康发展、确保经济安全、维护国家根本利益具有重要意义。同时，中国“入世”也是世界贸易组织成立后最重要的事件之一，极大地丰富和完善了世界贸易组织的组织体系，使其更加具有代表性、完整性和权威性。

【专栏】中美就中国加入WTO达成关键性双边协议①

中国加入WTO需要与当时37个成员国逐一进行双边谈判，其中，最艰难、最复杂的是中美两国之间的双边谈判，前后共进行了25轮。1999年11月15日是中美谈判既定日程的最后一天，双方之间仍剩下7个问题无法达成共识，在谈判陷入僵局之际，时任国务院总理朱镕基同志亲赴现场。谈判桌上，美国人抛出的前3个问题，朱镕基总理都说“我同意”，当美方抛出第4个问题时，朱镕基提出：“后面4个问题你们让步吧，如果你们让步我们就签字。”5分钟后，美方同意了中方的意见。当天下午4点，中美关于中国加入WTO的双边市场准入协议签署，双边谈判正式结束。中美之间双边协议的达成标志着中国“入世”道路上最大的障碍得到清除，为中国与其他国家开展双边谈判和最终加入WTO奠定了坚实基础。

第三节　“入世”谈判中的所有制结构调整

20世纪90年代，中国延续改革开放的发展路径，不断深化市场化改革，扩大对外开放，出台了一系列吸引外资的政策措施。这些政策措施也在一定程度上满足了“复关”和“入世”谈判对我国经济和外贸体制的要求，因此，“复关”和“入世”谈判的过程同时也是我国所有制结构不断调整的过程。

①根据网络公开资料整理。

一、外商直接投资不断增加

我国实施不断扩大对外开放政策的直接成效是外商直接投资的不断增加。表6-1列出了1994—2001年我国吸引外商直接投资的总体情况，可以看出，合同利用外商直接投资金额出现了一定程度的波动，从1995年的912.82亿美元回落至1999年的412.23亿美元后，2001年达到691.95亿美元，有所回升；实际利用外商直接投资金额虽然也出现小幅波动，但整体上呈现出增长态势，从1994年的337.67亿美元上升至2001年的468.78亿美元，增幅为38.82%；外商直接投资项目数量从1994年开始逐步降低，1999年降至16919个的低点后有所回升，这一发展态势与合同利用外商直接投资金额呈现出一定的一致性，其主要原因在于1997年爆发的东南亚金融危机在一定程度上影响了来自韩国、东南亚部分国家和地区对我国的直接投资。

表6-1　1994—2001年我国吸引外商直接投资情况

年份	合同利用外商直接投资金额 / 亿美元	实际利用外商直接投资金额 / 亿美元	外商直接投资项目数量 / 个
1994	826.8	337.67	47549
1995	912.82	375.21	37016
1996	732.76	417.26	24558
1997	510.03	452.57	21001
1998	521.02	454.63	19799
1999	412.23	403.19	16919
2000	623.8	407.15	22347
2001	691.95	468.78	26140

资料来源：Wind数据库。

我国实际利用外资规模整体上逐步增加的一个重要原因是我国较低的生产要素成本，如劳动力、土地、原材料等生产资料的价格相对较低，对外商投资企业具有较大的吸引力。以劳动力价格水平为例，改革开放初期的1978年，我国在岗职工的年平均工资水平为615元人民币，平均每月约为50元人民币。此后，我国职工收入水平逐年提升，开始“复关”谈判的1986年，在岗职工年平均工资水平为1329元人民币；每月的工资水平提高至110元人民币。从横向的角度来看，1986年，国有单位职工年平均工资水平为1414元人民币，稍高于整体平均水平；城镇集体单位职工年平均工资水平稍低于整体平均水平，为1092元人民币；其他类型单位职工的年平均工资水平相对较高，达到1629元人民币。

我国开始“入世”谈判的1995年，在岗职工年平均工资水平得到进一步提高，上涨至5500元人民币；国有单位职工年平均工资水平略高，为5553元人民币；同期城镇集体单位职工收入增长较慢，年平均工资水平相对较低，仅为3934元人民币，其他类型单位职工收入水平较高，年均工资达到7728元人民币。我国正式加入WTO的2001年，在岗职工年平均工资水平首次突破10000元人民币，达到10870元人民币；国有单位职工年平均工资为11045元人币，高于整体平均水平；其他类型单位职工年平均工资为12437元人民币，也高于整体平均水平；城镇集体单位职工年平均工资仅为6851元人民币（见表6–2）。

表6–2　1978—2001年我国在岗职工收入水平情况

单位：元

年份	年平均工资：在岗职工	年平均工资：国有单位职工	年平均工资：城镇集体单位职工	年平均工资：其他类型单位职工
1978	615.00	644.00	506.00	—
1979	668.00	705.00	542.00	—
1980	762.00	803.00	623.00	—
1981	772.00	812.00	642.00	—
1982	798.00	836.00	671.00	—
1983	826.00	865.00	698.00	—
1984	974.00	1034.00	811.00	1048.00
1985	1148.00	1213.00	967.00	1436.00
1986	1329.00	1414.00	1092.00	1629.00
1987	1459.00	1546.00	1207.00	1883.00

（续表）

年份	年平均工资：在岗职工	年平均工资：国有单位职工	年平均工资：城镇集体单位职工	年平均工资：其他类型单位职工
1988	1747.00	1853.00	1426.00	2384.00
1989	1935.00	2055.00	1557.00	2707.00
1990	2140.00	2284.00	1681.00	2987.00
1991	2340.00	2477.00	1866.00	3473.00
1992	2711.00	2878.00	2109.00	3966.00
1993	3371.00	3532.00	2592.00	4966.00
1994	4538.00	4797.00	3245.00	6303.00
1995	5500.00	5553.00	3934.00	7728.00
1996	6210.00	6207.00	4312.00	8521.00
1997	6470.00	6679.00	4516.00	9092.00
1998	7479.00	7579.00	5314.00	9241.00
1999	8346.00	8443.00	5758.00	10142.00
2000	9371.00	9441.00	6241.00	11238.00
2001	10870.00	11045.00	6851.00	12437.00

资料来源：Wind数据库。

整体来看，从1978—2001年，我国职工平均收入水平经历了较为显著的增长，23年间增长了17倍，但从横向来看，我国的收入水平仍相对较低，仍然具有较强的国际竞争力。如1978年美国私人非农企业生产和非管理人员平均时薪为6.10美元，2001年12月时薪达到14.75美元，远高于我国职工的平均收入水平（见图6–3）。除美国外，“亚洲四小龙”的中国台湾和韩国的薪资水平也高于中国大陆地区。例如1993年中国台湾的平均月薪为1028.6美元，2001年达到1361.2美元；1993年韩国平均月薪为921.5美元，2001年提高至1609.5美元（见表6–3）。

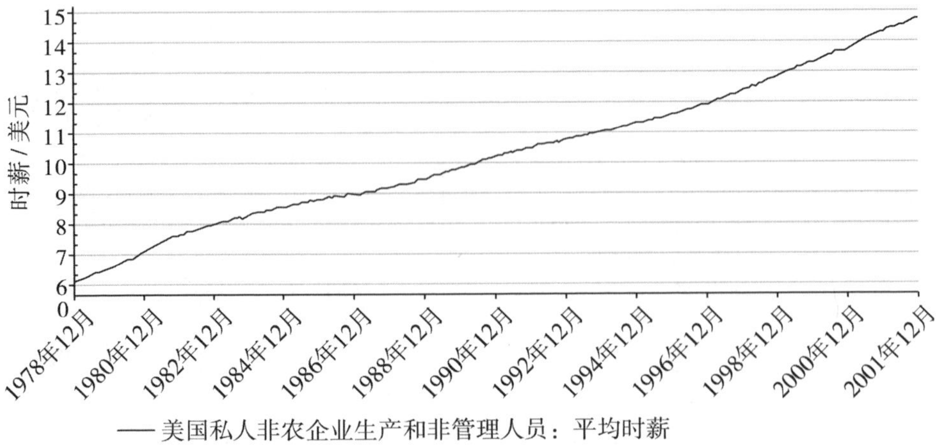

图6-3　1978—2001年美国职工平均时薪情况

资料来源：Wind数据库。

表6-3　1980—2001年中国台湾和韩国的平均月薪情况

年份	韩国 / 美元	中国台湾 / 美元
1993	921.5	1028.6
1994	1057.4	1091.9
1995	1165.3	1148.0
1996	1294.6	1190.5
1997	1305.7	1248.6
1998	1301.0	1287.0
1999	1450.0	1324.9
2000	1538.2	1358.0
2001	1609.5	1361.2

资料来源：Wind 数据库。

二、所有制结构不断调整

外商直接投资的不断增加相应地引起了我国所有制结构的逐步调整，非公有制经济特别是外资经济在经济中的重要性不断提高。

总体来看：在国内生产总值（GDP）的构成上，1978年非公有制经济占比仅约为1%，1996年这一占比上升至24%；在资产的构成上，1978年非公有制经济占比为0.1%，1996年提高至23.7%；在就业的构成上，1978年非公有制经济占比为0.2%，1995年上升至16.9%；在税收的构成上，1978年非公有制经济占比为0，1995年增加至11.6%[①]。透过上述数据可以看出，与1978年改革开放之初相比，"复关"和"入世"谈判期间，非公有制经济在经济中的比重有了跨越式提高。

表6-4　1994—2001年我国工业部门总产值所有制结构演进情况

年份	总产值 / 亿元					占比 / %				
	全国	国有	集体	其他公有制	非公有制	国有	集体	其他公有制	公有制	非公有制
1994	70176.0	26200.8	26473.0	—	17502.2	37.34	37.72	—	75.06	24.94
1995	91894.0	31220.0	33623.0	—	27051.0	33.97	36.59	—	70.56	29.44
1996	99595.0	36173.0	39232.2	—	24189.8	36.32	39.39	—	75.71	24.29
1997	113733.0	35968.0	43347.2	—	34417.8	31.62	38.11	—	69.74	30.26
1998	67737.1	33621.0	13179.7	—	20936.5	49.63	19.46	—	69.09	30.91
1999	72707.0	35571.0	12414.1	3381.7	21340.3	48.92	17.07	4.65	70.65	29.35
2000	85674.0	40554.4	11907.9	3666.8	29544.9	47.34	13.90	4.28	65.51	34.49
2001	95449.0	42408.5	10052.5	3741.6	39246.4	44.43	10.53	3.92	58.88	41.12

资料来源：相关年份《中国工业经济统计资料》《中国工业经济统计年鉴》。

表6-4显示了1994—2001年我国工业部门总产值的所有制结构演进情况，可以看出，这一时期我国公有制经济在国民经济中的占比整体呈下降趋势，从75.06%下降至58.88%，而非公有制经济占比则稳步上升，从24.94%上升至41.12%。

①郭克莎、胡家勇等：《中国所有制结构变化趋势和政策问题研究》，广东经济出版社，2015年，第11-14页。

从公有制经济内部结构的变换来看，公有制经济占比下降的主要原因在于集体经济所占比重下降幅度较大，从1994年的37.72%下降至2001年的10.53%，下降幅度达到27个百分点。与此同时，国有经济占比则呈现出一定程度的上升趋势，其他公有制经济占比呈现小幅下降趋势。

表6-5　1994—2001年我国城镇就业的所有制结构演进情况①

单位：%

年份	登记注册类型											初步分类核算				最终核算	
	国有单位	城镇集体单位	股份合作单位	联营单位	有限责任公司	股份有限公司	私营企业	港澳台商投资单位	外商投资单位	个体	其他经济单位	公有制	混合所有制	非公有制	非正规就业	公有制	非公有制
1994	66.69	19.53	1.74	0.31	0	0	1.97	1.25	1.16	7.28	0.05	88.27	0	11.67	0.06	88.27	11.73
1995	64.92	18.14	1.83	0.31	0	0	2.8	1.57	1.39	8.99	0.06	85.2	0	14.75	0.06	85.2	14.8
1996	56.74	15.22	—	0.25	—	1.83	3.13	1.34	1.39	8.62	0	72.21	1.83	14.48	11.48	73.66	26.34
1997	54.65	14.27	—	0.21	—	2.32	3.71	1.39	1.48	9.50	0	69.13	2.32	16.08	12.47	70.89	29.11
1998	43.81	9.49	0.66	0.23	2.34	1.98	4.71	1.42	1.42	10.92	0	54.19	4.32	18.47	23.02	57.34	42.66
1999	40.79	8.15	0.69	0.22	2.87	2.00	5.01	1.46	1.46	11.49	0	49.84	4.87	19.41	25.88	53.26	46.74
2000	35.00	6.47	0.67	0.18	2.97	1.97	5.48	1.34	1.43	9.23	0	42.32	4.94	17.48	35.26	45.65	54.35
2001	31.91	5.39	0.64	0.19	3.51	2.02	6.38	1.36	1.44	8.90	0	38.13	5.53	18.08	38.25	41.71	58.29

表6-5列出了1994—2001年我国城镇就业的所有制结构演进情况，可以看出，公有制经济就业比重持续下降，从88.27%降至41.71%，而非公有制经济就业比重从11.73%跃升至58.29%，并于2000年超过公有制经济就业占比，成为解决我国就业问题的主要力量。

三、越来越多的跨国企业进入中国市场

中国加入WTO谈判进程不断推进的同时，由于中国市场巨大的吸引力，越来越多的跨国公司选择在中国设立分支机构，参与在中国市场的竞争，

①郭克莎、胡家勇等：《中国所有制结构变化趋势和政策问题研究》，广东经济出版社，2015年，第25-26页。

分享中国经济快速发展的红利。联合国贸易发展会议发布的《2001年世界投资报告》表明，当时《财富》500强公司中除了少部分因政策限制不能投资外，已有近400家公司在中国投资了2000多个项目（见表6-6）。

表6-6 2000年前后投资于中国的世界部分大型跨国公司

行 业	企 业
化学品	该行业世界500强的50%左右已来华投资，它们是美国的杜邦、孟山都、陶氏化学公司，德国的巴斯夫、拜尔、赫斯特，法国的罗纳-普朗克，瑞士的汽巴-嘉基，等等
计算机、办公设备	该行业入选世界500强的八大公司，均在华设有投资合作项目，它们是美国的IBM、惠普、康柏、数据设备公司、苹果公司，日本的富士通、佳能、理光
电子电气设备	日本的松下、日立、东芝、索尼、NEC、三菱、富士电子、三洋、夏普，美国的GE、摩托罗拉、英特尔、艾默生电气，韩国的LG、三星、大宇，德国的西门子，荷兰的飞利浦，瑞士的ABB，法国的阿尔卡特，该行业世界500强公司的70%以上已在中国有大规模投资项目
汽车	该行业共有500强公司51家（包括兼营汽车产品），全部在中国建立了合资汽车企业。如美国的通用、福特、克莱斯勒，日本的丰田、本田、铃木、马自达，德国的大众、奔驰、博世，法国的标志，等等
电信	美国南方贝尔、AT&T，瑞典的爱立信，日本电报电话（NIPPON TEL.&TEL.），德国电信（Deutsche Telekom AG），芬兰的诺基亚
制药	美国的强生（JOHNSON & JOHNSON）、默克，英国的葛兰素，等等
摄影、感光	美国的柯达，日本的富士
肥皂、化妆品	美国的宝洁，德国的汉高，英国的联合利华
饮食	美国的必胜客、麦当劳和肯德基
零售	美国的沃尔玛
饮料	美国的可口可乐和百事可乐，法国的达能，瑞士的雀巢

资料来源：王允贵：《跨国公司全球扩张与中国的政策选择》，《经济参考研究》2001年第4期。

在大型跨国公司大规模投资的带动下，截至2001年底，我国累计批准设立外商投资企业39.0484万户，合同外资金额达到7459.09亿美元，实际使用外资金额达到3952.26亿美元，连续9年成为全球仅次于美国的世界第二大外商直接投资的流入国[①]。

从外资企业进入中国的地域分布来看，主要集中在沿海地区，特别是长三角和珠三角地区，在营商制度环境、政府管理经济方式以及民众的市场意识方面相对于其他地区有较为显著的优势，加之拥有良好的工业发展基础及产业链配套较为齐全，长三角和珠三角地区日益成为我国重要的对外贸易基地，很多跨国外资企业进入中国投资的优选地区即在长三角和珠三角地区。截至2001年末，我国外资企业注册资本主要分布情况是：长三角（25.43%）、珠三角（24.89%）、北京（4.71%）、福建（5.77%）、辽宁（8%）、天津（3.77%）、山东（4.99%），其他地区占比22.44%，其中上海、江苏、浙江和广东四省市吸引的外资企业注册资本总额高达2545亿美元。长三角和珠三角地区对外开放程度的不断提升使其具备加大研发投入、发展高新技术产业的基础。1992—2002年，国务院除了设立浦东新区外，先后建立了35个国家级经济技术开发区和53个国家级高新技术产业开发区，这其中相当一部分高新技术产业开发区位于长三角和珠三角地区。

在我国加入WTO谈判的过程中，随着外资企业的不断增多，如何对外来投资企业进行管理，从而实现外资企业的有序发展，成为摆在我们面前的一个突出的问题。针对这一问题，我国制定并出台了一些针对外资发展的法律，如《中华人民共和国外资企业法》《中华人民共和国中外合作经营企业法》以及《中华人民共和国中外合资经营企业法》等，对外资企业在中国大陆境内的设立、经营等方面做了明确的规定。

以《中华人民共和国外资企业法》（以下简称《外资企业法》）为例，《外资企业法》明确提出“设立外资企业，必须有利于中国国民经济的发展。国家鼓励举办产品出口或者技术先进的外资企业，国家禁止或者限制外资企业的行业由国务院规定”，这意味着我国并非所有行业都是对外开放的，外商直接投资要进入中国通常需要满足两个基本条件，即有利于出口或者技术先进。《外资企业法》还对外商投资企业在华的设立申请、权益保护、合规要求、变更登记以及清算等做了明确规定，如设立外资企业，必须

①常修泽等：《所有制改革与创新——中国所有制结构改革40年》，广东经济出版社，2018年，第68–69页。

有利于中国国民经济的发展，国家鼓励设立产品出口或者技术先进的外资企业，国家禁止或者限制设立外资企业的行业由国务院规定，设立外资企业的申请，由国务院对外经济贸易主管部门或者国务院授权的机关审查批准；外国投资者在中国境内的投资、获得的利润和其他合法权益，受中国法律保护，外资企业必须遵守中国的法律、法规，不得损害中国的社会公共利益，外资企业符合中国法律关于法人条件规定的，依法取得中国法人资格；外资企业分立、合并或者其他重要事项变更，应当报审查批准机关批准，并向工商行政管理机关办理变更登记手续，外资企业依照经批准的章程进行经营管理活动，不受干涉；外资企业终止，应当及时公告，按照法定程序进行清算。在清算完结前，除为了执行清算外，外国投资者对企业财产不得处理，应当向工商行政管理机关办理注销登记手续，缴销营业执照。

【专栏】WTO对我国外资企业的影响[①]

WTO对中国的影响是一个持续而漫长的过程，在渐进式变革的中国，从来没有一种变化是旦夕生成的。事实上，开始于1998年的“国退民进”便是应对这一变局的重大战略决策，国有资本的进退及重组无一不是根据WTO的市场开放时间表来制定的。对于跨国公司而言，中国加入WTO同样也意味着战略的重大调整，它在三个层面上发生的变化是显著的。

一是跨国公司的行业选择出现了微妙的转变，它们开始从竞争性领域进入垄断或准垄断领域。美国麻省理工学院黄亚生教授曾经发现了一个很独特的“中国特例”。一般而言，跨国公司进入发展中国家，如能源、金融、电信等，然而它们在中国的战略却全然不同。在改革开放的前、中期，进入中国的跨国企业绝大多数是在完全竞争市场领域，获得最大成功的是生产饮料的可口可乐和生产洗发水的宝洁，以及家电业的日本公司。很多欧美经济学家对此颇为不解。黄亚生的解释是：首先，跨国公司在一开始都从人口的数量上来想象中国市场，而国内企业又都不堪一击；其次，这些外国人还不知道如何跟计划体制中的政府官员建立关系，也不知道如何通过影响中央政策

①吴晓波：《激荡三十年：中国企业1978—2008》，中信出版集团，2017年，第232–236页。

来博取利益。十多年之后，情形发生了根本性的变化，特别是2002年之后，黄亚生发现的这个规律便失效了。在消费品领域跟中国新兴公司杀得难解难分的跨国企业——譬如在家电领域，如果不是本土企业犯下致命的错误，跨国品牌很可能全军覆没——开始转入资源性行业，它们获得了优先的投资合作权。

二是跨国公司的金融性投资大大增加。2001年之前，在中国获得成功并广为人知的全是实业投资型企业。随着中国经济的持续增长，被称为“门口的野蛮人”的国际金融资本开始跃跃欲试。然而，由于中国汇率制度的独立性，它们很难找到切入的机会。1998年，索罗斯的量子基金对香港的狙击被证明是一次失败的试验。中国加入WTO之后，金融市场的开放被排上了时间表，各大跨国金融机构明显加快对中国的业务布局。就在2001年前后，汇丰、花旗、友邦、渣打等银行相继把地区总部从新加坡或中国香港迁到了上海。之前已经暗中布局的金融投资公司也开始浮出水面。这年10月，创刊不久的《经济观察报》披露一条新闻：早在6年前，摩根士丹利就与中国建设银行等组建了“迄今为止本土唯一和最优秀的一家合资投资银行——中国国际金融公司（中金公司）”，并持有35%的股份。

三是跨国企业的独资化趋势越来越明显。在过去的很多年里，外资办厂都要在国内有一个合资的伙伴，譬如可口可乐、百事可乐在各地的灌装厂都必须与国营粮油公司合资，宝洁的合作对象则被规定为地方国营的日化工厂。如今这个限制逐渐取消，一些已经合资的跨国企业自以为立足已稳，于是便通过各种手法逼退中方的投资人。这年冬天，日本松下向媒体证实，“在中国设立的50家松下合资企业都将谋求独资”。生产手机的摩托罗拉公司也做出了同样的决策。

回顾来看，从1978年开始推行改革开放政策到2001年正式加入世界贸易组织，我国所有制结构的变化无疑是巨大的。对外开放的一个重要作用是使中国敞开怀抱迎接世界，加强同其他国家的往来，特别是经贸往来，利用外部市场和外部资源发展自己。世界贸易组织作为一个全球性的促进贸易发展的平台可以为我国融入世界经济体系发挥重要作用。就对外开放、加入世界贸易组织以及所有制结构调整的关系来说，对外开放能够带来所有制结构的调整，加入世界贸易组织是对外开放政策的深化，能够更大地发挥出开放对所有制结构变化的影响。

从世界贸易组织自身的角度来看，当初的关贸总协定以及后来的世界贸易组织在几十年的发展中根据经济全球化的形势需要，形成了一整套促进国际贸易发展的制度体系，如最惠国待遇、关税约束、透明度、特殊与差别待遇、争端解决机制等以及坚持贸易自由化的总体方向。这对更好地协调各国立场、解决贸易争端发挥了重要作用，得到了广大成员的赞同。可以说，以世界贸易组织为核心的多边贸易体制在反对保护、推动贸易增长、促进可持续发展方面发挥着不可替代的重要作用。

一国加入世界贸易组织需要符合世界贸易组织的相关规定，如市场开放、国有企业地位问题、财政补贴问题、竞争中性等，而我国的市场化改革脱胎于计划经济体制，与世界贸易组织的要求相比，在诸多方面均存在一定差距，因此我国需要进行相应的体制机制改革，以满足世界贸易组织的要求，所有制改革是其中一个重要方面。因此，在我国加入世界贸易组织的过程中，存在所有制结构调整的客观需要。

第七章 “南方谈话”——所有制结构调整进入新阶段

正如我国经济体制的转轨由内部和外部力量共同推动，我国所有制结构的调整也是由内外部因素的共同推动而来。1992年春，邓小平同志发表“南方谈话”①，为我国市场化改革注入新的强大动力，包括所有制改革在内的经济体制改革进入新的发展阶段。党的十四届三中全会正式确立我国社会主义市场经济体制的发展目标，为深化市场化改革进一步扫清了认识上的障碍，各种所有制经济发展进入新阶段，并在这一过程中最终确立了公有制为主体、多种所有制经济共同发展的基本经济制度。

第一节 “南方谈话”——深化市场化改革的“强心剂”

1992年，经过改革开放前期十多年的快速发展，我国经济社会发展较改革开放初期上了一个台阶，计划经济时期的商品短缺现象有了极大改观，综合国力、人民收入水平等也有了显著提升，但在计划经济基础上建设市场经济在全球范围内尚无成功经验可供借鉴，因而改革开放前期，我国建设市场经济的总体历程是“摸着石头过河”，“深一脚、浅一脚”地往前走，路走对了就加快脚步，走错了就撤回来，重新寻找前进的道路，在这一过程中难

---

①《在武昌、深圳、珠海、上海等地的谈话要点》，载《邓小平文选（第三卷）》，人民出版社，1993年，第370–383页。

免出现一定程度的波折。这一时期，我国经济增速有所放缓，国际环境出现剧烈变动，苏东剧变改变了“冷战”时期两强对峙的基本世界格局，并对我国是否应继续坚持市场化改革道路产生影响。路在何方？邓小平同志在“南方谈话”拨开迷雾，坚定了我国继续走改革开放的道路。随后，党的十四届三中全会正式提出建设社会主义市场经济体制的目标。在实践的基础上，我国确立了延续至今的公有制为主体、多种所有制经济共同发展的基本经济制度。

一、苏东剧变：“南方谈话”的国际背景

1989年3月至1992年4月，原东欧一些社会主义国家的共产党和工人党短时期内相继丧失政权，引发了剧烈的社会动荡，社会主义国家的政治经济制度出现了向资本主义政治经济制度的根本性转变，这一国际性的巨大社会制度变革因为发生在苏联和东欧社会主义国家，因而也被称为苏东剧变。

苏东剧变最先出现在波兰人民共和国，随后扩散至德意志民主共和国、匈牙利人民共和国、保加利亚人民共和国、罗马尼亚社会主义共和国、捷克斯洛伐克等，以苏联解体为结束标志。从世界范围来看，苏东剧变通常被认为是“冷战”结束的标志，世界范围内的社会主义发展陷入深深的谷底。

苏东剧变的一个重要影响领域是思想理论界观点迭出。质疑马克思主义和社会主义制度生命力的有日裔美籍学者弗朗西斯·福山，其发表的著作《历史的终结及最后的人》，提出自由民主制度是“人类意识形态发展的终点”和“人类最后一种统治形式”，并因此构成“历史的终结”[①]。这一观点在世界范围内引起巨大反响，并在西方国家风靡一时。与之相对，坚持和肯定马克思主义和社会主义制度的亦广泛有之，美国学者弗雷德里克·詹姆逊认为，“如果人们最终只是把苏联解体看作是现代化的策略的话，这不能说是共产主义的失败，而是共产主义的胜利”[②]。

①弗朗西斯·福山：《历史的终结及最后的人》，中国社会科学出版社，2003年，代序1。

②弗雷德里克·詹姆逊：《论现实存在的马克思主义》，载俞可平《全球化时代的马克思主义》，中央编译出版社，1998年，第80-81页。

社会主义实践的现实挫折与思想领域的激烈交锋使人们对社会主义国家的发展前途感到迷茫，对社会主义道路是否能够走下去产生了疑问。国际环境的巨大变化也对我国的社会主义建设以及是否继续坚持改革开放以来的社会主义市场经济发展道路产生了影响。

二、经济调整："南方谈话"的国内背景

除了苏东剧变的国际影响外，我国经济经过改革开放以来一段时期的快速发展后进入调整阶段，这也是南方谈话的一个重要背景。

改革开放初期一系列改革举措的实施显著解放了我国的生产力。从1982年开始，我国经济发展进入自1978年实施改革开放后的第一个快速发展阶段，当年实现国内生产总值（GDP）5373.4亿元人民币，同比增长9.0%，此后至1988年，除1986年经济增速有所相对放缓外，其余年份经济增速均达到两位数，经济实力也得到显著提升，国内生产总值上升至15180.40亿元人民币（见图7–1）。

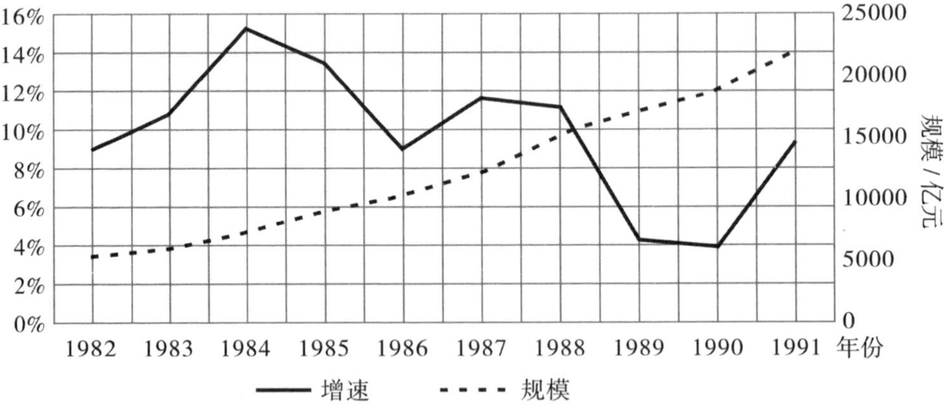

图7–1　1982—1991年我国GDP规模及增速情况

资料来源：国家统计局网站。

从经济周期的角度来看，经济快速增长的过程往往也是各类经济风险不断积累、各类矛盾不断暴露的阶段。1982—1988年经济的快速增长使经济运行中存在的一系列问题暴露出来，1988年国民经济中的突出问题表现在5个

方面[①]：

一是社会总需求过旺，供需失衡加剧。全国固定资产投资同比增长18.5%，全国在建工程投资达13000亿元人民币左右，超过了当时的国力所能承担的可能；银行对城镇居民支付的工资及其他现金同比增加26.5%，社会集团消费同比增长20.3%。上述需求指标均大大超过当年国民收入的增长速度，加剧了全社会的供求总量矛盾。

二是经济的结构性矛盾突出。工业总产值增速超过计划逾10个百分点，而同期农业则没有完成发展计划；工业内部，加工工业增长23%，而能源生产仅增长4.2%，采掘、原材料工业增长10.8%，加工工业增长过快导致基础工业支撑不足。

三是物价上涨过快，市场波动大。1988年，全国职工生活费用价格总水平上涨20.7%。其中，食品类价格上涨23%，衣着类上涨12.7%，加之货币投放较上年增长46.7%，流动货币过多导致全社会物价水平同比上涨18.5%，出现通货膨胀。商品紧缺的持续扩大导致出现几次较大的抢购风潮。

四是城乡居民收入增速超过国民收入增速。1988年，城镇居民人均可支配生活费用为1119元，同比增长22.2%；农民人均纯收入为545元，同比增长17.7%，均大幅超过国民收入增速，再生产过程中的生产与消费之间的失衡加大。

五是财政收支失衡矛盾加大。1988年，财政赤字由上年的79.59亿元增加至80.49亿元，价格上涨和企业效益下降导致由财政负担的价格补贴和企业亏损补贴达到762.78亿元，比上年增加91.75亿元，占财政总收入近30%。

经济持续过热带来的国民经济的生产、分配、消费、投资等的失衡不利于经济实现持续平稳发展。1988年9月，中共中央十三届三中全会正式批准中央政治局提出的治理经济环境、整顿经济秩序、全面深化改革的指导方针和政策、措施。经过两年多的治理整顿，持续的经济过热开始降温，1989年经济增速降至4.2%，1990年进一步下降至3.9%；物价水平趋稳，通货膨胀得到有效抑制，1990年物价水平同比上涨2.1%，较1989年涨幅回落15.7个百分

①刘国光主编，张卓元、董志凯、武力副主编：《中国十个五年计划研究报告》，人民出版社，2006年，第510-511页。

点；投资结构得到改善，生产性投资比重由上年的68.6%上升至72.2%，非生产性投资比例则由31.4%降至27.8%[①]。

虽然经济整顿措施成效明显，但当时中国经济仍存在两个方面的主要矛盾。一方面，国民经济中一些深层次的矛盾没有得到有效解决，制约了市场经济的进一步发展，主要包括工业生产回升不平衡，经济效益普遍较差，财政、信贷形势依然严峻等。另一方面，经济发展计划跟不上经济形势的快速变化，在一定程度上束缚了当时生产力的发展。在“八五”发展计划中，我国以1990年经济发展综合状况为基础制定了1991年国民生产总值、物价水平、工农业生产等各项主要经济指标的发展计划，但1991年国民经济多项主要指标均超过计划值，如国内生产总值同比增长9.3%，显著超过5%的计划目标；进出口总额达到1357亿美元，同比增长17.5%，全年新签订利用外资协议金额同比增长47.6%。

在经济调整阶段，我国经济发展的一个重要问题是国有企业经营形势不断恶化。20世纪90年代初，国有企业呈现出盈亏“三三制”的格局，即三分之一亏损，三分之一虚盈实亏，三分之一真正盈利[②]。

三、“南方谈话”：坚持改革开放方向不动摇

针对当时经济发展中存在的增速放缓、改革乏力等问题，1992年1月18日至2月21日，邓小平同志先后在武昌、深圳、珠海和上海发表重要讲话[③]，也被称为南方谈话。

在讲话中，邓小平同志强调，“改革开放胆子要大一些，敢于试验，不能像小脚女人一样。看准了的，就大胆地试，大胆地闯”，“改革开放迈不开步子，不敢闯，说来说去就是怕资本主义的东西多了，走了资本主义道

①刘国光主编，张卓元、董志凯、武力副主编：《中国十个五年计划研究报告》，2006年，第530–531页。

②常修泽、霍学文：《论中国经济运行中的企业效率障碍》，《经济学家》1990年第2期。

③《在武昌、深圳、珠海、上海等地的谈话要点》，载《邓小平文选（第三卷）》，人民出版社，1993年，第370–383页。

路。要害是姓‘资’还是姓‘社’的问题。判断的标准，应该主要看是否有利于发展社会主义社会的生产力，是否有利于增强社会主义国家的综合国力，是否有利于提高人民生活水平”，“计划多一点还是市场多一点，不是社会主义与资本主义的本质区别。计划经济不等于社会主义，资本主义也有计划；市场经济不等于资本主义，社会主义也有市场。计划和市场都是经济手段。社会主义的本质，是解放生产力，发展生产力，消灭剥削，消除两极分化，最终达到共同富裕”，“抓住时机，发展自己，关键是发展经济。现在，周边一些国家和地区经济发展比我们快，如果我们不发展或发展得太慢，老百姓一比较就有问题了。所以，能发展就不要阻挡，有条件的地方要尽可能搞快点，只要是讲效益，讲质量，搞外向型经济，就没有什么可担心的。低速度就等于停步，甚至等于后退”，“我国的经济发展，总要力争隔几年上一个台阶”，“从我们自己这几年的经验来看，经济发展隔几年上一个台阶，是能够办得到的”。

邓小平同志的“南方谈话”以深圳、珠海、上海等地改革开放以来取得的巨大发展成就为基础，充分肯定了党的十一届三中全会后坚定不移地实施改革开放、走以经济建设为中心发展道路的正确性，消除了人们脑海中关于市场与计划、资本主义与社会主义关系的迷惑，拨正了中国发展的“航向”，为放缓的中国改革注入了一针“强心剂”，推动改革开放进入新的发展阶段。

第二节　“南方谈话”推动对所有制问题认识的深化

基于我国改革开放实践的“南方谈话”深化了对我国改革开放的认识，同时也推动了对我国社会主义市场经济和所有制结构认识的深化，为在实践领域进一步推进所有制结构改革破除了思想阻碍。

一、党的十四大——社会主义市场经济体制目标的正式提出

改革开放后的很长一段时期内，对于如何在计划经济体制的基础上放开搞活经济，缺乏一整套可供借鉴的成功经验，“摸着石头过河”成为我国经济体制改革道路的写照，这也从侧面反映出当时我国经济体制改革并没有一个明确的发展目标，对回到计划经济体制还是继续走市场经济道路的争论一直存在。发展目标的缺失也是那一时期我国发展道路在一定程度上出现“左右摇摆”的一个主要原因。

邓小平“南方谈话”统一了对改革目标的认识，在此基础上，党的十四届全国代表大会报告（以下简称十四大报告）提出，“我国经济体制改革确定什么样的目标模式，是关系整个社会主义现代化建设全局的一个重大问题。这个问题的核心，是正确认识和处理计划与市场的关系”，“我国经济体制改革的目标是建立社会主义市场经济体制，以利于进一步解放和发展生产力”。十四大报告同时强调，“加快我国经济发展，必须进一步解放思想，加快改革开放的步伐，不要被一些姓‘资’姓‘社’的抽象争论束缚自己的思想和手脚。社会主义要赢得同资本主义相比较的优势，必须大胆吸收和借鉴世界各国包括资本主义发达国家的一切反映现代社会化生产和商品经济一般规律的先进经营方式和管理方法。国外的资金、资源、技术、人才以及作为有益补充的私营经济，都应当而且能够为社会主义所利用”，“在所有制结构上，以公有制包括全民所有制和集体所有制为主体，个体经济、私营经济、外资经济为补充，多种经济成分长期共同发展，不同经济成分还可以自愿实行多种形式的联合经营”。

对于建立什么样的社会主义市场经济体制，十四大报告从市场具有的优势和存在的不足两个大的方面入手，进行了提纲挈领的概括，指出：“我们要建立的社会主义市场经济体制，就是要使市场在社会主义国家宏观调控下对资源配置起基础性作用，使经济活动遵循价值规律的要求，适应供求关系的变化；通过价格杠杆和竞争机制的功能，把资源配置到效益好的环节中去，并给企业以压力和动力，实现优胜劣汰；运用市场对各种经济信号反应比较灵敏的优点，促进生产和需求的及时协调。同时也要看到市场有其自身

弱点和消极方面，必须加强和改善国家对经济的宏观调控。我们要大力发展全国统一的市场，进一步扩大市场的作用，并依据客观规律的要求，运用好经济政策、经济法规、计划指导和必要的行政管理，引导市场健康发展。”

在所有制结构方面，十四大报告提出“以公有制包括全民所有制和集体所有制经济为主体，个体经济、私营经济、外资经济为补充，多种经济成分长期共同发展，不同经济成分还可以自愿实行多种形式的联合经营”。这一表述，针对我国改革开放以来不同所有制经济共同发展并对促进国民经济发挥积极作用的现实，明确了公有制经济与非公有制经济在社会主义市场经济中的地位，即公有制为主体，非公有制为补充。同时，“不同经济成分还可以自愿实行多种形式的联合经营”，为后来“混合所有制”的提出打下了基础。十四大报告对我国经济发展中各种所有制结构的定位与改革初期相比有了极大突破，社会主义不是仅仅只有公有制经济，个体经济、私营经济和外资经济同样在促进国民经济发展中发挥了不可或缺的重要作用，各种所有制经济的长期共存是我国社会主义初级阶段的一项基本国情。十四大报告明确提出“多种经济成分长期共同发展”，“共同”二字从国家执政方略的高度肯定了非公有制经济的作用与地位，“长期”二字则明确对政策的延续期限，在生产力尚不发达的社会主义初级阶段，非公有制经济作为促进生产力发展的重要手段，其作用的发挥将贯穿整个社会主义初级阶段。

二、党的十四届三中全会——对所有制改革目标的具象化

党的十四大从战略高度对我国社会主义市场经济及若干重要方面进行了概括性认识，尚未提出建立和完善我国社会主义市场经济体制的具体途径，也没有确定经济发展中各个主要领域具体的发展目标和改革路径。1993年11月11日至14日，党的十四届三中全会通过了《中共中央关于建立社会主义市场经济体制若干问题的决定》（以下简称《决定》），对党的十四大提出的经济体制改革的目标加以具体化和系统化。

在所有制领域，《决定》延续了十四大报告的发展思路，即“坚持以公有制为主体、多种经济成分共同发展的方针”，其对十四大报告发展思路的

具体化体现为：

首先，对“公有制为主体”做了进一步明确。计划经济体制下，“公有制经济”几乎是我国经济的代名词，非公有制经济在国民经济中的比例非常小。改革开放后，随着外资、个体以及私营企业的不断发展，非公有制经济在国民经济中的比重逐步上升，在增强经济活力、吸收就业、提高居民收入水平方面发挥的作用不断增强。在这一背景下，正确处理公有制经济与非公有制经济之间的关系有助于进一步激发各种所有制经济的积极性。

从我国社会主义国家的性质和公有制经济仍将较长时期内在国民经济中发挥主要作用的现实出发，我国提出了“公有制为主体”。对于“公有制为主体”如何体现，《决定》明确指出，“公有制的主体地位主要体现在国家和集体所有的资产在社会总资产中占优势，国有经济控制国民经济命脉及其对经济发展的主导作用等方面”。这一表述从两个方面界定了公有制经济未来的发展方向：

一是规模上，公有制经济在社会总资产中占优势，这种优势是一种动态的优势，即随着外资、私营等非公有制经济的不断发展壮大，公有制经济的资产规模也要不断增大，且公有制经济资产规模增加的速度不低于非公有制经济资产规模增加的速度。从这个角度来看，公有制经济资产的保值增值是其发展的应有之义。需要指出的是，公有制经济资产的保值增值，并不意味着这部分资产每年都要以增加的速度来实现保值增值，不同年份间保值增值的资产可以有波动，甚至允许某些年份出现一定程度的减值，如当遇到国际金融危机和经济危机时，由于全球经济整体的不景气，此种情况下继续要求公有制经济资产规模不断增大的难度较高，在公有制经济资产规模在社会总资产中保持优势的情况下，应允许公有制经济资产规模出现一定程度的减值。

二是结构上，公有制经济不应“四面出击”，要有所为有所不为，“有所不为”是为了更好地“有所为”。公有制经济应重点布局在控制国民经济命脉和能够主导国民经济发展的行业领域，特别是对国家长远发展有重大影响的领域。在非重点领域，公有制经济的规模可以缩小，甚至退出该领域纯粹由市场机制发挥调节作用。随着我国经济发展进入不同阶段，公有制经济的重点布局领域也应随着资源禀赋的变化而相应有所转变。

其次，明确了不同所有制经济之间的关系和市场地位。在公有制为主体的条件下，如何正确处理公有制经济与非公有制经济之间的关系，是我国所有制结构调整中一个绕不开的话题。十四大报告对此进行了原则性界定，党的十四届三中全会报告则对此进行了细化，具体体现在：

一方面，从产权的角度明确了公有制与非公有制经济要共同发展，指出“随着产权的流动和重组，财产混合所有的经济单位越来越多，将会形成新的财产所有结构”。这一表述的内在逻辑在于，企业的发展从大的方向上是一个不断优化的动态变化过程，这一过程的实现有赖于企业可支配资源的动态配置，而产权的流动是实现这一过程的一个重要方式。从这个角度来看，各种所有制经济共同发展意味着产权的流动不仅限于外资、私营等非公有制经济之间，也包括公有制经济在内的各种所有制经济可以根据自身发展需要，以市场化的方式进行产权交易，形成不同所有制经济融合发展的格局。

另一方面，从市场竞争的角度明确了国家在促进公有制经济与非公有制经济平等竞争方面应发挥的作用，即“国家要为各种所有制经济平等参与市场竞争创造条件，对各类企业一视同仁”。竞争机制作用的发挥是市场经济顺畅运行的基础，通过经济主体的竞争实现资源配置效率的提升。计划经济体制下以及改革开放后很长一段时期，政府在我国经济资源的配置中发挥着主要作用，以国有经济和集体经济为主体的公有制经济在获取资金等生产要素方面具有较大的便利性，在市场竞争中居于优势地位，私营企业等部分非公有制经济处于较为明显的相对弱势的市场地位，一些外资企业因部分地方政府在吸引外资方面的竞争而获得超国民待遇。公有制经济与非公有制经济市场地位的不对等制约了市场机制作用的有效发挥。在存在路径依赖的条件下，单纯依靠企业的力量，短时期内难以使公有制与非公有制经济之间存在的不平衡的市场地位的格局出现显著改观，需要借助政府的力量为各种所有制经济参与市场公平竞争创造条件。从这里可以进一步看出，政府在其中应该发挥的是间接的调控作用，是市场运行的“裁判员”，而非“运动员”。

第三节　公有制为主体、多种所有制经济共同发展的新阶段

党的十四届三中全会提出的“坚持以公有制为主体、多种经济成分共同发展的方针”极大地解放和发展了我国的生产力，各种所有制经济，特别是私营、外资等非公有制经济得到快速发展。在认识不断深化和改革不断推进的基础上，党的十五大进一步明确了我国公有制为主体、多种所有制经济共同发展的方针，并将这一方针确立为我国社会主义初级阶段的一项基本经济制度，这标志着我国的所有制改革进入新阶段。

一、对公有制经济与非公有制经济之间的关系有了新认识

之前，我国对公有制经济与非公有制经济在经济发展中的关系的表述包括“公有制为主体、多种经济成分共同发展”“以公有制包括全民所有制和集体所有制经济为主体，个体经济、私营经济、外资经济为补充”等，虽然非常重视非公有制经济对促进国民经济发展的巨大作用，但从认识层面仍没有完全将非公有制经济与公有制经济同等对待，非公有制经济居于从属和补充地位。

与此相对，实践中非公有制经济在拉动经济增长、解决就业、提升居民收入等方面日益发挥着不可替代的重要作用。党的十五大提出“公有制为主体、多种所有制经济共同发展”，从所有制的层面把非公有制经济的地位提升至与公有制经济平等的位置，并将其确立为我国社会主义初级阶段的一项基本经济制度。这意味着，由于我国将长期处于社会主义初级阶段，公有制为主体、多种所有制经济共同发展也将贯穿我国社会主义初级阶段全过程，这从基本经济制度的层面保障了公有制经济与非公有制经济的平等发展地位以及非公有制经济的发展空间。

我国将“公有制为主体、多种所有制经济共同发展”确立为一项基本

经济制度，有着深刻的现实背景，核心是“社会主义”因素与“生产力”因素。“社会主义”因素意味着“必须坚持公有制作为社会主义经济制度的基础”，“生产力”因素是指社会主义初级阶段我国生产力水平尚不高，需要通过发展多种所有制经济促进提升社会生产力水平。

二、对公有制经济有了更加全面的认识

（一）混合所有制经济被纳入公有制经济考察范围

在公有制经济的构成方面，除继续明确国有经济和集体经济属于公有制经济外，混合所有制经济中的国有和集体成分也被纳入公有制经济范围，这从侧面肯定了公有制经济与非公有制经济之间存在产权相互流动的客观现实。同时，如何管理混合所有制经济中的国有和集体成分以及如何实现这一部分公有制经济的保值增值，成为摆在我们面前一个亟待解决的问题，解决这一问题的一个基本前提是对这一部分公有制经济进行准确的衡量。资本因其具有良好的可度量性和流动性，成为衡量混合所有制经济中国有和集体成分变化的理想指标，而这一思路成为后来我国提出的以管资本为主的国有企业管理方式的基础。

（二）深化了对国有经济控制力的认识

十五大报告延续了以往“国有经济控制国民经济命脉，对经济发展起主导作用”的论断，但同时提出，在国有经济的控制力和竞争力不断增强的前提下，国有经济比重的适度降低不会影响我国社会主义性质。这进一步强调了国有经济发展的重点在于提高质量、提升控制力，需要走集约型发展道路，而非仅仅是规模扩张的粗放型发展道路。不断增强国有经济控制力的同时适当降低国有经济比重不会动摇我国社会主义国家性质，这是社会主义国家优越性的体现。从所有制结构的角度来看，国有经济比重的降低意味着扩大了其他经济，特别是非公有制经济的发展空间。

（三）深化了对公有制实现形式的认识

改革开放后很长一段时间内，公有制的实现形式仍主要强调其资本构成的单一性，如国有企业全部资金来自国家的投入，集体企业资金全部由集体筹集，相应地，企业资产的所有权和收益的支配权全部属于国家和集体。非公有制经济因规模较小、资金实力较弱等，难以与公有制经济进行资本层面的往来。私营、外资等非公有制经济的茁壮成长为拓展公有制实现形式创造了条件，而股份制作为一种资本组织形式，有利于实现企业的所有权与经营权的分离，其核心是控股权的归属，运用得当则可以扩大国有资本支配范围。党的十五大明确提出公有制实现形式多样化中可以采用股份制方式，这为国有经济与其他所有制经济之间利用股份制相互参股提供了依据。

三、非公有制经济地位的提升显著促进了非公有制经济的发展

党的十四届三中全会在强调“坚持以公有制为主体、多种经济成分共同发展”的同时，明确“在积极促进国有经济和集体经济发展的同时，鼓励个体、私营、外资经济发展”。这表明非公有制经济与公有制经济的公平市场地位问题开始受到重视。受此影响，非公有制经济也逐步发挥出越来越大的作用。

表7-1列出了1992—1997年我国私营经济发展情况。可以看出，这一时期我国私营经济发展速度明显较快，特别是1992—1995年期间，私营经济发展的主要经济指标呈现出高速增长态势，虽然1996年和1997年私营经济发展速度有所降低，但增速仍保持在两位数以上。

这一时期私营企业的发展除速度显著加快外，质量也在不断提升。据表7-1可以计算出，1992—1997年，我国私营企业平均的注册资金规模在逐年增加，分别为15.8万元、28.6万元、33.5万元、40.1万元、45.8万元和53.5万元；同时期私营企业人均产值分别为8836元、11314元、17593元、24006元、27558元和29081元，同样实现了逐年增长。

表7-1　1992—1997年中国私营经济发展情况

年份	户数		从业人员		注册资金		产值		消费品零售额	
	户数/个	年增长/%	人数/万人	年增长/%	金额/亿元	年增长/%	金额/亿元	年增长/%	金额/亿元	年增长/%
1992	139633	29.5	232	26.1	221	79.7	205	39.5	91	59.6
1993	237919	70.4	373	60.8	681	208.1	422	105.9	190	109.8
1994	432240	81.7	648	73.7	1448	112.6	1140	170.1	759	299.5
1995	654531	51.4	956	47.5	2622	81.1	2295	101.3	1006	32.5
1996	819252	25.2	1171	22.5	3752	43.1	3227	40.6	1459	45
1997	960726	17.3	1349	15.2	5140	37	3923	21.6	1855	27.1

资料来源：王梦奎：《中国经济转轨二十年》，外文出版社，1999。

与私营经济发展状况相类似，1992—1997年我国个体工商户整体上也得到了快速发展（见表7-2）。1993—1995年，我国个体工商户在从业人数、注册资金以及户数等主要指标方面出现了跳跃式发展，随后的1996年和1997年从业人数和户数这两项主要指标出现了一定程度的下降。同样，据表中数据计算可知，1992—1997年我国个体工商户的质量在逐年提升，单个个体工商户的平均注册资金规模逐年提高，分别为3918元、4839元、6031元、7172元、8007元和8885元。

表7-2　1992—1997年中国个体工商户发展情况①

年份	户数		从业人数		注册资金	
	户数/万户	年增长/%	人数/万人	年增长/%	金额/亿元	年增长/%
1992	1534	8.3	2468	9.3	601	23.2
1993	1767	15.2	2939	19.1	855	42.3
1994	2187	23.8	3776	28.5	1319	54.3
1995	2528	15.6	4614	22.2	1813	37.5
1996	2704	7	5017	8.7	2165	19.4
1997	2896	5.4	5442	8.5	2573	18.8

①常修泽等：《工商行政管理统计汇编》，转引自《所有制改革与创新——中国所有制结构改革40年》，广东经济出版社，2018年，第59页。

四、确立“建立现代企业制度”的国有企业改革方向

如果说确立“公有制为主体、多种所有制经济共同发展”是从宏观的制度层面提升和确立非公有制经济在国民经济社会发展中的重要作用，建立现代企业制度则是着力从微观层面提升企业，特别是国有企业的经营效率。《中共中央关于建立社会主义市场经济体制若干问题的决定》第（4）条规定，“以公有制为主体的现代企业制度是社会主义市场经济体制的基础”。党的十四届三中全会报告起草组成员张卓元回忆：“在党的十四届三中全会文件起草过程中，当时最难的一个问题是确立企业改革方向，即建立现代企业制度。现代企业制度有哪几个基本特征反复商议了好久，还请原国家经贸委的一些同志过来一块反复商议。”

由于在全国范围内的国有企业建立现代企业制度的任务十分艰巨，最终采取的是试点先行、逐步推开的方式。原国家经贸委和原国家体改委牵头就进行现代企业制度试点，做了大量卓有成效的工作，确定试点工作方案，并挑选了100家国有企业作为试点单位。

对于如何挑选试点企业，《关于选择百家国有企业现代企业制度试点的办法》中列出了选择试点企业的原则和条件：一是在规模上，以国有大中型企业为主，尤其要以老企业为重点；二是在企业自身条件上，以经营机制转换较好、领导班子素质较高、经济效益较好的企业为主，也要选择少数符合国家产业政策的亏损企业；三是在行业分布上，以工业和商贸企业为主，适当选择交通、建筑、高新技术等其他行业的企业；四是在地区分布上，经济发达的中心城市可重点考虑，但各省市区都要有试点企业；五是在改革过程中，以未进行公司制改组的企业为主，同时选择少量已经是公司制的企业进行规范。为保障试点工作的顺利开展，试点期间有关部门相继制定了12份配套文件（见表7–3）。

表7-3　推动建立现代企业制度试点的12个配套文件①

文件类别	颁布时间	文件名称	主要内容
涉及试点相关政策及程序性指导意见方面	1995年2月25日	国家经贸委印发《关于印发〈关于国务院确定的百户现代企业制度试点工作的组织实施意见的通知〉》	试点的工作程序、试点的时间安排、试点的组织领导、试点的工作要求等
	1995年6月5日	国家经贸委印发《关于国务院确定的百户现代企业制度试点企业《实施方案》论证、审批工作的指导意见》	包括关于报请论证和审批的《实施方案》应具备的基本内容、可以报请审批的必备条件和审批程序等
	1995年11月21日	国家经贸委印发《关于印发〈关于国务院确定的百户现代企业制度试点工作操作实施阶段的指导意见的通知〉》	关于操作实施阶段的主要任务和总体目标，操作实施阶段的主要工作、进度安排以及做好操作实施阶段工作的要求等
涉及“拨改贷”转增资本金的财务方面	1995年7月12日	《国务院转批国家计委、财政部、国家经贸委关于将部分企业“拨改贷”资金本息余额转为国家资本金意见的通知》	为解决部分国有企业资本金不足问题，合理减轻企业债务负担，将部分企业“拨改贷”资金本息余额转为国家资本金，明确转为资本金的时间及适用的试点范围，转为资本金的原则及符合条件、办理和审批的程序等
	1995年9月22日	《关于将部分企业“拨改贷”资金本息余额转为国家资本金的实施办法的通知》	为1995年7月12日文件的细化
	1995年11月9日	《财政部关于将部分企业“拨改贷”资金本息余额转为国家资本金有关财务处理办法的通知》	具体的财务处理防范
涉及分流企业富余人员和企业办社会方面	1995年5月2日	《国家经贸委、国家教委、劳动部、财政部、卫生部印发〈关于若干城市分离企业办社会职能分流富余人员的意见的通知〉》	关于企业自办学校、自办卫生机构以及其他后勤服务单位的分离处置办法，分流富余人员的办法以及有关政府职责和配套政策等

①注：表格根据邵宁主编《国有企业改革实录（1998—2008）》资料整理，经济科学出版社，2014年4月第1版。

（续表）

文件类别	颁布时间	文件名称	主要内容
涉及劳动社会保险制度保障方面	1995年2月28日	《劳动部、国家经贸委关于配合企业深化改革试点做好失业保险工作的通知》	做好企业富余职工分流安置和失业职工再就业工作的指导意见
	1995年6月9日	《劳动部、国家经贸委关于印发〈现代企业制度试点企业劳动工资社会保险制度改革办法〉的通知》	试点劳动工资和社会保险的具体办法
	1995年4月5日	《国家经贸委、劳动部关于印发〈国有企业资产经营责任制暂行办法〉的通知》	包括总则、资产经营责任制的形式和内容、企业及资产经营者、企业主管部门、考核、法律责任等
涉及领导班子建设方面	1995年8月15日	《中共中央组织部、国家经贸委、人事部印发〈关于加强国有企业领导班子建设的意见〉的通知》	国有企业领导班子的建设要突出重点、分类指导，做好企业领导班子的考察工作，按照公开、公平、竞争、择优的原则选拔企业领导人、加强企业领导人培训及加强领导等
涉及其他相关政策方面	1995年10月31日	《国家经济贸易委员会、国家经济体制改革委员会关于印发〈关于国务院有关部门选报的30户进行建立现代企业制度试点企业有关政策问题的意见〉的通知》	试点企业国有资产投资主体的问题、原企业名称中“中国”字头的使用问题、成立财务公司问题、外贸与外经权问题、“拨改贷”问题、改制为股份有限公司的上述问题以及试点方案的协调、论证和审批程序问题等

在国务院确定的100家国有企业进行现代企业制度试点的基础上，各地区、各部门相继先后选择了一批企业进行试点。截至1998年底约有2714家地方国有企业进行了试点工作，基本实现了既定目标。在国务院确定的百家试点企业中，有74家为独立的工厂制企业，其余的26家为行政性总公司和行业主管局。试点后，有93家改制为公司制企业，其中70家由工厂制改为国有独资集团公司。地方试点的2714家国有企业中，有2066家实现了改制，其中有限责任公司712家，股份有限公司700家，国有独资公司654家①。

①邵宁：《国有企业改革实录（1998—2008）》，经济科学出版社，2014年。

五、在保护企业权益和保障公平竞争方面有了新举措，规范公司发展的法律法规体系不断完善

市场经济是法治经济，法律是保障企业合法权益的重要工具。由于我国处于计划经济体制向市场经济体制的转轨过程中，这方面的法律法规相对不够完善。1992年后，我国相继颁布了一系列规范企业经营的法律法规，如《有限责任公司规范意见》《股票发行与交易管理暂行条例》《股份有限公司规范意见》《企业会计准则》《企业财务通则》以及《中国证券监督管理委员会关于发布〈公开发行股票公司信息披露实施细则（试行）〉的通知》等。1993年12月29日，第八届全国人大常委会第五次会议正式通过了《中华人民共和国公司法》（以下简称《公司法》），并于1994年7月1日起施行。《公司法》也是这一时期颁布的有关公司发展的最重要的法律。党的十五大正式提出“要健全财产法律制度，依法保护各类企业的合法权益和公平竞争，并对它们进行监督管理”后，我国加快了在这方面的立法进程。1999年3月，我国通过的《中华人民共和国宪法修正案》规定“国家在社会主义初级阶段，坚持公有制为主体、多种所有制经济共同发展的基本经济制度”，并规定“在法律规定范围内的个体经济、私营经济等非公有制经济，是社会主义市场经济的重要组成部分”，“国家保护个体经济、私营经济的合法的权利和利益”。

我国在保护企业权益领域的另一个重要举措是加强对上市公司的管理。上市公司通常规模较大、效益较好、社会影响也较大，随着我国越来越多的企业在上海证券交易所和深圳证券交易所上市，上市公司的合规与否对国民经济的健康发展影响巨大，因而从法律层面加强对上市公司的管理成为题中应有之义。1998年，第九届全国人大常委会第六次会议审议通过《中华人民共和国证券法》，上海证券交易所和深圳证券交易所在《中华人民共和国证券法》和《中华人民共和国公司法》的基础上，相继颁布了《上海证券交易所股票上市规则》和《深圳证券交易所股票上市规则》，证监会也公布了《公开发行股票公司信息披露的内容与格式准则》。这一时期我国还出台了一批上市公司相关的法律、行政法规、部门规章等，初步建立起了上市公司管理的制度体系（见表7–4）。

表7-4　1991—2002年我国涉及上市公司的部分法律法规

类别	名　　称	出台时间
法律	《中华人民共和国信托法》	2001年4月28日
	《中华人民共和国担保法》	1995年6月30日
	《中华人民共和国合同法》	1999年3月15日
	《中华人民共和国会计法》	1999年10月31日
	《中华人民共和国招标投标法》	1999年8月30日
行政法规	《国有资产评估管理办法》	1991年11月16日
	《股票发行与交易管理暂行条例》	1993年4月22日
	《企业债券管理条例》	1993年8月2日
	《国务院关于股份有限公司境外募集股份及上市的特别规定》	1994年8月4日
	《国务院关于股份有限公司境内上市外资股的规定》	1995年12月25日
	《企业国有资产产权登记管理办法》	1996年1月25日
	《国务院批转国务院证券委、中国人民银行、国家经贸委〈关于严禁国有企业和上市公司炒作股票的规定〉的通知》	1997年5月21日
	《国务院关于进一步加强在境外发行股票和上市管理的通知》	1997年6月20日
	《证券、期货投资咨询管理暂行办法》	1997年12月25日
	《国务院办公厅转发证监会关于〈清理整顿场外非法股票交易方案〉的通知》	1998年3月25日
	《证券交易所风险基金管理暂行办法》	2000年4月4日
	《金融资产管理公司条例》	2000年11月10
	《国有重点金融机构监事会暂行条例》	2000年3月15日
证监会令	《客户交易结算资金管理办法》	2001年5月15日
	《证券交易所管理办法》（2001年修订）	2001年12月12日
	《证券公司管理办法》	2001年12月28日
	《外资参股证券公司设立规则》	2002年6月1日
	《证券业从业人员资格管理办法》	2002年12月16日

此外，上海证券交易所和深圳证券交易所这一时期还出台了一些管理规则，如《上海证券交易所交易员管理细则（暂行）》《关于实施B股市场

改进措施的通知》《关于加强证券投资基金信息网上披露有关工作的通知》《关于调整和规范权益分派方法的通知》《上海证券交易所境外证券经营机构申请B股席位暂行办法》《上海证券交易所境外特别会员管理暂行规定》等。

六、国有企业激励机制的初步探索

1986年，《国务院关于深化企业改革增强企业活力的若干规定》指出，对厂长负责制的国有企业，如果高管完成了责任期的目标，则收入水平可以较高，但这一规定只是暂时性的具有探索性质的方案。20世纪80年代末期，国有企业开始以“产权清晰、权责明确、政企分开、管理科学”为特征的现代企业制度改革后，高管薪酬制度改革成为调动国有企业高管积极性的 一个重要方面。

1992年，劳动部下发《关于进行岗位技能工资制试点工作的通知》明确规定国有企业高层管理人员采取岗位绩效工资制，把高管的薪酬与企业绩效相联系，包括岗位工资和效益工资。国有企业岗位绩效工资制先后在上海、深圳、四川、江苏、北京、河南、辽宁等省市试点，取得了一定成效，在一定程度上提升了国有企业高层管理人员的积极性。但由于国有企业产权制度和管理方式等方面的改革相对滞后，仅通过岗位绩效工资制度难以充分调动国有企业高层管理人员的积极性，特别是与完全按照市场化机制确定薪酬水平的外资和民营企业高管相比，国有企业高管的薪酬水平在同等绩效下仍相对较低。

1995年，劳动部出台《企业经营者年薪制试行办法》，并在100家国有企业中试点并逐步推开，进一步探索国有企业高管的薪酬制度。高管年薪由基本工资和风险收入组成，风险收入与高管的经营绩效挂钩。1999年，国家开始允许和鼓励企业对其经营者和核心技术人员实行股权激励，但因相关条件不成熟而未能得到推广。

七、初步提出混合所有制经济

这一时期所有制结构领域的一个重要进展是初步提出了混合所有制经济。1993年党的十四届三中全会报告指出："在积极促进国有经济和集体经济发展的同时，鼓励个体、私营、外资经济发展，并依法加强管理。随着产权的流动和重组，财产混合所有的经济单位越来越多，将会形成新的财产所有结构。"第一次提出了"财产混合所有"的概念，虽然此时尚未正式提出"混合所有制"，但为日后"混合所有制经济"概念的正式提出及其发展打下了基础。

1997年9月，党的十五大报告正式提出了"混合所有制经济"的概念，指出："要全面认识公有制经济的含义。公有制经济不仅包括国有经济和集体经济，还包括混合所有制经济中的国有成分和集体成分。"1999年9月，党的十五届四中全会通过的《中共中央关于国有企业改革和发展若干重大问题的决定》提出："国有大中型企业尤其是优势企业，宜于实行股份制的，要通过规范上市、中外合资和企业互相参股等形式，改为股份制企业，发展混合所有制经济，重要的企业由国家控股。"此后，发展混合所有制经济成为我国所有制结构发展中的一个重要领域。

总体来看，邓小平同志"南方谈话"推动我国改革开放进入新阶段，同时也使我国所有制的改革与发展进入新阶段，公有制经济与非公有制经济发展中的羁绊显著减少，社会整体生产力水平得到较大提升。所有制领域实践的不断发展加深了对社会主义初级阶段所有制理论的认识，提出了混合所有制经济，而认识的不断深化进一步促进了所有制实践的发展。

第八章　建立现代企业制度推动国有企业改革进入深水区——典型案例

自1984年我国的改革由农村开始转入城市后，如何使规模和数量庞大的公有制经济适应经济社会快速发展的需要成为我国推进改革的一项重要任务。党的十五大将“公有制为主体、多种所有制经济共同发展”作为我国社会主义初级阶段的基本经济制度，并明确了以国有经济和集体经济为代表的公有制经济与非公有制经济各自在经济社会发展中的作用，但当时的现实情况却是，国有企业作为国民经济的支柱，经济效益整体较低，对经济的带动力不高。党的十五大提出要“加快推进国有企业改革”，并指出国有企业改革的方向是建立现代企业制度。国有企业改革的最终目标是提升国有企业的活力和经济效益，切实发挥其国民经济支柱的作用，但要实现这一目标，首先要使国有企业摆脱活力不强、效益不高的困局，为此，我国制定了国有企业三年脱困的改革目标，并在这一过程中实施了一些典型的行业性改革。

第一节　凤凰涅槃：国企三年脱困改革

改革开放后，在外资、私营等非公有制经济蓬勃发展的同时，国有企业却因经营机制灵活性不高、承担过多非经营性任务等多种原因而发展缓慢，经济效益不佳，某些行业甚至出现全行业亏损。1997年亚洲金融危机爆发后，国有企业发展面临内外部双重困境，在这一背景下，我国实施了三年为期限的国有企业脱困改革。改革过程虽然艰难，但成效显著，改善了国有企业的资产负债状况，使国有企业轻装上阵，参与市场竞争，为后来国有企业的发展壮大打下了坚实的基础。

一、国有企业三年脱困改革的背景

我国国有企业三年脱困改革有着复杂、深刻的国内外经济背景，一定程度上，内外交困的形势倒逼了国有企业的三年脱困改革。

（一）亚洲金融危机的爆发恶化了我国经济发展的外部环境

1997年7月2日，泰国政府宣布放弃固定汇率制度，允许泰铢汇率根据市场供求状况灵活浮动，当天，泰铢兑换美元的汇率即下降了17%。汇率的大幅波动产生了一系列连锁反应，泰国的外汇市场及其他相关金融市场陷入一片混乱。受泰铢大幅波动的影响，东南亚部分国家的货币，如马来西亚林吉特、印度尼西亚盾、菲律宾比索等，相继成为国际炒家的攻击对象。随后，金融动荡进一步扩散至中国香港、韩国等地，随着日本一系列银行和证券公司的相继破产，东南亚金融风暴演变为亚洲金融危机。1998年，金融危机进一步蔓延至印度尼西亚。亚洲金融危机期间，日元汇率大幅贬值，从1997年6月底的1美元兑115日元跌至1998年4月初的1美元兑133日元，1998年5月、6月间一度接近1美元兑150日元。日元的大幅贬值使亚洲金融危机形势持续恶

图8-1　1997年1月—1998年12月中日两国间进出口月规模度金额

化，部分国家经济陷入衰退。

由于我国与日本、韩国及东南亚国家有着密切的经贸往来，亚洲金融危机的爆发恶化了我国经济发展的外部环境，减少了外部的市场需求。与此同时，我国政府坚持人民币不贬值的立场，从而影响了一些国有企业的出口和绩效。

以中日贸易为例，图8-1显示了1997年1月至1998年11月中国与日本进出口贸易金额的变化情况，除去受季节性因素影响较大的年初和年底时段，1997年3月至10月中日两国间进出口贸易额整体上高于1998年同时期的规模。

（二）国内经济增速持续放缓

1993年党的十四届三中全会后，社会主义市场经济体制建设目标的正式确立统一了全党和全国人民的思想，较大程度上解放了我国的生产力水平，我国经济增速跃升至新水平，1993年经济增速高达13.88%，接近14%的水平，但此后经济增速逐年降低，1996年重新回到10%以内，为9.92%（见图8-2）。从具体的产业分布来看，这一时期我国经济增速放缓主要源于第二产业增速放缓，增速从1992年的21%下降至1997年的10.47%，与此同时，第一产业和第三产业增速保持了相对稳定的发展态势（见图8-3）。

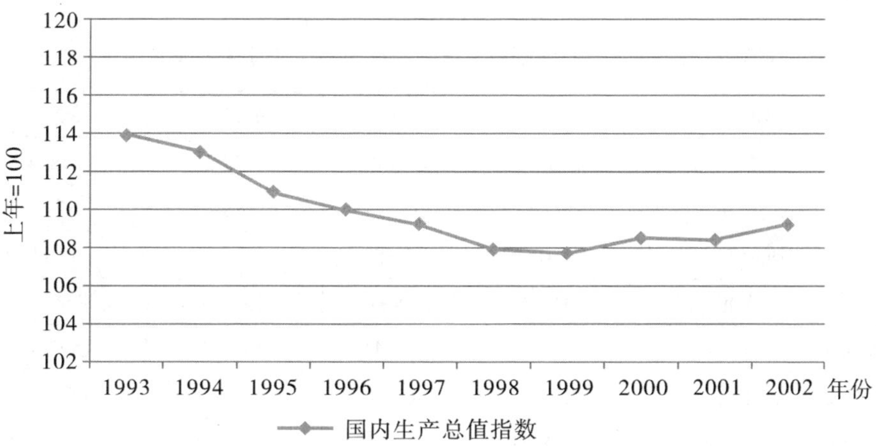

图8-2　1993—2002年中国国内生产总值指数走势情况

资料来源：CEIC数据库。

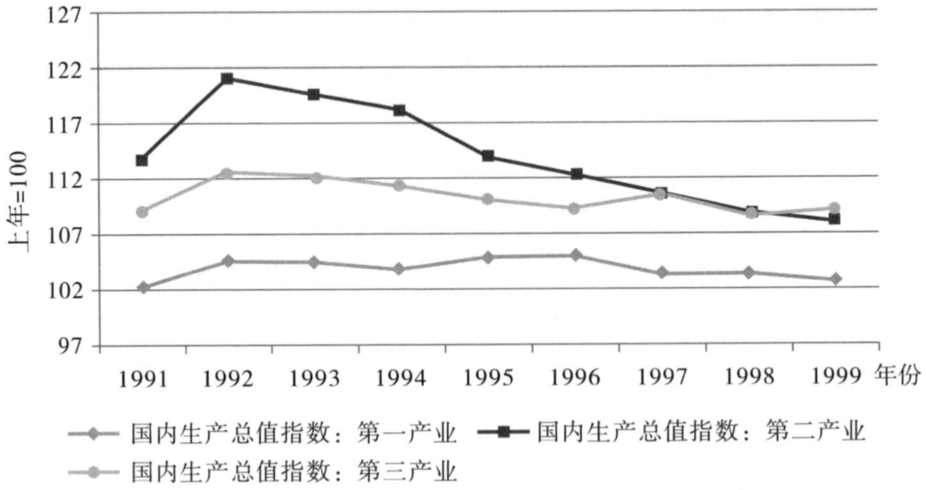

图8-3　1991—1999年我国三次产业增速走势情况

资料来源：CEIC数据库。

（三）国有企业经营效益较低，出现了较大范围的亏损

国家统计局数据显示，截至1997年底，全国国有及国有控股大中型工业企业16874户，其中亏损达到6599户，亏损面达39.11%，部分行业，如纺织、军工、煤炭、建材等出现全行业亏损，全国31个省（区、市）中，有12个省（区、市）的国有及国有控股工业企业盈亏相抵后为净亏损状态，亏损面为38.71%。

表8-1　1994—1997年国有及国有控股大中型工业企业基本情况

年份	1994年	1995年	1996年	1997年
企业数	14517	15668	15763	16874
亏损企业数	4220	5151	5885	6599
亏损面 / %	29.07	32.88	37.33	39.11
利润总额 / 亿元	831.43	704.97	493.56	856.50
盈利企业盈利额 / 亿元	1153.55	1145.41	1048.78	1522.40
亏损企业亏损额 / 亿元	322.12	440.44	555.22	665.90
资产总额 / 亿元	32188.22	39346.37	44246.30	57781.70
负债总额 / 亿元	21661.47	25426.24	28186.22	36462.34
资产负债率 / %	67.30	64.62	63.70	63.10

表8-2　1990—1997年国有工业企业亏损基本情况

年份	亏损额 / 亿元	亏损面 / %	亏损率 / %
1990	348.76	27.55	47.33
1991	367.00	25.84	47.71
1992	369.27	23.36	40.83
1993	452.64	28.78	35.64
1994	482.59	30.89	36.79
1995	639.57	33.53	43.87
1996	790.68	37.70	63.51
1997	830.95	38.22	66.01

表8-1和表8-2[①]从时间维度考察了我国国有企业发展情况，可以看出的一个共同的趋势是国有企业的亏损程度在逐年提高。

这一时期国有企业亏损程度不断提高的原因，一方面与国有企业本身经营体制僵化、难以完全适应市场的快速变化有关。时任中国经济体制改革研究会副会长高尚全曾表示，“从1984年到1994年，十年过去了，为什么国有企业进展不大，不能令人鼓舞、令人满意？我认为主要有两方面的原因：一是在产权制度改革上，从理论和实践上都没有找到有效的路子；二是企业自主经营、自负盈亏的市场环境还没有形成。所以，1984年提出企业改革到现在，我们的国有企业仍经受着严峻的考验，面临着许多困难”[②]。另一方面，当时正在进行中的财政金融体制改革也在一定程度上暴露了国有企业的不足，加剧了国有企业的困难。

首先，财政对国有企业的补贴逐年减少，国有企业失去了重要的资金来源渠道。1985年国家财政对困难国有企业的亏损补助占当年财政收入的比重高达20.2%，此后快速下降，1990年为16.5%，1995年进一步降低至5.0%。国家财政补助力度的降低迫使国有企业寻找其他的融资渠道，银行作为我国金融体系的主体，逐渐成为国有企业资金来源的主渠道。虽然从风险的角度

①邵宁：《国有企业改革实录（1998—2008）》，经济科学出版社，2014年，第48页。

②高尚全：《改革访谈》，经济科学出版社，2008年，第115页。

来看，国有企业较低的经营效益应该具有较高的融资成本，或者当国有企业出现亏损时，银行出于资金安全的考虑可以拒绝提供贷款，但由于我国金融体制改革尚未到位，地方政府对本地银行机构具有一定的干预能力，通过信贷干预使银行为本地区国有企业提供源源不断的资金。由于这并没有从根本上改革国有企业运营机制，国有企业的低效运营状态也一直如故，因而银行提供给国有企业的资金的使用效率并不高，某种程度上，对国有企业的“输血”由国家财政转变为了银行，但资金的使用效率并没有显著提高。

其次，我国金融体制改革的加快进一步缩减了国有企业资金来源渠道。1998年，我国对中央银行体制进行了较大力度的改革，撤销了原先的31个省级分行，代之以设立9大地区分行，这一举措有力地减少了各地方政府对银行的干预，国有银行经营的独立自主性显著提高。这一改革对完善我国金融领域的制度体系、提升金融系统效率、适应市场经济发展需要发挥了重要作用，但对国有企业，特别是经营困难的国有企业来说，切断了其另一条主要的资金来源渠道，这也进一步加剧了国有企业经营的难度。

二、国有企业三年脱困改革过程

（一）国有企业三年脱困改革目标正式提出

1997年7月，时任国务院副总理朱镕基在辽宁考察国有企业经营状况时首次提出“三年脱困”，即“要坚定信心、扎实工作，要用三年左右的时间，通过改革、改组、改造和加强管理，使大多数国有大中型亏损企业摆脱困境，力争到20世纪末大多数国有大中型骨干企业初步建立起现代企业制度”；1997年9月，党的十五大正式将国有企业改革的“三年两大目标”正式确立为党和政府的工作目标；1997年底，国家经贸委在《关于深化国有大中型企业改革的意见（要点）》（以下简称《意见》）中将三年脱困改革的目标明确为：用三年左右的时间，使国有大中型企业盈亏相抵后经济效益明显好转，骨干企业初步建立现代企业制度。这一目标在上报国务院后，得到国务院批准并转发全国。

（二）着眼全局、全面谋划、重点突破

国有企业三年脱困改革的目标正式确立后，随之而来的是如何实现这一目标。现在回顾国企三年脱困改革历程，可以将其总结为：着眼全局、全面谋划、重点突破。

着眼全局：由于国有企业在我国经济发展中的重要作用，国企三年脱困改革，其着眼点不仅仅在于实现国有大中型企业脱困的目标，更是着眼于实现我国国民经济的稳定、高效运行和发展方式由粗放型向集约型的转变，着眼于社会主义事业的长久发展。

国有企业的经营状态是国民经济运行态势的反映。1984年，我国的改革从农村转入城市后，国有企业成为经济体制改革的中心环节，曾经探索了放权让利、经济责任制、“利改税”、承包经营等一系列改革措施，上述措施在一定范围内取得了一定的成效，但仍没能够解决国有企业整体经营效益不高的问题。这也表明，我国国有企业改革本身以及对国有企业改革的认识仍有待深化，改革的方式和路径仍有待优化。深层次的，国有企业经营效益不高从一个侧面反映了我国市场经济体制改革尚不完全到位，不彻底，新旧体制的摩擦仍然存在。从这个角度来看，国有企业三年脱困改革不仅仅要使国有企业整体上走出效益不佳的困境，更要使其摆脱旧有的计划经济体制的束缚，成为真正的市场主体，自主经营、自负盈亏，并且成为推动完善社会主义市场经济体制的重要力量。反之，国有企业脱困改革虽能收一时之效，但长期仍将陷入困境。

全面谋划：国有企业三年脱困改革目标的顺利实现需要全面谋划，一方面需要有切实可行的、较为详细的路线图和时间表，另一方面需要兼顾国有企业脱困本身与脱困产生的社会影响，防范可能出现的社会动荡。

关于三年脱困改革的时间表、路线图，当时的国家经贸委在《意见》中将国有企业三年脱困改革的目标具体化为：从1997年到2000年，要通过兼并破产、下岗分流、减员增效、实施再就业工程，综合治理国有大中型工业企业约5500户，其中破产和被兼并的企业约3000户，减员增效企业约2500户，分流企业富余人员800万至1000万人（包括现已下岗人员），使国有大中型工业企业的亏损面降到2%左右，负债率每年下降2～3个百分点，基本淘汰长期

性亏损企业。

在国有企业三年脱困正式实施过程中，时任国务院总理朱镕基将政策概括为："鼓励兼并，规范破产，下岗分流，实施再就业工程"这19个字，这既强调了脱困中国有企业的改革思路，同时也考虑到了改革中出现的职工下岗的安置问题，兼顾了国有企业脱困与社会稳定。对此，在具体落实中，当时的国家经贸委提出了5项具体要求和7项相关的具体政策措施，具体内容包括以下方面：

5项具体要求：

（1）按照现代企业制度的要求和《中华人民共和国公司法》的规范，实现对重点行业、关键领域及其他重点国有大中型骨干企业的公司制改革。

（2）通过结构调整和国有企业的战略性改组，培育一批具有国际竞争力的大型企业集团，力争到2000年一些优强企业进入世界优强企业的行列。

（3）对于长期亏损、资不抵债、扭亏无望的国有大中型亏损企业，通过兼并破产等方式，使之彻底退出市场。

（4）通过推进再就业工程、兴办非工业产业、鼓励职工自谋职业等途径，三年内从国有大中型工业企业中分流800万～1000万名富余人员，采取积极的措施分离企业办社会职能，大幅度减轻企业负担。

（5）集中力量首先抓好纺织工业的改革和结构调整，实现突破、取得经验，力争用三年时间使纺织工业扭亏为盈。

7项具体政策措施：

（1）全面推进现代企业制度建设。

（2）以纺织工业摆脱困境为突破口，重点推进，取得经验。

（3）调整所有制结构，抓大放小，推进国有企业的战略性改组。

（4）大力推进企业兼并破产和职工再就业工作。

（5）多渠道筹资，推进国有企业的增资减债。

（6）加强企业领导班子建设，加快培育企业经营者队伍。

（7）协调推进各项配套改革。

重点突破：国有大中型企业虽然整体上经营效益不佳，某些行业甚至出现全行业亏损，但这并不意味着所有国有大中型企业均陷入亏损的境地，有些企业仍然具有较好的经济效益，即使是亏损的行业，其亏损程度也存在差异，有些行业亏损程度严重，而有些行业亏损程度相对较轻。国有企业发展的不均衡意味着脱困政策的实施不能统一模式、统一力度，而应分类实施，针对不同行业的特点、亏损程度等，采取不同的实施方式，某些行业、某些企业甚至需要重点攻关、重点突破。

在亏损较为严重的行业中，纺织行业和煤炭行业具有较强的代表性。1997年，煤炭行业的国有大中型企业为170户，其中亏损企业62户，亏损面达到36.5%。纺织行业的亏损程度也不容乐观，因国有纺织企业亏损严重、就业人数多、处理不当可能引发社会动荡等因素，纺织行业被选作国有企业三年脱困的突破口，成为改革的重点行业。

（三）设立专门脱困机构——脱困办

为保障国企脱困改革措施能得到有效实施、取得既定效果，1999年成立了专门的负责国有企业脱困的机构，其主要职责为：综合掌握分析全国企业脱困工作的情况；负责有关企业脱困政策协调，对各地区、各行业企业脱困工作进行指导、协调、督促和检查；综合协调委内各司局分工负责的企业脱困工作；向国家经贸委党组提出企业脱困工作意见和建议；完成国家经贸委党组交办的有关企业脱困的具体工作事项。

（四）通过破产兼并、债转股和技改贴息推动国有企业走出困境

我国曾经于1986年12月颁布《中华人民共和国破产法（试行）》，但因缺乏必要的支撑条件而没有发挥出实际作用。1997年，国务院下发《国务院关于在若干城市试行国有企业兼并破产和职工再就业有关问题的补充通知》，开始进行国有企业的破产、兼并的改革。三年脱困改革期间，全国共批准企业兼并破产项目1718个，核销银行呆坏账1261亿元。

国有企业亏损程度较高的一个重要原因是国有企业整体的资产负债率较高，而国有企业的绝大部分贷款均来自银行体系，导致我国银行体系面临较高的风险敞口。1999年，国务院决定在工、农、中、建四大国有商业银行通过组建资产管理公司处理银行的不良贷款，通过债转股优化国有企业的资产负债结构，减轻企业债务利息负担，使企业轻装上阵。1999年7月，中国人民银行和国家经贸委联合颁发《关于实施债权转股权若干问题的意见》，并

首批推荐601家国有企业实施债转股，拟转股金额达4596亿元，且实施债转股企业大多是具有市场竞争力的，仅仅因为债务利息负担较重而盈利能力不强。债转股显著降低了国有企业的资产负债率，一批大中型国有企业负债率由超过70%降至50%以下，有效减轻了部分国有企业的债务负担，提升了企业的活力。

1999年，国务院决定每年从增发的国债中专门划拨90亿元用于企业技改和产业升级的贷款贴息，但实际金额大幅超出这一规模。截至2000年末，国家技改贴息资金总共达到195亿元，在石化、纺织、机械、汽车等领域的结构调整中发挥了积极作用。

（五）完善国有企业公司治理

完善公司治理是国有企业三年脱困改革历程中的一个重要方面。建立与市场经济体制相适应的公司治理体系并非起源于三年脱困改革期间，20世纪80年代后期我国即开始致力于从法律层面规范国有企业的内部治理，出台了《中华人民共和国全民所有制工业企业法》（以下简称《企业法》）；1993年中共十四届三中全会后，我国又相继出台并实施了《中华人民共和国公司法》（以下简称《公司法》），实施了稽察特派员制度等，其最终目标在于改善国有企业内部治理结构，提升国有企业经济效益。

1. 《企业法》的制定与实施

计划经济时期，我国国有企业产权单一，属于国有独资经营企业。改革开放后，随着市场在国家资源配置中发挥越来越大的作用，加之外资企业和民营企业的异军突起，迸发出强大的活力，取得了良好的经营效益，国有企业整体发展缓慢越来越成为国民经济增长中的短板。当时，束缚国有企业发展的一个障碍是计划经济的管理体制，这一体制下，国有企业的人、财、物完全由相关政府部门管理，企业几乎不具有根据市场发展情况自主决策的空间。出现这一现象的原因之一，是国有企业缺乏明确的定位和经营自主权。为此，我国于1988年4月颁布实施了《企业法》，这成为国有独资企业的法律基础。

《企业法》明确规定了“企业是依法自主经营、自负盈亏、独立核算的社会主义商品生产和经营单位”，“企业实行厂长（经理）负责制”等。

《企业法》基于我国当时经济体制转轨初期的背景，适应那个阶段经济体制改革的需要，为国有企业由计划经济下政府部门的附属机构向市场主体的转变起到了巨大的推动作用。

《企业法》在经营层面的一个重大进步是通过法律的形式明确了厂长负责制。与此前实施的党委领导下的分工负责制相比，厂长负责制更加强调了厂长在国有企业经营决策中的核心地位，使原本较为模糊的企业权责关系变得相对清晰，这在一定程度上满足了国有企业走向市场的需要。同时，厂长负责制明确了企业党委的作用范围，使长期争论不休的国有企业党政关系得到明确。但厂长负责制存在一个较大的不足，即厂长的权力过于集中，缺乏必要的监督，厂长一人集决策权和执行权于一体，使得国有企业的发展成败系于一人。从决策的角度来看，市场瞬息万变，会产生大量信息，厂长一人的知识储备和信息获取往往难以适应市场发展的需要，因而存在较大的风险。

2. 《公司法》的制定与实施

1993年，我国制定了《公司法》并于1994年7月1日正式实施。《公司法》的实施推动了国有企业从独资企业向独资公司的转变，从法律层面将国家对国有企业的责任由无限责任变为有限责任，同时，公司治理逐步由厂长负责制向现代公司治理基本框架转变。《公司法》明确了有限责任公司的股东会、董事会、监事会和经理的职责和权力，并规定国有独资公司的董事会、经理也分别参照行使有限责任公司董事会、经理的相应职权。

《公司法》正式实施后，一批国有企业相继改制成为国有独资公司，并同时设立了董事会，初步形成了现代企业的治理结构。但在单一产权的国有企业设立董事会，企业的“一把手负责制”的领导体制没有发生根本改变，董事会基本没有发挥出其应有的作用。2000—2002年，26家国有独资中央企业撤销了董事会。

3. 稽察特派员制度

由于制度演进的路径依赖，《企业法》和《公司法》的实施并没有从根本上改变国有企业经营中的“一把手负责制”，部分企业内部管理混乱，效益较差。基于现代公司治理短期内难以产生实际成效的情况，1998年党中央、国务院决定实施稽察特派员制度，向国有重点大型企业派出稽察特派员，强化对国有企业经营活动的监督和规范。

1998年3月，第九届全国人大一次会议通过的《国务院机构改革方案》中正式提出要建立稽察特派员制度；同年5月，《国务院关于印发国务院向国有重点大型企业派出稽察特派员方案的通知》正式印发；同年7月，时任国务院总理朱镕基签署第246号国务院令，颁布《国务院稽察特派员条例》，稽察特派员制度正式建立。

时任国务院总理朱镕基对稽察特派员制度高度重视，认为这一制度是实现国有企业政企分开的重要举措，能够促进国有企业三年脱困改革目标的实现。对于稽察特派员制度的主要任务，他说，“稽察特派员的主要任务是查账，不干预国有企业经营管理。稽察特派员一年去查两次账，对国有企业的财务状况进行分析、评估，搞清究竟是亏还是盈；同时，对企业主要领导成员的工作业绩进行评价。稽察报告经国家经贸委等部门审核后，向国务院呈报；然后，国务院通过人事部，根据情况决定对国有企业主要领导人的奖惩任免”，他还说，“稽察特派员到企业查账，一要同国有企业财务会计制度的改革结合，逐步建立符合国际惯例的现代企业财务会计制度，派有稽察特派员的企业要先做起来。二要同审计、工商部门结合，要充分利用审计、工商部门的成果，如有必要也可以请合格的会计公司帮助。派有稽察特派员的国有企业不再搞财务大检查，通常的审计也就可以不做了。稽察特派员只要敢于讲真话，不怕得罪人，就能查出问题”[①]。

截至2000年底，对涉及机械、电力、交通、石化、烟草、冶金、建筑、有色金属、通信、民航以及外贸等行业的62家国有重点大型企业的稽察工作如期完成。通过稽察，部分国有企业中存在的违法违纪行为被曝光，内部管理混乱、国有资产流失的状况得到有效遏制，为在国有企业内部建立正式的监事会制度起到了良好的过渡作用。

4. 稽察特派员制度向外派监事会制度的转变

稽察特派员制度虽然取得了良好成效，但从国有企业的长远发展以及市场经济制度的建立和完善的角度来看，在国有企业内部建立正式的监事会才是完善国有企业公司治理结构的长远之计。1999年9月，党的十五届四中

①邵宁：《国有企业改革实录（1998—2018）》，经济科学出版社，2014年，第512—513页。

全会《关于国有企业改革和发展若干重大问题的决定》提出，“继续试行稽察特派员制度，同时要积极贯彻十五大精神，健全和规范监事会制度，过渡到从体制上、机制上加强对国有企业的监督，确保国有资产及其权益不受侵犯”。同年12月，九届全国人大常务委员会第十三次会议对《公司法》进行了修改，规定“国有独资公司监事会主要由国务院或国务院授权的机构、部门委派的人员组成，并有公司职工代表参加”。这次会议以法律形式明确要求在国有独资公司要建立监事会。

与稽察特派员制度相类似，外派监事会的成员由于均从国有企业外部派驻，与企业没有直接的利益关系，因而在一定程度上实现了监事的独立性，现实中也取得了一定成效，改善了国有企业的经营管理、强化了企业负责人的自律意识、维护了国有资产的安全完整。但由于其定位是发挥监督作用，不参与企业的日常决策与执行，因而还是没有解决企业“一把手”权力过于集中的问题，无法对“一把手”形成有效制约，也无法很好地解决“一把手”的重大决策失误和以权谋私问题。

5. 探索多种下岗职工安置方式

国有企业三年脱困改革面临的另一项重大难题是如何妥善安置因改革而产生的大量下岗职工。对此，我国采取了多种安置方法，其中再就业中心是一项具有创造性的政策举措，其具体机制是：职工下岗后不直接进入社会，而是先进入行业再就业中心进行培训，其间由再就业中心发给基本生活费，同时由企业代缴养老保险、大病统筹保险以及住房公积金等。1997年，国务院采取以产定人、下岗分流、适当减免贷款利息等办法确保困难下岗职工的基本生活费能够得到按时发放。

为保障再就业中心运营所需的经费，党中央、国务院出台了一系列政策，如1996年出台了《中共中央办公厅、国务院办公厅关于进一步解决部分企业职工生活困难问题的通知》；1998年6月下发《中共中央、国务院关于切实做好国有企业下岗职工基本生活保障和再就业工作的通知》；1999年下发《国务院办公厅关于进一步做好国有企业下岗职工基本生活保障和企业离退休人员养老金发放工作有关问题的通知》等。

再就业中心在促进社会稳定方面发挥了重要作用，1997年至2003年，国有企业累计有2780万名下岗职工进入再就业中心，其中1850万人通过多种渠道实现了再就业。

除再就业中心外，我国还通过协议解除劳动关系、实行内部退养、协议保留社会保险关系等方式安置下岗职工。

案例8.1　中石油安置富余人员成效显著[①]

20世纪90年代后期，中国石油天然气集团公司拥有职工150多万名、5000多亿元资产。在长期的计划经济体制下，形成了“大而全”“小社会”的企业组织模式。1999年，他们开始利用境外上市的机会，按照国际通行的“油公司”模式，进行了大规模的内部重组改制，将集团内石油、炼化、销售、管道运输企业和科研单位中的核心业务以及相关的资产、人员分离出来，组建中国石油天然气股份有限公司，到境外成功上市。其他业务及资产、人员全部留在存续企业，实行核心业务和非核心业务分离、分立，分开管理，独立核算。这次重组，有48万人进入股份公司，另外100多万人留在存续企业。在重组的同时，股份公司和存续企业都加大了内部改革的力度，通过分离办社会职能鼓励自谋职业以及有偿解除劳务关系等多种渠道分流了25万富余人员，减轻了负担，增强了竞争力。

6. 国有企业分离办社会职能的探索

国有企业办社会职能起源于计划经济体制，曾为企业自身和国民经济的发展做出积极贡献，但随着市场经济的逐步建立，国有企业办社会职能越来越成为企业的负担，很多企业因为办社会负担过重而陷入困境。数据显示，截至1997年底，全国国有企业和其他部门自办医疗卫生机构91081个，拥有病床62万张，工作人员112万人，其中医院7297个，床位60万张，工作人员79万人，大体占全国医疗卫生机构的三分之一；截至1998年底，全国企事业单位办中小学1.9万所，在校生人数813万，教职工69.5万，约占全国学校总数的三分之一，其中企业办的学校约为1.7万所，在校生732万人，教职工63万人[②]。

---

①邵宁：《国有企业改革实录（1998—2008）》，经济科学出版社，2014年，第226页。

②邵宁：《国有企业改革实录（1998—2008）》，经济科学出版社，2014年，第260页。

政策层面，1995年，国家经贸委等5个部门联合印发《关于若干城市分离企业办社会职能分流富余人员的意见》的通知，首次提出了分离办社会职能的范围、方式及相关配套政策；2000年，国务院转发国家经贸委关于《国有大中型企业建立现代企业制度和加强管理的基本规范（试行）》，明确提出进一步分离企业办社会职能的具体工作要求。

实践层面，部分地区对分离办社会职能进行了探索，但由于国有企业脱困改革时期各方面的工作任务非常艰巨，在全国范围内全面启动分离办社会职能改革的时机尚不成熟，但这一时期积累的经验为后来将改革推向全国提供了必要的借鉴。

案例8.2　长沙市分离企业自办中小学校的改革探索

1996年长沙市在优化资本结构试点中，把分离办社会职能、减轻企业负担、建立现代企业制度作为试点工作的重要目标，确定了“一次分离，分类指导，先易后难，分步实施，平稳过渡，逐校交接”的原则，推进分离市属工业企业自办中小学校的工作，并全部顺利完成移交。

当时，长沙市共有办学企业111家。1996年，市委、市政府以该市列入全国优化资本结构试点城市为契机，高度重视分离企业办社会职能。3月，市政府正式做出决定，将位于城区的首批48所企业办的学校一次性分离出来，移交给政府教育管理部门，做到了企业、教育部门、学校教师三满意。

长沙市在分离企业办学校过程中，强调各级党委、政府、各办学单位及有关部门要把思想统一到中央政策和市委、市政府的指导思想上来，并贯彻于分离工作的始终，确保这项工作沿着正确的方向顺利进行。在具体工作中，按照184号文件要求，坚持实事求是，组建专门班子，确定范围步骤，落实分离进度，制定具体政策，稳妥解决问题。为筹措资金，该市从1996年3月开始，将城市教育附加征收率由4%提高至5%，不足部分再由市财政拨款解决。

为衔接好教职工的交接，长沙市的各项规定均向原办学企业倾斜，意在化解企业包袱，减轻企业负担。具体表现为：核定编制放宽，对超编的合格教师可不受编制限制，对专任教师、管理人员、工勤人员按照一定比例接收；接收人员范围放宽，不论其身份是干部、以工代干还是其他身份，凡经审定为合格的教师，录用为全民教师；认定合格教师的标准放宽，接收教职工的年龄放宽；手续从简，待遇从优。

长沙市在分离企业办学校的实践中注重把握几个要点：一是切实加强领导，统一思想认识。对企业办学校的分离改革，不是简单地从减轻企业负担角度考虑，而是视为在实现两个转变的过程中要求企业和政府各自职能复位的客观要求。二是各相关部门通力协作，坚持特事特办。市、区各级政府，各有关部门，在办理企业办学校分离工作时通力合作，打破常规，简化手续，特事特办。三是谨慎抓好试点，分批平稳过渡。先行选择两所学校进行试点，探索规律，总结经验，并编印了《长沙市分离企业自办中小学校工作文件资料汇编》，用来指导面上工作。四是注重统筹兼顾、正确处理好四个关系及处理好办学企业和未办学企业之间的关系，取得思想认识的统一；处理好已进行分离工作与暂不分离的学校之间的关系，统筹兼顾，同步发展；处理好教育行政部门与原办学单位之间的关系；处理好分离工作与全市教育整体规划之间的关系，根据各校的办学条件、办学规模、学校位置及附近学校的布局等情况通盘考虑。

通过近三年的工作，长沙市顺利实现了国有企业办学校的分离，走出一条适应改革发展需要、符合市情实际的企业改革之路，为长沙市经济和教育发展清除了体制上的障碍。

（六）国企三年脱困改革成效

历时三年，国有企业脱困改革取得了较为显著的成效，国企整体的亏损状态显著好转，部分国有企业建立了现代企业制度，当初设定的国有企业三年脱困改革目标基本实现。

国有企业亏损情况方面，从整体上看：全国31个省（区、市）国有及国有控股工业企业全部实现了整体上的盈利，1997年净亏损的12个省市全部扭亏为盈；2000年末，13365户国有及国有控股大中型工业企业中，盈利企业达到9731户，盈利总额为2761亿元；亏损企业3634户，比1997年减少2965户，亏损面为27.20%，比1997年下降了2.9个百分点（见表8–3）。

表8–3 1997—2000年国有大中型企业发展状况[①]

项目	1997年	1998年	1999年	2000年12月
国有大中型企业户数	16874	16039	14349	13365
其中亏损户数	6599	6855	5046	3634
亏损面 / %	30.10	42.70	35.20	27.20
净利润 / 亿元	856.5	599.4	1092.9	2343.8

从表8–3可以看出，1997年开始，国有大中型企业的亏损和净利润状况在经历了1998年的下滑后于1999年出现了较大程度的回升，亏损面降低了7.5个百分点，净利润较1998年大幅上升82.3个百分点，2000年净利润水平较1999年又大幅上升了114个百分点，同期亏损面则进一步下降8个百分点。

从行业来看，到2000年底，石化、建材、有色等行业利润实现了成倍增长，煤炭和军工行业的亏损规模也有了较大程度的下降，国家重点监测的14个重要行业中有12个实现了扭亏为盈。

建立现代企业制度方面，通过三年的改革，大多数国有大中型骨干企业初步建立起了现代企业制度，514户国家重点的国有及国有控股企业中有430户进行了公司制改革，占比83.7%，其中282户整体或部分改为有限责任公司或股份有限公司，改制企业在转换经营机制、加强企业管理、分离企业的社会职能和分流富余人员等方面迈出了重要步伐。

国有企业三年脱困改革虽取得较大成效，但这一成效仍只是阶段性的，只解决了国有企业发展中一些紧迫的、突出的问题，一些深层次的体制机制问题并没有得到完全解决，如制度建设仍不完善、布局调整尚没有完全到位等。2000年11月，时任国务院总理朱镕基对国有企业三年脱困改革作出评价："经过全国上下共同努力，国有企业改革和脱困工作取得了可喜成绩。实践证明，中央的决策和采取的措施是完全正确的。但这只是一个阶段性成果。总的来看，国有企业经营机制转换滞后，创新能力、竞争能力和盈利能力不强，还有不少企业生产经营比较困难。要从根本上解决国有企业问题，仍然任重道远，还需要长期艰苦的努力。"

①邵宁：《国有企业改革实录（1998—2008）》，经济科学出版社，2014年，第95页。

第二节 浴火重生：棉纺织业限产压锭

国有企业三年脱困改革中，棉纺织业的限产压锭改革具有典型意义，其脱困改革取得的经验为其他行业提供了有益的借鉴。

一、纺织业脱困改革难度大

纺织业作为传统产业部门，长期在我国国民经济中发挥着重要作用（见表8-4）。随着农村纺织业的兴起，国有纺织工业逐渐成为全国国有工业中亏损最为严重的行业之一，脱困难度大。

表8-4 纺织服装化纤工业产值、职工人数、出口占全国工业和商品出口的比重①

项目	1978	1980	1985	1990	1994	1995	1996	1997	1998
产值比重 / %	14.7	17.4	17.9	16.5	15.2	14.6	12.9	12.2	11.9
职工比重 / %	10.5	11.4	12.7	14.8	14.6	14.2	14.2	13.5	13.0
出口比重 / %	24.9	24.1	23.5	27.0	29.8	29.4	25.5	24.9	24.5

首先，国有纺织企业亏损程度重。数据显示，1996年国有大中型纺织企业亏损户数占全国国有大中型亏损企业总数的18%，亏损额占19%，企业亏损面高达42%，高出全国国有工业8个百分点。其次，生产效率较低。1997年，纺织业的工业增长率仅为19.63%，比全国平均水平低7.7个百分点，国有纺织企业平均劳动生产率仅为1万元。最后，人员负担重。我国棉纺企业用工水平为国际一般水平的2倍以上，中心城市纺织老企业离退休职工与在职职工的比例一般为1：1，有的企业甚至达到2：1，国有亏损纺织企业涉及职工人数达180万②。

正是因为纺织行业脱困改革难度大，国家才将其列为脱困改革的重点突

①邵宁：《国有企业改革实录（1998—2008）》，经济科学出版社，2014年，第51页。

②邵宁：《国有企业改革实录（1998—2008）》，经济科学出版社，2014年，第50页。

破领域。1997年，时任国务院副总理朱镕基指出：“只要困难最大的纺织行业突破了，就没有哪个行业不能突破了。”

二、纺织业限产压锭过程

（一）制定限产压锭目标

1997年的中央经济工作会议提出了限产压锭的具体任务：压缩淘汰1000万锭落后棉纺锭，分流安置120万职工，实现全行业的扭亏为盈。目标制定后，上海率先开始限产压锭，首批销毁12万锭落后纱锭。1998年1月23日，在上海申新纺织第九厂，当年的老厂长敲下了国务院“压锭、减人、增效”战略的第一锤。

（二）加大政策支持力度

为纺织业限产压锭的顺利推进，1998年2月17日，国务院发出《国务院关于纺织工业深化改革调整结构解困扭亏工作有关问题的通知》，推出了一系列专门针对纺织业的优惠政策：一是加大财政支持力度，每压缩一万锭，财政补贴300万元，银行贴息贷款200万元。二是支持纺织业兼并破产，纺织业限产压锭之初，国家实行兼并破产政策向纺织行业倾斜的政策，并于1997年8月从中国纺织总会和国家纺织工业局抽调人员专门从事这项工作，使这项政策落到实处。1997—2000年，300户特困纺织企业实施了破产，400多户进行了兼并重组，核销呆账、坏账达450亿元。三是妥善安置分流职工，一方面通过加强宣传，引导广大职工树立新的择业观念，鼓励职工进入市场二次就业、自主创业，另一方面，建立再就业中心，加强对下岗职工的就业技能培训，拓展就业渠道，着力完善社会保障体系，使下岗职工能够得到妥善安置，减少社会动荡风险。

三、纺织业限产压锭成效

纺织业于1999年上半年即实现了全行业的扭亏为盈目标，结束了此前连续6年亏损的局面，提前完成三年脱困改革的目标，国有纺织企业数量由5739家减少至3679家，资产负债率由1996年的82.1%降至2000年的69.7%，净资产由636.3亿元增加至1367.7亿元，资金利税率由-0.71%提高至4.07%[①]。

通过限产压锭及相关配套改革，纺织业资产质量得到显著提升，部分国有纺织企业的经营机制得到扭转，提高了对市场的适应能力，竞争力整体上得到提升，为其他行业国有企业的三年脱困改革提供了有益的经验借鉴。

第三节　国企三年脱困改革的部分典型模式

国有企业三年脱困改革除了着手改善企业治理结构、建立现代企业制度等具有一般性特征的改革外，在各个地方积极主动探索的过程中涌现出了一批好的经验，形成了特定的模式，为国企三年脱困改革目标的实现提供了帮助，其中影响力较大的有山东的“诸城模式”、四川的“宜宾模式”、湖南的“长沙模式”、广东的“顺德模式”等。

一、诸城模式

早在1992年，诸城就开始了正式的国有企业改革探索之路。在这之前，诸城市在深化国有企业改革方面已经进行了一系列探索，由于这些改革均没有触及国有企业的产权关系等实质性问题，企业的深层次矛盾没有得到有效解决，因而诸城市国有企业的整体经济效益仍然没有从根本上得到扭转。1992年上半年，按照中央的统一部署，诸城对150家市属独立核算企业进行审计，结果比预计的更加严重：150家国有企业中有103家存在明亏或暗亏，亏损面高达68.7%，43家企业资不抵债，成为实际意义的空壳或负资产企业，亏损额达到1.47亿元。当时诸城有18000人由财政供养，但全年财政收入不

①邵宁：《国有企业改革实录（1998—2008）》，经济科学出版社，2014年，第184页。

足8000万，干部工资不能按时发放①。国有资产流失严重，32户市属国有企业经评估后发现，国有资产流失规模为1亿元，流失率达到63.7%（不含土地），企业无法收回的呆账和坏账为1000万元，占应收账款的10%，此外还包括设备不计提折旧、企业内部偷盗等②。国有企业的亏损成为诸城市财政的负担，改革势在必行。

1992年4月，邓小平“南方谈话”后不久，诸城正式启动了新一轮国有企业改革，至2001年，诸城市围绕国有企业控制权重新分配的改革基本经历了改制、调整和升级三个阶段。

（一）改制阶段（1992年4月至1994年7月）

1992年4月，诸城市开始了以明晰产权关系、重新分配控制权为主要内容的改制，推动控制权实现在企业内部的初次分割。到1994年7月，改制基本结束，全市288家国有企业中有272家进行了改制，占比达到94.4%，超过90%的改制企业将净资产卖给内部职工，实行了股份合作制。诸城市国有企业在改制过程中没有“一刀切”，而是根据企业不同特点，有针对性地出台改制措施，如诸城市电机厂的产权改革中以“先出售后改制、内部职工持股”为主要形式，并结合了引进外资、转让、租赁、兼并和破产等资本重组方式；诸城市农用汽车厂虽然市场前景看好，但投入大、技术要求高，靠自身力量难以发展，对此诸城市实行了产权整体转让，将576万元净资产无偿并入北汽摩公司，并联合发起组建了北汽福田车辆股份有限公司。

（二）调整阶段（1994年7月至1999年底）

在第一阶段改制的基础上，1994年7月开始，诸城市国有企业开始了以控制权转移为主要内容的调整改革，为此，诸城采取了“四扩一调”的改革思路。所谓“四扩”：一是企业内部职工增资扩股，发动内部职工（特别是有意愿承担风险的管理人员）认购公司新股，向企业追加投资；二是转让银

①中国人民银行潍坊市中心支行课题组：《控制权改革：企业改制与外部环境的动态研究——“诸城模式”研究》，《金融研究》2001年第7期，第36–45页。

②胡定核：《从山东诸城模式解析国有中小企业改制》，《金融研究》2001年第3期，第89–97页。

行贷款扩股，在不改变银行与企业借贷关系的条件下，鼓励部分效益好、资产负债率较高的企业，把贷款配置为贷款股，并依据职工个人能力的大小，遵循自愿原则，在规定时期内还本付息，将企业债务转变成股权；三是量化新增资产扩股，对改制后形成的新增资产，按一定比例量化到企业职工个人，调动职工的积极性；四是吸引社会法人资金扩股，对符合国家产业政策，且具有一定规模效益和良好发展前景的企业，吸引社会法人投资入股，并依法改造为公司制企业。“一调”是指调整企业股权结构，根据企业实际经营情况，加大董事会成员、监事会成员、经理以及优秀员工的持股份额，培育和发展大股东，拉开经营者与一般职工的持股差距。

通过“四扩一调”，诸城市国有企业控制权得到了进一步优化，近三分之一的国有企业实现了经营管理层控股，优化了股权结构，市属工业企业中层以上骨干平均持股比例提高至31%；扩大了股本规模，210家股份合作制企业累计增加股本7.5亿元；促进了企业组织形式的升级，通过股权结构调整和产权关系的优化，诸城市部分国有企业由股份合作制向有限责任公司或股份有限公司过渡。

（三）升级阶段

通过“四扩一调”，诸城市国有企业的职工持股率达到了75%，虽然基本实现了权责利相统一的目标，但同时也出现了劳资矛盾，按劳分配与按资分配的比例成为企业内部新的矛盾焦点。为此，从1999年开始，诸城市按照《中华人民共和国公司法》的要求，着力于把股份合作制国有企业改造成为股份有限公司或者有限责任公司。如诸城市服装厂吸收了其他省份的纺织企业参股，组建了有限责任公司。通过这一阶段的改革，诸城市进一步完善了国有企业的公司治理结构，激发了企业活力和职工的积极性。

（四）改革成效

通过推行一系列举措，诸城市国有企业改革取得了较大成效。第一，实现了经济的快速发展和财政状况入不敷出的根本性扭转。1992年至2000年，诸城市财政收入年均增速达到24.6%，其中改制企业上缴税金的年均增幅为29%，超过同时期财政收入平均增速4.4个百分点。1998年至2000年，累计完成财政收入17.3亿元，截至2000年底，诸城市国有企业净资产达到10.8亿元，比1992年增加5.9亿元，增幅达120%。第二，实现了就业水平的稳步提高。改革使诸城市一部分国有企业发展壮大，吸纳就业的能力不断增强。1992年，诸城市属企业就业人数约为15000人，乡镇企业就业人数约为35000人；2000年末，市属企业就业人数增加至接近43000人，乡镇企业就业人数也提高至约38000人。第三，企业财务状况得到明显好转。2000年，诸城市乡及乡以上工业实现销售收入118亿元，是1992年的5.8倍，同期实现利税8亿元，是1992年的6.8倍，企业亏损面由改制初期的68.7%下降至3.9%，改制企业负债率降低24.8%至68.75%，企业融资也逐步由内源性融资与外源性融资并重转变为以外源性融资为主。第四，职工收入得到显著提升。2000年，诸城市企业职工平均收入为6200元，是改制时的2.8倍，部分经济效益较好的企业职工的平均收入超过万元。第五，金融业得到快速发展。2000年底，诸城市存、贷款余额分别为50.8亿元和41.4亿元，城乡储蓄余额为40.3亿元。四大国有商业银行支行实现盈利4467万元，1992年至2000年，四大银行诸城支行贷款余额年均增速达到8.7%，基本满足了改制企业的资金需求。

总体来看，诸城市国有企业改革取得显著成效的关键在于牢牢抓住控制权改革这根主线，通过完善企业的控制权使企业职工和管理人员与企业的长远利益紧紧捆绑在一起，共生共荣，有力地激发了企业的发展活力。

二、宜宾模式

宜宾国有企业改革开始于1991年，在这之前，宜宾作为一个农业大县，人口95万，但财政收入仅为3000万元左右，工业基础差，工农结构比例失衡。宜宾国有企业资产流失严重，企业设备陈旧，技术落后，经济效益低下，产品升级换代、结构调整难以起步，企业深陷困境，发展举步维艰。为改变这一状况，宜宾开始了国有企业改革的探索。整个改革过程大体可以分为四个阶段，分别为：优势企业改革阶段（1991年至1993年），重点是对一批优势企业进行改组改造；特困企业整改阶段（1994年至1995年上半年），重点是对特困企业进行整改，使一批特困企业走出困境；规范完善阶段（1995年下半年至1997年），主要对《中华人民共和国公司法》出台之前的改制企业进行规范和完善，解决企业改制中的遗留问题；巩固提高阶段（1997年底至2000年），进一步完善国有企业的管理体制和经营机制。

宜宾国有企业改革的特点可以总结为：国家转让产权、政府转变职能、企业转换机制、职工持股经营。国家转让产权中，宜宾将国有企业资产有偿转让为职工个人或企业法人，形成投资主体多元化的资本格局，通过对企业资产的清理、评估、转让，核销企业债务负担、安置超编职工和离退休人员等，使国有企业产权清晰、权责明确，成为自主经营的市场主体。

在对国有企业进行产权制度改革的同时，宜宾大力推进政府机构改革：一方面取消企业行政级别，将企业改组为有限责任公司，使其成为无主管企业；另一方面，取消工业、商业、物资、医药等经济主管部门的行政职能，同意改组为经济实体，同时按照“委下无局，局上无委，委局平行”的模式，减少行政管理层级，提高行政效率。

宜宾在对国有企业资产进行有偿转让的同时对企业进行改组改造，组建股份制或股份合作制企业，理顺企业内部关系，使企业按照新机制运行并逐步走向科学化管理。职工认购企业股份中，针对无力购买股份的职工，宜宾采取了职工负债持股的办法，让职工先出资30%，剩余70%实行负债经营，在3年内用分红或其他资金偿还。这一方法有效地调动了企业职工认股、参股的积极性。

2000年开始，针对前期改革中的一些遗留问题，如部分企业产权不清晰，经营机制没有发生根本转变，部分企业负债经营，包袱重，历史遗留问题多，还有一些企业存在股权结构不合理问题等，宜宾出台了新的国有资产处置暂行办法，明确了“做强优势壮支柱，重组资源谋发展，招商技改育新点，破产解体保稳定”的改革思路，进一步完善了国有企业改革。

三、长沙模式

与前述诸城模式和宜宾模式不同的是，长沙国有企业改革相对较晚，但其探索实践对我国国有企业改革的影响力较大，一定程度上具有里程碑意义。

1999年11月30日，长沙市委、市政府出台《关于加快国有企业改革和发展若干问题的意见》，要求所属国有企业进行产权界定并实行“两个置换”，从两者的关系来看，产权界定是为了更好地实现“两个置换”。

产权界定的核心是以1984年的“拨改贷”作为政策实行的分界线，将1984年以前形成的国有企业的净资产规定为国有性质，而1984年之后国有企业形成的净资产界定为企业集体资产，并将这部分资产作为职工身份置换的经济补偿。这一做法一方面推进了国有企业改革，另一方面也避免了国有资产流失的责任，在实践中取得了较好的成效。“两个置换”：一是通过产权转让“置换”企业的国有性质，让企业走向市场，成为真正的市场竞争主体；二是通过一次性经济补偿“置换”企业职工的全民身份，让职工走向市场。产权界定中以1984年“拨改贷”为界限是因为企业职工身份置换过程中，长沙市财政困难，难以解决职工的经济补偿。

在上述文件的推动下，长沙开启了国有企业改革，代表性企业是湖南友谊阿波罗公司，该公司用4年时间完成了产权改革、身份置换、管理变革的国企改革“三部曲”。

湖南友谊阿波罗公司从产权改革起步，通过引入外来投资者，公司股权结构出现新的变化，总股本为8000万股，其中，国有股2900万股，占比36.25%，职工股2600万股，占比32.5%，外来投资者1500万股，占比18.75%，经营者1000万股，占比12.5%，然而产权改革并没有起到提高企业经营者和职工积极性的作用。经过调研，公司发现原因在于职工的劳动关系没有随产权制度的变化而同时调整，能进不能出的僵化流动体制仍然存在，制约了产权制度改革积极作用的发挥。对此，友谊阿波罗公司通过身份置换成功地解决了这一问题，引进岗位危机感有效地提高了企业职工的工作积极性。

总体上，长沙国企改革中“两个置换”的改革模式对国有企业，特别是国有中小企业的改革具有开创性意义，虽然出现了一些波折，但总体上是成功的。这一改革模式经过不断总结和调整，逐步为全国其他地区所学习和借鉴，成为中小型国有企业改革的主要模式，从这个角度来看，长沙“两个置换”改革模式具有全局性重要意义。

案例8.3　长沙国企改革中的身份置换

湖南友谊阿波罗公司近半年的产权改革并没有触动企业职工，也没有能够调动职工的积极性，其根源在于没有真正打破企业的“大锅饭”，职工干多干少没有本质差别，因此必须下决心打掉留在职工心里的国有身份保护伞，对职工进行彻底的身份置换。2000年6月19日，友谊阿波罗公司拟定了《职工身份置换及机构改革方案》。三天之后的晚上7点半，公司召开了职工身份置换动员大会，3000多名职工情绪激昂。长沙市和企业领导从为什么需要进行身份置换讲起——“泥饭碗、瓷饭碗虽然不如国有企业的铁饭碗好，可毕竟碗里有东西”，承诺“决不因为年龄、身体等原因剥夺大家劳动的权利”。会议结束后，公司又紧锣密鼓地分类召开各种座谈会，并将收集上来的2000条意见进行梳理，分门别类拿出解决措施，最终形成了6类分流安置方案。一周后，企业职工顺利地解除了原来的劳动关系，并通过竞聘，签订了新的劳动合同。

身份置换后，职工的招聘和解聘就容易了。2001年，在公司严禁吃拿回扣的情况下，有一位22岁的女业务员还不收手。查实后，公司毫不客气地开除了她。在家润多超市，3个老员工串通好，推出几百元的东西，只交几十元钱，被门口盖章的保安发现了两三次，最后也毫不犹豫地把他们开除了。2007年，友谊阿波罗公司历经10年改革成功上市，公司得到了大发展，职工也得到了大实惠。2000年至2007年，企业销售收入和利润总额也得到大幅增长。

参考文献

［1］邓小平．加快四项基本原则教育，坚持改革开放政策［M］//邓小平文选：第三卷．北京：人民出版社，1993：202.

［2］高尚全．改革访谈［M］．北京：经济科学出版社，2008：91-115.

［3］郭克莎，胡家勇，等．中国所有制结构变化趋势和政策问题研究［M］．广州：广东经济出版社，2015：25-26.

［4］常修泽，等．所有制改革与创新：中国所有制结构改革40年［M］．广州：广东经济出版社，2018：59-69.

［5］吴晓波．激荡三十年：中国企业1978—2008［M］．北京：中信出版集团，2017：232-236.

［6］弗朗西斯·福山．历史的终结及最后的人［M］．北京：中国社会科学出版社，2003：代序1.

［7］刘国光，张卓元，董志凯，等．中国十个五年计划研究报告［M］．北京：人民出版社，2006：510-531.

［8］邓小平．在武昌、深圳、珠海、上海等地的谈话要点［M］//邓小平文选：第三卷．北京：人民出版社，1993：370-383.

［9］王梦奎．中国经济转轨二十年［M］．北京：外文出版社，1999：68.

［10］邵宁．国有企业改革实录（1998—2008）［M］．北京：经济科学出版社，2014：184-359.

［11］弗雷德里克·詹姆逊．论现实存在的马克思主义［G］//俞可平．全球化时代的马克思主义．北京：中央编译出版社，1998：80-81.

［12］常修泽，霍学文．论中国经济运行中的企业效率障碍［J］．经济学家，1990（2）：55-62.

［13］胡定核．从山东诸城模式解析国有中小企业改制［J］．金融研究，2001（3）：89-97.

［14］中国人民银行潍坊市中心支行课题组．控制权改革：企业改制与外部环境的动态研究："诸城模式"研究［J］．金融研究，2001（7）：36-45.

第三编

2002—2012年：中国经济融入世界经济体系，不同所有制经济混合发展

第九章　外资“引进来”，内资“走出去”

自2001年底加入世界贸易组织（WTO）以来，我国对外开放进入历史性新阶段，理论创新取得突破性进展。中国共产党第十六届全国代表大会明确提出“坚持‘引进来’和‘走出去’相结合，全面提高对外开放水平。适应经济全球化和加入世贸组织的新形势，在更大范围、更宽领域和更高层次上参与国际经济技术合作和竞争，充分利用国际国内两个市场，优化资源配置，拓宽发展空间，以开放促改革促发展”。中国共产党第十七届全国代表大会的报告中继续明确要“坚持对外开放的基本国策，把‘引进来’和‘走出去’更好地结合起来，扩大开放领域，优化开放结构，提高开放质量，完善内外联动、互利共赢、安全高效的开放性经济体系，形成经济全球化条件下与国际经济合作和竞争新优势”。

第一节　外资“引进来”

为适应市场经济的需要和入世面临的机遇和挑战，党的十六大报告中提出要“进一步吸引外商直接投资，提高利用外资的质量和水平。逐步推进服务领域开放，通过多种方式利用中长期国外投资，把利用外资与国内经济结构调整、国有企业改造结合起来”，同时“改善投资环境，对外商投资实行国民待遇，提高法律和政策的透明度”。中共十六届三中全会继续对所有制理论进行了创新和完善，其中指出要“抓住新一轮全球生产要素优化重组和产业转移的重大机遇，扩大利用外资规模，提高利用外资水平”，此外还应“着力吸引跨国公司把高技术水平、更大增值含量的加工制造环节和研发机构转移到我国，引导加工贸易转型升级”，并“进一步改善投资环境，拓宽投资领域，吸引外资向有条件的地区和符合国家产业政策的领域扩展，力争再形成若干外资密集、内外结合、带动力强的经济增长带”。党的十七大报告中继续对利用外资的方式做了补充，报告强调要“创新利用外资方式，优化利用外资结构，发挥利用外资在推动自主创新、产业升级、区域协调发展等方面的积极作用”。

一、鼓励外商来华投资

（一）改善外商投资环境

自加入WTO之后，按照WTO的要求，我国进一步深化经济体制改革，对外开放也向更多领域和更深层次拓展。

1. 法律法规逐步和WTO接轨

入世之前，我国的管理外资企业的相关法律中很多条款与WTO宗旨相矛盾，如旧版《中华人民共和国中外合资经营企业法》第9条规定，外商投资企业的所需设备、原材料、燃料、配套件等物资应当尽量先在中国购买，这就违反了WTO协议中不应设置当地成分要求的规定。因此为与WTO规则相符，我国相继颁布了新的《中华人民共和国中外合作经营企业法》《中华人民共和国外资企业法》和《中华人民共和国中外合资经营企业法》，消除了过去法律中对当地含量、贸易平衡和国内销售等要求，以及用汇的限制。这三部法律及其实施细则成为入世后外资“绿地投资”等主要参照规范。此外，在外资并购方面，2003年4月12日，对外贸易经济合作部联合国家税务总局、国家工商行政管理总局、国家外汇管理局共同颁布《外国投资者并购境内企业暂行规定》，对有并购国内企业的外国投资者的权利和义务做了明确要求。2006年和2008年，对该暂行规定进行了两次修订，最终形成新的《关于外国投资者并购境内企业的规定》，成为外资并购的基本参照规章。

2. 大幅降低关税

根据WTO的关税减让原则，WTO成员方在关税方面有两项义务：一是非歧视地征收关税；二是要求成员国降低并约束关税。入世之后的十年间，中国大幅减低关税，且所有关税都被约束，税率始终处于或接近约束水平。中国的关税总水平在1992年时为42.7%，入世后下降到2002年的15.3%，之后又下降到2005年的10%，继而至2010年的9.8%。农产品基础税率入世之前为54%，2002年下降至18.5%，2003年和2005年分别为16.8%和15.3%，2010年又下降到14.3%。工业品平均税率则由2002年的11.7%下降至2005年的9.5%和2010年的8.9%。其中，一些具体行业关税大幅削减，如汽车工业在加入WTO之前关税为80%～100%，2002年底即为43.8%，2006年又进一步削减到25%。

3. 对外资企业放宽行业准入限制

在入世之前，我国对外资企业的管理一直参照1990年颁布的《中华人民共和国外资企业法实施细则》，其中明确规定外资企业禁止涉足新闻、广播、电视、出版、国内商业、对外贸易、保险、邮电通信等行业，同时对房地产、信托、交通运输等行业国外企业的参与也加以严格限制。入世之后，我国多次调整《外商投资产业指导目录》，逐渐减少限制类和禁止类项目的比重，不断调整和优化鼓励类项目。2002年，《中华人民共和国外资金融机构管理条例》开始实施，该条例的出台不仅放开了外资银行的市场准入，使国外银行有条件进入中国市场设立分行，还放宽了外资银行的业务准入，使外资银行得以发挥其竞争优势，与国内银行进行公平竞争。由此，我国对内、外资金融机构的管理政策逐步趋于一致。同年，《中华人民共和国外资保险公司管理条例》颁布，逐步取消了对外资保险公司的限制，并根据《中华人民共和国保险法》的规定统一内、外资保险公司的待遇。11月，《合格境外机构投资者境内证券投资管理暂行办法》颁布，扫除了外资进入国内证券市场的障碍。国内商业领域，对外资的开放采取分阶段方式。在试点阶段，仅允许中外合资的零售企业，不允许设立外商独资的零售企业和中外合资的批发企业。在取得了一定的经验之后，我国开始逐步把外商投资零售企业的试点范围从沿海城市扩大到内地。2004年，商务部颁发了《外商投资商业领域管理办法》，承认外商投资商业领域合法性的同时，对外商的投资行为进行了规定，避免了商业活动的无序竞争。2001年，信息产业部颁布《外商投资电信企业管理规定》，电信服务业正式对外资开放。虽然进入电信业务的外资非常有限，建立合资企业模式难以推进，但根据中国与美国及欧盟关于中国加入WTO的双边协议规定，外商在中国基础电信业务运营公司中占有的股权比率是按阶段由25%的低比率向49%的高比率逐步放开的。

（二）“国民待遇”和“超国民待遇”

国民待遇是WTO的重要原则，按照WTO相关规定，我国调整了对外商投资企业的有关政策，对外商投资企业开始实行国民待遇。针对外资企业的国民待遇具体体现在其可拥有与国内企业平等的地位以及公平的竞争机会。中国将对外商投资企业在税收、销售、运输、购买、分配和经营等方面和各个环节给予本国同类企业相同的待遇。非歧视下的平等待遇和公平竞争，为外商投资企业的进入创造了有利条件。

实际上，我国入世之初对于外商投资企业，不仅给予了基本的“国民待遇”，还在一些方面提供了条件优越的“超国民待遇”，尤其是对经济特区、经济技术开发区内的外商投资企业，从税收、土地、投资以及收费政策等方面都给予了极大的优惠。

在税费方面，内资企业的所得税率均为33%，但外商投资企业的所得税率根据设立地区的不同以及企业性质和所属行业的差异，可按照30%、24%（设在沿海经济开放区和经济技术开发区的生产性外商投资企业）、15%（技术密集型、知识密集型项目，或外商投资在3000万美元以上，或属于能源、交通、港口建设的项目），甚至更低的税率征收。对于开发区内生产型外商投资企业，经营期在10年以上的，企业所得税实行“二免三减半”的优惠，即自获利年度起，两年免征，三年减半征收。对新办外商企业投资额在1000万美元以上且经营期在15年以上的，或高新技术企业投资额在500万美元以上的，自获利年度起，头两年免征收企业所得税。外商投资企业经营期在10年以上，当年所缴纳营业税在5万美元以上，自生产经营之日起，前两年由开发区财政补贴该企业当年度实际缴纳的营业税开发区实际留成部分的50%，第三年起补贴30%，直至企业收回投资。就地方税而言，各地区基本上对外资免征收地方所得税。

土地使用优惠方面，首先，外商投资企业受让土地使用权，在统一价格的基础上，根据项目的投资规模、科技含量、税收预期等，可实行弹性地价。其次，投资额在1000万美元以上的外商投资企业可向所在地申请租用短期使用权，租用费每年仅为600～1000元/亩。再次，如外商投资建设和交通基础设施项目，同等条件下优先受让基础设施沿线的土地使用权进行开发经营，并享受优惠。此外，外商以合作形式投资到公共基础设施建设项目的资金，可以得到同等金额的土地使用权作为补偿，土地价还可按现行地价减免15%。

投资优惠方面，首先，外国投资者从外商投资企业取得的利润，免征收所得税。其次，部分利息所得，如国际金融组织贷款给中国政府和中国国家银行的利息和外国银行按照优惠利率贷款给中国国家银行的利息免征收所得税。最后，为科学研究、能源开发、开展交通事业、农林牧业生产以及开发重要技术提供专用技术所取得的特许权使用费，可按减10%的税率征收所得税，其中技术先进或者条件优惠的可以免征所得税。

收费政策方面，凡新办生产性项目的外资企业，供水增容费按规定收费标准减收50%。自设专用供水管道的，免收供水增容费。实行单回路供电的外商投资企业，免收供电贴费。

此外，在生产经营的自主权方面，外商投资企业也享有优于内资企业的优惠条件。当时政策规定，外资企业享有生产、采购、销售、人事、资金等各方面的经营自主管理权，尤其是凡外商企业均享有进出口经营权，就与少数拥有进出口经营权的内资企业形成了鲜明的对比。

"超国民待遇"原则上与WTO倡导的"国民待遇"相违背，因此2007年起，上述外商投资企业的优惠政策被逐步取消。尽管"超国民待遇"带来了诸如内外资企业不公平竞争导致差距进一步扩大、不法商人为享受优惠政策弄虚作假致使国有财产流失、地区政策不一导致东西部差距扩大等弊端，但不可否认，上述对外商投资企业的优惠政策，对当时历史背景下的外资引进起到了积极的促进作用。加入WTO初始的几年内，在"国民待遇"和"超国民待遇"的共同作用下，外资的引进出现一个前所未有的高潮期。

二、新机遇下外资企业在中国的发展

（一）外商投资规模迅速扩大

我国与全球经济之间的产品和要素流动壁垒随着加入WTO而逐步减轻，

更多的外资企业选择在这一时期进入中国市场，享受入世带来的红利。

2001年，我国外商投资企业数量为26140家。之后短短4年中，在加入WTO的大背景和各种鼓励措施的作用下，到2005年中国拥有外商投资企业44019家。2002—2008年，我国实际利用的外资金额由527.43亿美元迅速增长到1083.12亿美元，年均增长率高达12.7%。虽然2008年全球性的金融危机对外商投资造成了一定影响，但加入WTO后的十年中，外商投资规模总体上呈平稳增长的态势。如表9-1所示，2012年，我国实际利用外资金额达到1210.73亿美元，我国已成为发展中国家中第一大外商直接投资目的地和全球第二大外商直接投资目的地。

表9-1　2001—2012年外商投资企业数量及实际利用外资金额

年度	企业数	实际利用外资金额 / 亿美元
2001	26140	468.78
2002	34171	527.43
2003	41081	535.05
2004	43664	606.30
2005	44019	724.06
2006	41496	727.15
2007	37892	835.21
2008	27537	1083.12
2009	23442	940.65
2010	27420	1147.34
2011	27717	1239.85
2012	24934	1210.73

资料来源：《中国外资统计2016》。

（二）外商投资对我国经济增长的促进作用显著提升

随着外商在华投资规模的持续增长，外资企业对我国经济增长的促进作用也有了显著增强。

加入WTO以后，我国进出口贸易持续大幅增长，其中最为明显的就是外商投资企业的进出口变化。如表9–2所示，2002年，我国外商投资企业进出口总额为3302.08亿元人民币，之后逐年递增，截至2012年，该金额已增长至18939.98亿元人民币，十年间增长了4.7倍。其间，外商投资企业创造的进出口贸易价值几乎保持在全国进出口总值的50%～60%之间，成为促进进出口贸易增长的主要力量。

表9–2　2002—2012年外商投资企业进出口总额及占比

年度	外商投资企业进出口总额 / 亿元人民币	进出口总金额 / 亿元人民币	占比 / %
2002	3302.08	—	—
2003	4722.52	—	—
2004	6631.76	—	—
2005	8317.22	14219.10	58.49
2006	10364.44	17604.40	58.87
2007	12549.27	21765.70	57.66
2008	14105.75	25632.55	55.03
2009	12174.37	22075.35	55.15
2010	16003.06	29739.98	53.81
2011	18601.55	36418.60	51.08
2012	18939.98	38671.19	48.98

资料来源：Wind数据库。

在固定资产投资方面，2002年我国外资企业固定资产投资金额为1685.43亿元人民币，2012年增长为10547.13亿元人民币，增长了5.26倍。从占比来看，2002年外资企业固定资产投资额占全社会固定资产投资总额的3.87%，2002—2007年比重持续提升，最高时占比5.56%（见表9–3）。2008年后，虽受国际金融危机影响占比有所下降，但相比入世以前，外资企业在投资领域的贡献也有了明显的增加。

表9-3 2002—2012年外商投资企业固定资产投资金额及占比

年度	外资企业固定资产投资额 / 亿元人民币	全社会固定资产投资额 / 亿元人民币	占比 / %
2002	1685.43	43499.90	3.87
2003	2533.71	55566.60	4.56
2004	3854.02	70477.40	5.47
2005	4657.06	88773.60	5.25
2006	6113.12	109998.20	5.56
2007	7355.39	137323.90	5.36
2008	8450.80	172828.40	4.89
2009	8396.00	224598.80	3.74
2010	8912.37	251683.77	3.54
2011	9285.88	311485.13	2.98
2012	10547.13	374694.74	2.81

资料来源：Wind数据库。

入世之后，大幅增长的在华外资企业和涉外商贸活动创造出更多的税收收入。我国涉外税收收入从2002年的3487.00亿元人民币增长至2012年的21768.81亿元人民币，体量增加了5倍以上。其间，涉外税收收入占全国税收总收入的比重也一直维持在20%左右，保障了我国总体税收的平稳增长。

表9-4 2002—2012年外商投资企业税收金额及占比

年度	全国税收收入 / 亿元人民币	涉外税收收入 / 亿元人民币	占比 / %
2002	16932.18	3487.00	20.59
2003	19094.18	4268.00	22.35
2004	23121.91	5355.00	23.16
2005	27712.37	6391.34	23.06
2006	33662.57	7976.94	23.70
2007	44189.40	9972.60	22.57
2008	52453.84	12118.93	23.10
2009	58037.78	13615.22	23.46

（续表）

年度	全国税收收入 / 亿元人民币	涉外税收收入 / 亿元人民币	占比 / %
2010	71182.96	16389.91	23.03
2011	87179.27	19638.10	22.53
2012	97830.35	21768.81	22.25

资料来源：《中国外资统计2016》。

从工业销售产值来看，2003年我国外商投资企业工业销售产值为26508.16亿元人民币，2008年该规模增长至96368.95亿元人民币，占全国工业销售总产值的20%左右（见表9-5）。

表9-5　2003—2008年外商投资企业工业销售产值及占比

年度	外商投资企业工业销售产值 / 亿元人民币	全国企业工业销售产值 / 亿元人民币	占比 / %
2003	26508.16	139453.22	19.00
2005	50731.58	246946.37	20.54
2006	65223.40	310828.58	20.98
2007	83683.44	397626.73	21.05
2008	96368.95	494733.65	19.48

资料来源：《中国外资统计2016》。

（三）外商投资涌向更多领域

按照WTO要求，我国从2002年起逐步放宽外商投资行业准入限制，外资企业得以进入我国更多行业和领域。

从表9-6的数据中可以看出，多个领域的FDI流入在我国入世之后出现了明显的变化。其中，农、林、牧、渔业的FDI流入从2002年的10.28亿美元增长至2012年的20.62亿美元，其间虽有波动，但总体上有了明显提升。

金融业方面，入世之前我国对外资向金融领域流入的把控十分严格，加入WTO之后，开始逐步放开该领域的准入限制，尤其是国际金融危机之后，大量外资涌入我国金融业。2007年到2012年的短短5年间，金融领域的FDI流入从2.57亿美元增长至21.19亿美元，近9倍的增量也反映出我国金融业高水平的对外开放程度。

交通运输、仓储和邮政业作为推动我国经济发展的另一重要领域，在加入WTO之后也开始加大外资的引进力度。入世之初，该领域的外商直接投资金额不足10亿美元，随着准入限制的不断放宽，截至2012年已有34.74亿美元的外资选择投资该领域。

值得重点关注的是批发和零售领域的外资增长。2002年该领域FDI流入仅为9.33亿美元，之后的十年中，以平均每年高于26%的增长率迅速增加。2012年全国批发和零售业的外商直接投资规模已高达94.62亿美元。其间，即便2008年全球金融危机爆发，全球FDI出现增长乏力迹象，也仍未影响外商企业对我国批发和零售领域的投资热情，2008年该领域外商直接投资年增长率仍维持在20%以上。根据上海市统计数据显示，2008年11月上海批发和零售业引进外资项目达192项，占全市项目总数的45.8%。1月至11月，该市批发和零售业累计完成利用外资合同项目1681项，同比增长7.8%，占全市合同项目总数的47.7%。批发和零售业利用外资规模已占据上海引进外资总规模的半壁江山。作为国际贸易中心和国际化的“消费购物天堂”，上海这一数据也体现出该时期外商投资对批发和零售业的青睐以及该领域发展前景的重视。

另外，从表9-6和图9-1中可以清晰地看到，有些行业在我国加入WTO之前是严禁海外资本进入的。但随着我国被批准成为世贸成员，积极落实WTO要求和规定，这些领域开始逐步向外商投资放开，并在入世后的十年中取得了显著增长。这些行业主要集中在服务领域，如文体娱乐业、计算机信息产业、租赁和商务服务业以及住宿和餐饮业等。其中外商直接投资增长最快且体量最大的是租赁和商务服务业，2004年该领域首次对外资放开，第一年就吸纳了28.24亿美元的海外投资，此后的近十年中，涌入该行业的外商投资以每年高于14%的增长率迅速增加。2012年，当年投入租赁和商务服务业的外资已超过80亿美元，成为我国引入外商直接投资比例最高的领域之一。除此之外，信息传输、计算机服务和软件业的FDI流入在该领域的准入限制逐步放开后也有着不俗的表现。2004年9.16亿美元的外商直接投资随着我国政策的调整涌入该领域，2012年，投资规模增长至33.58亿美元。持续增长的外商投资有效推动了我国高新技术产业的快速发展。

表9-6　2002—2012年我国部分行业外商直接投资情况

（单位：亿美元）

年度	农、林牧、渔业	金融业	交通运输、仓储和邮政业	批发和零售业	文化、体育和娱乐业	信息传输、计算机服务和软件业	租赁和商务服务业	住宿和餐饮业
2002	10.28	1.10	9.13	9.33	—	—	—	—
2003	10.01	2.32	8.67	11.16	—	—	—	—
2004	11.14	2.52	12.73	7.40	4.48	9.16	28.24	8.44
2005	7.18	2.20	18.12	10.39	3.05	10.15	37.45	5.63
2006	5.99	2.94	19.85	17.89	2.41	10.70	42.23	8.28
2007	9.24	2.57	20.07	26.77	4.51	14.85	40.19	10.42
2008	11.91	5.73	28.51	44.33	2.58	27.75	50.59	9.39
2009	14.29	4.56	25.27	53.90	3.18	22.47	60.78	8.44
2010	19.12	11.23	22.44	65.96	4.36	24.87	71.30	9.35
2011	20.09	19.10	31.91	84.25	6.35	26.99	83.82	8.43
2012	20.62	21.19	34.74	94.62	5.37	33.58	82.11	7.02

资料来源：历年《中国统计年鉴》。

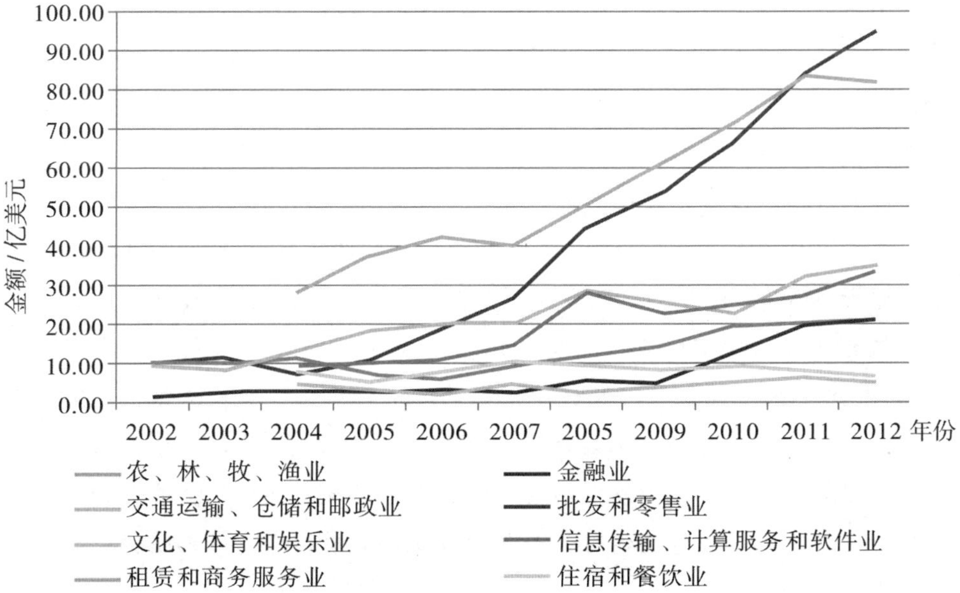

图9-1　2002—2012年我国部分行业FDI流入规模及增速情况

资料来源：历年《中国统计年鉴》。

案例：逐步取消外资银行进入中国的限制

加入WTO之前，外资银行在我国的投资已有了初步发展。截至2001年，外资银行已在我国设立了177家营业性机构，但按照当时的国内政策，外资银行在业务、地域以及客户方面有着诸多限制。

加入WTO后，根据有关协议，我国开始逐步取消对外资银行的限制，外资银行在中国的投资迎来了快速发展阶段。根据我国针对银行业的有关承诺，自加入WTO之日起，取消外资银行办理外汇业务的地域和客户限制，允许外资银行对中资企业和中国居民办理外汇业务。同时，将上海、深圳、天津和大连作为第一批试点城市，开放人民币业务。加入WTO的一年内，开放广州、珠海、青岛、南京和武汉等五个城市的人民币业务；两年内开放济南、福州、成都和重庆的人民币业务并允许外资银行对中国企业办理人民币业务；三年内开放昆明、北京和厦门的人民币业务；四年内开放汕头、宁波、沈阳和西安的人民币业务；加入后的五年内，取消所有地域限制，允许外资银行具有完全的市场准入，允许外资银行对所有中国客户提供服务，允许外资银行设立同城营业网点，审批条件与中资银行相同。截至2006年9月，20多个国家和地区的69家外资银行在中国设立了232家营业性机构，资产总额达到6000多亿元人民币，占我国银行业金融机构资产总额的2%左右[①]。2006年，随着《中华人民共和国外资银行管理条例》及其实施细则的正式实施，我国有关外资进入银行业的承诺彻底履行，外资银行有了完全的市场准入并享受国民待遇，外资银行在中国的投资进入全面发展阶段。

外资进入中国银行领域主要采用的是参股的方式。2002年前后，多家外资银行入股国内商业银行，如汇丰银行收购上海银行8%的股份、加拿大丰业银行认购西安市商业银行股权的12.4%以及国际金融公司认购南京市商业银行15%的股权等。2003年，中国银监会明确提出鼓励外资银行参股国内银行，并在《境外金融机构投资入股中资金融机构管理办法》中指出“单个境外金融机构向中资金融机构投资入股比例不得超过20%”。尽管如此，外资银行在入股国内银行后仍可采取其他方式加大对该银行的影响力。如2006

①李献兵：《外资银行在华投资历程、特点及其发展趋势》，《统计与决策》2008年第16期。

年11月，包括花旗银行在内的投资团队成功收购广东发展银行超过85%的股份，其中花旗银行控股20%。其他收购股份中，中国人寿和国家电网各控股20%，IBM持股5%左右，虽然花旗银行和中国人寿、国家电网三家持有相同比例的股权，但从经营角度看，花旗银行已经拥有了广东发展银行的绝对控制权①。

外商投资进入中国开放性领域，最直接的方式就是收购、持股中国本土企业。钢铁领域，2005年1月，印度钢铁巨头米塔尔集团与中国湖南华菱钢铁集团签订了《股份转让合同》，以3.14亿美元现金收购华菱集团下属的上市公司华菱管线37.17%的股份；次年2月，全球第二钢铁巨头阿塞洛以2.236亿美元收购山东莱钢38.4%的股份。食品领域，2002年6月，摩根士丹利等三家外资机构与蒙牛签署了投资意向并获得蒙牛集团32%的股份；2004年，世界最大的啤酒企业AB收购哈尔滨啤酒，控制了该企业99.66%的股权。之后又斥资1.82亿美元收购了青岛啤酒27%的股份，成为第二大股东；2006年4月，美国高盛集团以20.1亿元人民币中标双汇股权拍卖，获得双汇集团100%股权。零售业领域，2006年，美国最大电子产品连锁企业Best Buy以1.8亿美元收购中国第四大电器和电子消费品零售商江苏五星电器的多数股权。此外，飞利浦买断“孔雀”电视，西门子收购“扬子”冰箱，柯达收购国内胶卷行业领军企业乐凯集团20%股份。中国一些昔日的龙头企业开始随着我国市场准入的放开逐步被外资企业掌控。

三、外商对华投资的发展趋势

（一）外商直接投资规模增速由快转慢

2008年是我国外商直接投资的关键性一年，从这年起，我国在吸引外资上出现了新的变化。2008年之前是我国外商投资的快速增长阶段，从加入WTO到2008年的六年中，我国FDI流入规模持续快速增长。从图9-2中可以看

①李献兵：《外资银行在华投资历程、特点及其发展趋势》，《统计与决策》2008年第16期。

出，2002—2008年我国FDI流入规模增长将近一倍，尤其是2006—2008年之间年平均增速更是超过20%。2008年，国际金融危机的爆发给我国FDI流入带来不小的冲击。受其影响，2009年我国FDI流入规模较2008年出现明显下降，虽然在2010年出现反弹，整体规模继续增加且突破1000亿美元大关，但其增长速度趋于放缓，无法超过2008年前的水平。2009年和2012年甚至出现两次FDI流入的负增长，增速分别为-2.56%和-3.7%。

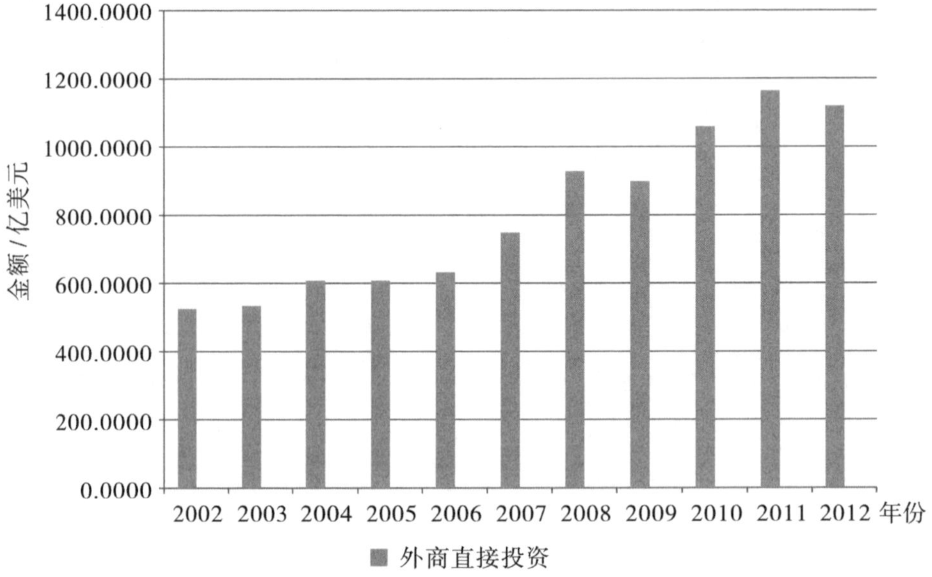

图9-2　2002—2012年我国FDI流入整体情况

分析我国FDI流入规模增长以2008年为分界线产生变化的原因，首先，是受到了全球FDI整体增长乏力的影响。国际金融危机爆发之后，全球直接投资流量大幅下降，之后虽在波动中出现恢复性增长，但一直未达到危机前的最高水平。2012年全球FDI流量恢复至1.57万亿美元，仍低于2007年3万多亿美元。其次，各国日趋激烈的招商引资也分流了部分流向我国的FDI。在国际金融危机爆发后全球直接投资流量大幅下降的背景下，各国为促进本国经济的快速复苏，纷纷出台促进投资自由化和便利化的相关政策，加快签订各类投资协定，以增强对外商投资的吸引力，这也导致原本瞄准我国市场的海外投资受多方因素的影响选择投向其他国家市场。再次，虽然我国在放宽市场准入、改善营商环境方面取得了很大的进步，但事实上仍然存在不少问题，有待改进。一方面，部分行业开放水平仍存在不足，诸如教育、医疗、金融、文化体育等领域仍有很大开放空间；另一方面，虽然部分领域已经不存在准入限制，但具体到各项业务时仍会出现需要主管部门核准、审批时间过长、办理环节偏多等现象，一定程度上影响了外商投资的积极性。

（二）外商投资逐步向服务业领域转移

加入WTO之前，受产业基础、营商环境、政策引导等多方面因素影响，制造业一直是中国吸引外资的主导性产业。从表9-7可以看出，2001年之前外商在制造业领域的投资额逐年递增，且超过一半以上的外商投资都集中在这个领域。

表9-7　1997—2001年我国制造业外商投资总额及占比

年份	外商投资总额／亿美元	外商在制造业投资额／亿美元	制造业外商投资占比／%
1997	7534.90	3980.39	52.83
1998	7742.29	4103.08	53.00
1999	7785.71	4102.91	52.70
2000	8246.77	4536.32	55.01
2001	8750.11	4913.22	56.15

资料来源：历年《中国统计年鉴》。

加入WTO后，我国开始有意识地对外商投资企业的产业结构进行调整优化，积极引导外资从我国已经具备较高生产能力和存在过剩产能的制造业领域转向服务业领域。为适应国民经济结构战略性调整，国务院多次修订《外商投资产业指导目录》，商务部也于2004年颁布《外商投资商业领域管理办法》，鼓励外资向商业、电信、运输、教育等现代服务业投资，彻底清除了我国服务贸易对外开放的政策限制，致使大量外资涌入我国服务行业。如图9-3所示，外商在我国服务业领域的投资金额由2004年的1482416万美元增长至2008年的3794818万美元，短短四年中增长了近三倍，年增长率远超制造业，可见服务业已经逐步取代制造业，成为这一时期吸引外商投资的新热点。

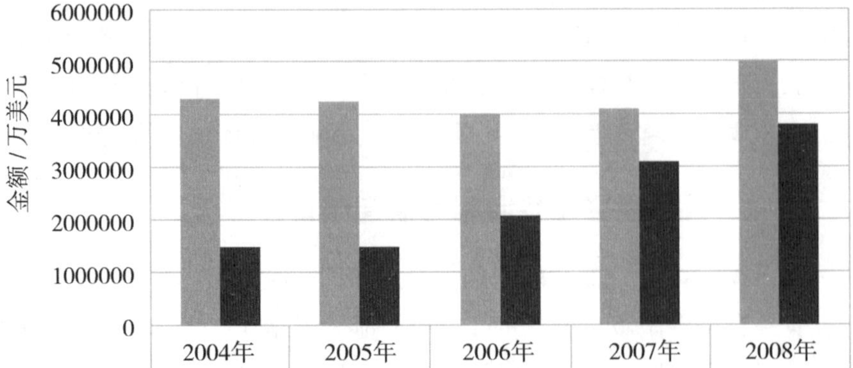

	2004年	2005年	2006年	2007年	2008年
制造业 / 万美元	4301724	4245291	4007671	4086482	4989483
服务业 / 万美元	1482416	1491400	2060257	3098277	3794818

图9-3　2004—2008年我国制造业和服务业外商投资金额①

加入WTO之后，我国服务业吸收外商投资的占比明显提高。究其原因，一方面因为随着世界经济的发展，在全世界范围内服务业已逐渐取代制造业成为众多国家，尤其是发达国家的支柱产业。《2004 年世界投资报告》中数据显示，2001—2002 年间，全世界服务业的FDI 流入占总量的三分之二，约5000 亿美元。2006年，全球服务业增加值占全球GDP 增加值的比重已突破70%，即便是中低收入国家，其服务业增加值占GDP的比重也达到43%②。中国服务业领域开放程度的加大，迎合了发达国家服务业企业向外拓展、追求更大市场份额和发展空间的需求，该领域自然成为外资争夺的又一热点。另一方面，中国自加入WTO以来，积极履行入市时有关对外资开放服务业新领域的承诺，加快开放脚步，切实推进服务贸易自由化和便利化。参照《服务贸易具体承诺减让表》规定，中国对商业性服务、金融服务、通信服务、建筑与相关工程服务、教育服务、运输服务等11个部门、100多个门类做出全面而广泛的开放，服务业成为中国加入WTO后最大的开放领域。此外，全球

①金晓宸：《外商投资领域转移与我国服务业利用外资问题分析》，《商业时代》2011年第10期。

②金晓宸：《外商投资领域转移与我国服务业利用外资问题分析》，《商业时代》2011年第10期。

服务外包的兴起也加速了中国服务业对外商投资的吸收。面对新一轮国际产业转移，中国凭借其丰富的人才储备、优质廉价的劳动力、雄厚的制造业基础以及高质量的基础设施成为承接服务外包最具竞争力的新兴市场，跨国公司纷纷将外包服务和资金投入中国市场。

服务业对外商投资的快速吸收，导致外资在我国第三产业中所占比重逐步加大。2002年，外资在我国第三产业的投资占比仅为23.30%，2011年，这一数字增长至50.20%，增加了26.9个百分点。相对应的，外商投资在第二产业所占比重逐年下降，2002年，该比重为74.80%，2011年下降至48.10%，减

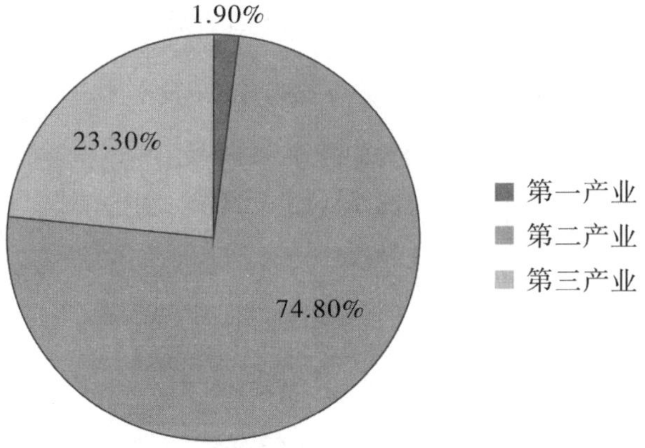

图9-4　2002年外商投资在不同产业的占比

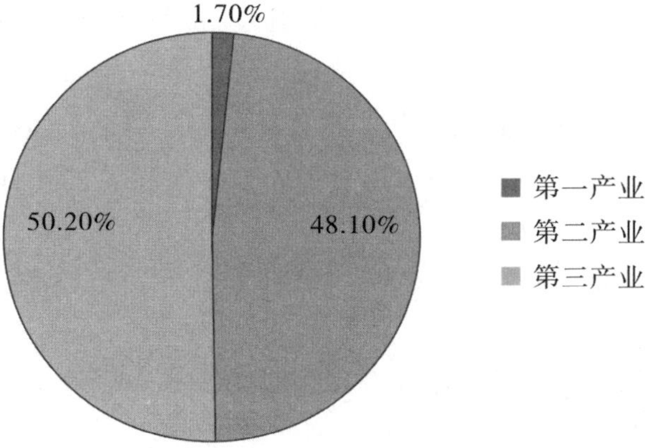

图9-5　2011年外商投资在不同产业的占比

少了26.7个百分点[①]（见图9–4及图9–5）。

在外资向电信、银行、保险、证券、旅游、商贸、运输以及各种专业服务转移的过程中，几个领域在利用外资中的地位引人注目。一是金融业，除外资银行在我国开展业务范围明显拓宽、在部分区域成为外资企业的主要融资渠道外，我国国有银行也相继引入境外战略投资，这对改善我国银行资产负债状况、提升银行业金融业务发展水平等发挥了十分重要的作用。二是商贸业，我国加入WTO之后，商贸行业的开放程度大幅提高，沃尔玛、乐天等国际大型商贸巨头迅速进入我国，这对提升我国内地商业服务水平发挥了重要作用。三是房地产业，随着我国城镇化进程的加速，我国对商业地产和住宅的需求量比以往大幅增加，房地产业一度成为我国利用外资的热点行业。

（三）外商投资目标及形式趋于多样化

随着中国市场化改革逐渐深入，外商对国内的投资目标及投资形式也在发生变化。投资对象不再仅限于单一项目和加工贸易，主要投资模式也从简单的投资建厂向产权交易方向转变。

加入WTO前，外商在中国的投资往往聚焦单个生产性项目，随着制造业及上下游相关产业的进一步开放，外商有意识地围绕前期投资项目，将资金投向相关配套产业，力求产业链条的完整。如摩托罗拉在天津的大规模投资，带动了其战略合作伙伴花旗银行和美国联邦物流在中国设立分支机构、开展中国业务，从而更好地为摩托罗拉提供服务。此外，跨国公司在中国的投资开始由追求资源转向追求市场，单一的加工贸易模式逐步被“生产基地+销售市场”模式取代，越来越多的外资企业选择在中国建立总部及研发中心，松下、诺基亚、微软等企业纷纷将总部和科研机构迁往中国[②]。

投资形式方面，以往跨国企业采取的直接在华投资新建独资或合资企业

①常修泽：《所有制改革与创新：中国所有制结构改革40年》，广东经济出版社，2018年，第75–77页。

②彭继民、史月英：《我国加入WTO后外商直接投资的变化特点及趋势分析》，《经济研究参考》2005年第32期。

的“绿地投资”模式不再作为主流，随着产权交易市场的发展和完善，并购国内企业的“褐地投资”模式日益成为外资进入中国的重要方式[①]。

2003年，对外贸易经济合作部联合国家税务总局、国家外汇管理局以及国家工商行政管理总局共同出台首部外资并购法规即《国外投资者并购境内企业暂行规定》，其中指出允许外国投资者协议购买境内公司股东的股权或认购境内公司增资，使该境内公司变更设立为外商投资企业（即“股权并购”）。另外，外国投资者还可设立外商投资企业，通过该企业协议购买境内企业资产且运营该资产，或外国投资者协议购买境内企业资产，并以该资产投资设立外商投资企业运营该资产（即“资产并购”）。2006年《关于国外投资者并购境内企业的规定》正式生效，最终明确外资利用股权的方式并购境内企业的有效性。伴随政策法律层面的调整，大批国内企业被跨国公司通过入股、收购以及资产互换的方式并购。

（四）外商投资以东部沿海地区为“主战场”并逐步向中西部转移

加入WTO的开始阶段，长三角地区和珠三角地区依托其在基础设施、营商环境以及产业配套等方面的综合优势，依然是外商投资的热点和首选地区。辽东半岛、胶东半岛、福建沿海、京津冀等地区依托有利的地理位置等独特优势，利用外资规模始终保持持续稳定增长的态势。

随着中西部地区基础设施和营商环境的不断改善以及东部地区市场竞争的日趋激烈和生产要素成本的不断提高，外商投资企业开始向中西部拓展。中西部地区利用外商投资的规模不断升高，部分地区的个别年份甚至超过100%。转入中西部地区的外商投资主要有两类：一类是承接东部地区外向型产业转移，如重庆、云南、广西等地形成的加工贸易梯度转移承接地；另一类是面向中西部本地市场的生产加工基地。

①常修泽：《所有制改革与创新：中国所有制结构改革40年》，广东经济出版社，2018年，第75-77页。

第二节　内资“走出去”

加入世贸组织为中国企业“走出去”提供了更广阔的国际舞台，主要体现在对外贸易政策的改变和对外投资的不断加强。党的十六大报告指出，“实施‘走出去’战略是对外开放新阶段的重大举措，鼓励有比较优势的各种所有制企业对外投资，带动商品和劳务出口，形成一批有实力的跨国企业和著名品牌”，同时“深化外经贸体制改革，推进外贸主体多元化，完善有关税收制度和贸易融资机制”。中共十六届三中全会提出“继续实施‘走出去’战略，完善对外投资服务体系，赋予企业更大的境外经营管理自主权，健全境外投资企业的监管机制，促进我国跨国公司的发展。积极参与和推动区域经济合作”，此外还强调要“形成稳定、透明的涉外经济管理体制、创造平等和可预见的法制环境，确保各类企业在对外经济贸易活动中的自主权和平等地位”。党的十七大报告中还指出需要“创新对外投资合作方式，支持企业在研发、生产、销售等方面开展国际化经营，加快培育我国的跨国公司和国际知名品牌”。

一、从“审批制”到“登记制”，放宽私营企业对外贸易的限制

为适应市场经济的发展要求，同时履行入世承诺，我国在入世后逐渐放宽了对企业外贸经营权的限制。

20世纪80年代至90年代初期，我国外贸经营权限制在省、市级外贸公司手中。每家外贸单位都有个“行政级别”，也就是“央级、副省级、处级、科级，直至股级”。只有央企、省、市级外贸公司才有权从事“进出口业务”。也就是说，“处级”以上单位才拥有外贸经营权，下级单位（县级以下的外贸单位）只能“组织货源、从事生产”，而不能直接经营外贸业务。因此，企业如要进行外贸经营活动，必须要依附于“上级单位”，这极大影响了企业的外贸活力和效率，远远无法满足企业的外贸诉求。

为适应市场经济的发展需要，我国开始逐步进行贸易体制改革。首先尝试性地在经济特区放开进出口经营权，1996年3月5日，国务院对外经贸部（2003年与国家经济贸易委员会内负责贸易的部门合并成中华人民共和国商务部）对《关于对特区外贸公司的审批实行总量控制有关问题的请示》进行批复，同意将经济特区作为逐步放开企业进出口经营权试点地区的意见，决定从1996年起，允许海南、深圳、珠海、汕头、厦门五个经济特区的企业申请进出口经营权。经济特区内的生产企业在向当地外经贸部门申请登记并经核准后，即具有出口自产产品和进口生产所需的机械设备、原辅材料的进出口经营权，可按规定到海关、商检、外汇、工商、税务等管理部门办理有关手续。1998年我国外经贸管理体制改革进一步深入，对全国范围内重点领域的千户国有企业实行了进出口经营权登记备案制，并从1999年1月起将进出口经营权登记备案制扩大到全国6800多家大型国有工业企业。

尽管此时获得外贸经营权的企业数量大幅增长，但这些企业均属国有、集体的生产企业，私营企业仍然无法取得自营进出口的权利，私营企业的外贸限制成了影响我国外贸增长的主要瓶颈。1998年10月国务院批准了《关于赋予私营生产企业和科研院所自营进出口权的暂行规定》。规定明确指出，为保持和引导非公有制经济健康发展，积极推动私营生产企业或科研院所参与国际竞争，在当地工商行政管理机关依法登记注册且注册资本和净资产均在850万元人民币以上，同时连续两年年销售收入、出口供货额分别在500万元人民币和100万美元以上的私营企业可申请自营进出口权。该规定于1999年1月1日正式实施，1月4日首批20家私营生产企业已获得进出口权。

《关于赋予私营生产企业和科研院所自营进出口权的暂行规定》的实施，极大地拓展了私营企业的外贸发展空间，而私营企业外贸限制的全面解除则是在中国加入世贸组织之后。2001年12月11日，中国正式成为世贸组织成员。按照中国入世谈判中的承诺，入世后经过三年过渡期，对外贸易将取消审批制进而全面推行登记备案制，企业只需到主管部门登记，即可从事各类商品和技术的进出口业务。到2005年12月11日，即我国承诺入世五年宽限期届满，将向境内所有企业开放外贸经营权。换句话说，外贸经营权将逐步下放给生产企业。这种登记备案制是一种自动登记的方式，不再是行政审批，不对外贸经营者取得经营权构成任何障碍，只为政府的监管提供一定的信息基础。

2003年8月，商务部发布《关于调整进出口经营资格标准和核准程序的通知》（以下简称《通知》），对在中国关境内注册的所有内资企业在进出口经营资格管理方面实行统一的政策，宣布国内所有企业都可获得外贸经营权。《通知》规定，从2003年9月1日起，申请外贸流通经营资格的内资企业注册资本要求由之前的不低于500万元人民币（中西部不低于300万元人民币）降低为不低于100万元人民币（中西部不低于50万元人民币），并取消原来成立时间须1年以上的要求；同时申请自营进出口经营资格生产企业的注册资本要求由原来的不低于300万元人民币（中西部不低于200万元人民币）降低为不低于50万元人民币。在放宽对企业注册资本要求的同时，核准登记的权限也下放到地方。商务部授权各省、自治区、直辖市、计划单列市商务主管部门进行进出口经营资格的核准登记并核发《中华人民共和国进出口企业资格证书》。该证书是企业经营进出口业务的唯一有效凭证，获得这个证书的企业可以按照其经营范围在中国全部关境内，以国家规定的各种贸易方式自由从事进出口业务。

随着企业外贸限制的不断放开，我国个体私营经济发展的外部环境和对外贸易体制发生了深刻的变化。2004年7月1日，新修订的《中华人民共和国对外贸易法》（以下简称外贸法）正式实施，实现了外贸经营权的全面开放和外贸资格由审批制向登记制的转变。根据外贸法的有关规定，商务部制定发布了《对外贸易经营者备案登记办法》，其中规定自2004年7月1日起，取消对所有外贸经营主体外贸经营权的审批，改为备案登记制。同时外贸经营权向所有企业组织和个人放开，中国公民个人履行法定程序后也可从事外贸经营。这为我国个体工商户登上世界贸易舞台扫清了最后一道障碍，使我国个体工商户、私营企业能够广泛地参与外贸活动。2005年国家又出台相关政策，允许获得外贸经营权的个体工商户可以以一般纳税人身份享有出口退税的权利，大大提高了个体工商户参与国际贸易的积极性。数据表明，2002年，私营企业出口137.8亿元，比上年增长159.5%。2005年我国个体工商户、私营企业外贸额占当年外贸总额的11.7%，比2001年高出10个百分点。

随着私营企业大量涌入外贸领域，以国有外贸公司、大型生产企业和外商投资企业为主体的传统外贸格局被逐步打破，私营企业展现出在对外贸易领域特有的优势和活力，为我国市场经济的进一步发展以及与国际接轨的加速做出了巨大贡献。

二、放宽国有及私营企业在海外投资的限制

在2000年以前，中国的国际投资政策是以鼓励吸引外资、限制对外投资为主要特征的。2000年以后，中国开始实施“走出去”战略，从限制对外投资逐渐向放松对外投资管制和鼓励对外投资转变。

在这一时期，中国的对外直接投资发展十分迅猛。2002年，中国对外直接投资额仅为25亿美元，从2000年到2011年，中国的对外投资年均增长48%，尤其在增长最快的2003—2010年间，年均增长速率为57%。2011年，中国对外直接投资额已经达到671亿美元。相对于当年全球1.7万亿美元的对外直接投资额而言，这一数字看似不大，但中国已经成为全球第五大对外直接投资国和对外直接投资额最大的发展中国家。

（一）中国对外投资管理体制的改革

中国的对外投资管理体制主要涉及外汇管理体制、行政审批体制、融资体制和专项扶持。

在外汇管理体制方面，1978年前中国实行严格的外汇管制，改革开放之后，开始逐渐启动外汇管理体制改革。2005年我国开始实行以市场供求为基础，参照一篮子货币进行调节的有管理的浮动汇率制度。人民币汇率的弹性和灵活性显著增强，外汇市场加快发展。对外汇资金流入流出均衡管理的原则和制度逐步确立，资本项目可兑换进程稳步推进，贸易投资外汇管理不断便利化。2007年，为鼓励国内资本流出，我国开放了基金管理公司和证券公司对境外证券的投资，开始实施“合格境内机构投资者（QDII）”制度。2009年之后中国推动人民币国际化，鼓励企业在贸易和投资中采用人民币进行结算。

在行政审批体制方面，规定境外投资项目还需要得到有关主管部门的审批。企业进行境外投资，需经商务部及省级商务部门审批。境外投资的经济

技术可行性由企业自行负责，商务部在特定情况下，如危害国家主权、安全和社会公共利益，损害中国与有关国家（地区）关系，可能违反中国对外缔结的国际条约或涉及中国禁止出口的技术和货物时，会不予核准企业境外投资行为。涉及资源开发类和大额用汇项目需经发展改革部门审批。为提高对外投资质量，从2002年起我国还实行了由商务部和国家外汇管理局（以下简称国家外汇局）一起对有境外投资活动的境内投资者进行年检的制度，年检之后对有关企业进行评级。评级较高的可享受有关的优惠政策。评级较差的在一年之内不能从事新的境外投资活动。国家发展和改革委员会（以下简称国家发改委）还在2006年发布了《境外投资产业指导政策》《境外投资产业指导目录》，对有境外投资活动的企业进行指导。此外，涉及境外国有资产产权管理的投资项目需经财政部门和国有资产管理部门审批。金融机构对外投资需经保监会、银监会和证监会审批。

融资体制方面，规定对于国家鼓励的境外投资，可以使用自有资金，也可以采取贷款等融资方式。2008年《国务院办公厅关于当前金融促进经济发展的若干意见》发布，其中指出，要创新融资方式，允许商业银行对境内外企业发放并购贷款。2009年国家外汇局规定，符合条件的境内企业可对其境外机构进行放款。2012年，国家外汇局进一步放松了对境外放款的审批。

中国政府自2000年以来，先后推出了四项涉及促进境外投资的专项资金扶持。一是针对中小企业的“市场开拓专项资金”；二是可用于支持企业境外投资的法律、技术、商务咨询费，可行性项目研究报告编制费、翻译费和资料费等的对外经济技术合作专项资金；三是针对资源类境外投资的矿产资源风险勘查专项资金；四是针对纺织业出台的“走出去”专项资金。此外，除了财政安排的各项资金支持之外，国家开发银行还与其他国内外机构合资设立了中瑞合作基金、中国—东盟中小企业投资基金、中国—比利时直接股权投资基金以及中非发展基金，对国家鼓励的境外投资重点项目给予资金支持。

（二）对公有制企业在重点领域、重点项目的海外投资给予大力支持

加入世贸组织，对中国企业来说既是机遇也是挑战，面对开放的国际

市场以及不断涌入的国外资本，国内企业提高自身竞争力，积极开展国际合作，充分利用“两种资源、两个市场”，成为实施“走出去”战略的重要保障。2004年国家发改委与中国进出口银行联合发布《关于对国家鼓励的境外投资重点项目给予信贷支持政策的通知》（以下简称《通知》）。《通知》明确表示国家发改委和中国进出口银行共同建立境外投资信贷支持机制。根据国家境外投资发展规划，中国进出口银行在每年的出口信贷计划中，专门安排一定规模的信贷资金用于支持国家鼓励的境外投资重点项目。这些境外投资专项贷款主要用于支持下列境外投资重点项目：一是能弥补国内资源相对不足的境外资源开发类项目；二是能带动国内技术、产品、设备等出口和劳务输出的境外生产型项目和基础设施项目；三是能利用国际先进技术、管理经验和专业人才的境外研发中心项目；四是能提高企业国际竞争力，加快开拓国际市场的境外企业收购和兼并项目。

作为“走出去”战略中的主力军，公有制企业在这些重点领域的投资中发挥出重要作用。以能源和资源领域的海外投资为例，2005年之后，中国能源资源类海外投资增长速度较快，而且规模越来越大。煤炭行业领域：2004年，兖矿集团开始跨国并购澳大利亚的南田煤矿（澳思达煤矿），2009年，兖州煤业以33.3亿澳元资本并购菲利克斯公司100%股权，并与格罗斯特公司合并，在澳大利亚证券交易所上市交易；2007年，神华集团在蒙古、澳大利亚、俄罗斯等国开始投资，这些投资包括煤矿勘探和开采项目、煤电项目等；2009年，开滦股份注册成立加拿大中和投资公司，开发加拿大优质焦煤资源，为其参股、并购提供运作平台；2010年8月，中煤能源集团有限公司所属的中国煤炭进出口公司进入澳大利亚，实施煤炭资源开发；2010年10月，中煤地质工程总公司（现中煤地质集团有限公司）与皖北煤电集团公司合作勘查开发澳大利亚煤炭资源项目。数据统计显示，中国能源资源的海外投资已经遍及西亚、北非、南美、东南亚和中亚。海外石油投资每年可获取2000万吨的权益油产量。石油海外投资：在北非以苏丹为中心，并向阿尔及利亚、尼日利亚扩展；在中东以伊朗、也门为主，同时开始增加对科威特、卡塔尔和沙特阿拉伯的投资；在中亚以哈萨克斯坦为主，也涉及乌兹别克斯坦、吉尔吉斯斯坦和阿塞拜疆；在拉丁美洲则集中在委内瑞拉、秘鲁、厄瓜多尔和哥伦比亚。

（三）鼓励非公有制企业开拓国际市场

加入世贸组织初期，中国对外投资企业仍然以公有制企业为主，非公有制企业投资增长缓慢。2003年国有企业在总对外投资企业中占比43%，私有制企业仅占比10%。随着非公有制企业的不断发展壮大，其对外投资的能力和需求日益受到重视。2005年8月，为推动非公有制企业“走出去”开拓国际市场，商务部和中国出口信用保险公司发布了《关于实行出口信用保险专项优惠措施支持个体私营等非公有制企业开拓国际市场的通知》（以下简称《通知》）。《通知》规定，各级商务主管部门和中国信保各营业机构首先要建立有效的工作协调机制，帮助非公有制企业积极利用出口信用保险开拓国际市场。其次，要为非公有制企业提供出口贸易风险管理培训，帮助非公有制企业建立健全出口贸易风险管理机制，规避贸易风险，实现稳健经营。另外中国信保各营业机构要与当地商务主管部门密切配合，及时了解非公有制企业的需求，并为其制定专项服务计划，实施有针对性的支持。最后还要积极协助非公有制企业解决融资问题，为非公有制出口企业提供出口信用保险项下的贸易融资便利和担保服务。

随着对非公有制企业海外投资限制的放宽和扶持力度的不断加大，非公有制企业对外投资取得较快发展。2012年，中国对外直接投资者达到1.6万家，其中国有企业仅占比9.1%，民营企业占比11.2%，有限责任公司和股份有限公司占比近70%。

三、中国对外投资主体呈现多元化，投资结构由第一、第二产业向第三产业拓展

随着我国不断放宽海外投资的限制，鼓励任何所有制企业进行对外投资，投资主体呈现出多元化态势。自加入世贸组织以来到2010年为止，我国实现境外投资的企业数量已达到1.3万多家。其中国有企业最初作为主力军走出国门，其比例逐年下降。如表9-8所示，2003年，国有企业占总境外投资企业的43.0%，2010年该比例下降至10.2%。对外投资的私营企业虽数量大幅增长，但其比例也从2003年的10.0%下降至2010年的8.2%。此外最受瞩目

的当数混合所有制企业（股份合作企业、有限责任公司和股份有限公司），2003年混合所有制的海外投资企业数量占比仅为37.0%，2010年该比例上涨至68.7%，成为占比最大的境内对外投资主体。这一变化趋势一方面说明随着中国对外投资企业数量的不断增加，不同所有制的对外投资主体区域多元化和合理化。另一方面也反映出，中国的对外投资者通过组建混合所有制性质的公司，实现对外投资目标，同时分担投资风险的意识不断增强①。

表9–8 中国实现境外投资的企业注册类型分布情况

企业登记注册类型	中国实现境外投资的企业注册类型分布情况 / %							
	2003年	2004年	2005年	2006年	2007年	2008年	2009年	2010年
国有企业	43.0	35.0	29.0	26.0	19.7	16.1	13.4	10.2
集体企业	2.0	2.0	2.0	2.0	1.8	1.5	1.2	1.1
股份合作企业	4.0	3.0	4.0	9.0	7.8	6.5	4.9	4.6
有限责任公司	22.0	30.0	32.0	33.0	43.3	50.2	57.7	57.1
股份有限公司	11.0	10.0	12.0	11.0	10.2	8.8	7.2	7.0
私营企业	10.0	12.0	13.0	12.0	11.0	9.4	7.5	8.2
港澳台投资企业	2.0	2.0	2.0	2.0	1.8	1.8	1.8	2.0
外商投资企业	5.0	5.0	5.0	4.0	3.7	3.5	3.1	3.2
其他企业	1.0	1.0	1.0	1.0	0.7	2.2	3.2	6.6
合计	100.0	100.0	100.0	100.0	100.0	100.0	100.0	100.0

加入世贸组织后的十年中，中国对外投资的产业和行业结构发生了较大的变化。刚加入WTO时，中国企业出现了一轮海外投资热潮。主要分布于工业领域，国有企业及国有控股企业大多投资于海外的能源和矿山开发，民营企业则主要集中在制造业。随着“走出去”战略的不断深化，海外投资在第三产业的比重不断提高，由2003年的28.0%上升至2010年的84.1%，而第一产业和第二产业海外投资比重则逐步降低，分别从2003年的3.0%和69.0%下降到2010年的0.8%和15.1%。从具体行业来看，采矿业、租赁与商务服务业、批发零售业和金融业是中国企业对外投资的四大主要行

①周升起、郑玉琳、兰珍先：《加入WTO十年来的中国对外直接投资:特征、困扰与思考》，《世界经济研究》2011年第12期。

业。2003年对这四大行业的投资占比分别为采矿业48.0%、租赁与商务服务业10.0%、批发零售业13.0%和金融业0%，2010年该四项比例变为8.3%、44.0%、9.8%和12.5%。制造业海外投资所占比重则由2003年的21.0%大幅下降到2008年的3.2%，随后又小幅提升至2009年的4.0%和2010年的6.8%。此外，交通运输、仓储业和建筑与房地产业以及其他服务业的海外投资占比虽有波动但和入世之初比也均呈上升趋势。

表9-9 中国实现境外投资的企业行业分布变化情况

产业		中国实现境外投资的企业行业分布变化情况 / %							
		2003年	2004年	2005年	2006年	2007年	2008年	2009年	2010年
第一产业	农林牧渔业	3.0	5.3	—	0.9	1.0	0.3	0.6	0.8
第二产业	采矿业	48.0	32.7	13.7	40.4	15.3	10.4	23.6	8.3
	制造业	21.0	13.8	18.6	4.3	8.0	3.2	4.0	6.8
第三产业	租赁与商务服务业	10.0	13.6	40.3	21.4	21.2	38.8	36.2	44.0
	批发零售业	13.0	14.5	18.4	5.2	24.9	11.7	10.8	9.8
	交通运输、仓储业	3.0	15.1	4.7	6.5	15.4	4.8	3.7	8.2
	建筑与房地产业	1.0	—	—	1.8	4.6	1.9	2.2	4.7
	金融业	—	—	—	16.7	6.3	25.1	15.5	12.5
	其他服务业	1.0	5.0	4.3	2.8	3.3	3.8	3.4	4.9

第十章　非公有制经济发展和公有制经济发展同等重要

这一时期，为完善社会主义市场经济的目标要求，非公有制经济的发展广受重视。针对非公经济发展的政策支持更加完善，政策指向也更加明确，整体制度环境得到了极大改善。

2002年11月，中国共产党第十六次全国代表大会的报告中指出要“坚持和完善公有制为主体、多种所有制经济共同发展的基本经济制度。必须毫不动摇地巩固和发展公有制经济，必须毫不动摇地鼓励、支持和引导非公有制经济发展。个体、私营等各种形式的非公有制经济是社会主义市场经济的重要组成部分，对充分调动社会各方面的积极性、加快生产力发展具有重要作用”。两个“毫不动摇”第一次将公有制经济和非公有制经济放在同等重要的地位，显示了发展非公有制经济的坚定性，从政策导向上为非公有制经济的快速发展奠定了基础。报告同时强调“坚持公有制为主体，促进非公有制经济发展，统一于社会主义现代化建设的进程中，不能把这两者对立起来。各种所有制经济完全可以在市场竞争中发挥各自优势，相互促进，共同发展”，由此否定了公有制经济和非公有制经济完全分开的观念，体现了多种所有制经济融合发展的思想。此外，报告中还指出要“放宽国内民间资本的市场准入领域，在投融资、税收、土地使用和对外贸易等方面采取措施，实现公平竞争”，同时“创造各类市场主体平等使用生产要素的环境”，“两平”原则（公平竞争和平等使用生产要素）被首次提出。

2003年10月发布的中共十六届三中全会报告中提出“个体、私营等非公有制经济是促进我国社会生产力发展的重要力量，要大力发展和积极引导非公有制经济”，同时“清理和修订限制非公有制经济发展的法律法规和政策，消除体制性障碍。放宽市场准入，允许非公有制企业在投融资、税收、土地使用和对外贸易等方面，与其他企业享受同等待遇。支持非公有制中小企业的发展，鼓励有条件的企业做强做大”。这也反映出针对非公有制企业“非禁即入”的负面清单管理思路。

2007年10月，中国共产党第十七次全国代表大会的报告指出，除了继续“坚持和完善公有制为主体、多种所有制经济共同发展的基本经济制度，毫不动摇地巩固和发展公有制经济，毫不动摇地鼓励、支持、引导非公有制经济发展”外，还要“坚持平等保护物权，形成各种所有制经济平等竞争、相互促进新格局”，同时强调“推进公平准入，改善融资条件，破除体制障碍，促进个体、私营经济和中小企业发展”。这就进一步表明，法律上的平等保护和经济上的平等竞争这两个“平等”成为促进非公有制经济发展的主要发力点，非公有制经济在获得市场准入和融资方面的公平机会得到更多关注。

此外，党的十六大报告第一次提出“除少数必须由国家独资经营的企业外，积极推进股份制，发展混合所有制经济”。党的十七大报告再次强调要“以现代产权制度为基础，发展混合所有制经济”。由此，混合所有制经济作为区别于纯公有制经济和纯私有制经济以外的另一种所有制形式逐渐受到推举。

第一节　完善非公有制经济发展的法律及制度环境

为落实中国共产党历次全国代表大会的会议精神，给非公有制经济的发展营造一个良好的制度环境，我国制定了一系列的法律法规以及规章政策，形成了一套比较系统、全面、细致、明确的法律及政策体系，对我国非公有制经济的快速、健康发展起到了积极的促进作用。

一、保护私有财产的合法权益

确立对私有财产的法律保护是非公有制经济主体一切经济活动的前提

条件。2003年12月12日，中共中央向全国人民代表大会常务委员会提议修改宪法，首次明确提出将“公民的合法的私有财产不受侵犯”写入宪法。2004年3月，十届全国人大二次会议通过了《中华人民共和国宪法修正案》，修改后的宪法第十一条第二款中将“国家保护个体经济、私营经济的合法权利和利益。国家对个体经济、私营经济实行引导、监督和管理”，修改为“国家保护个体经济、私营经济等非公有制经济的合法的权利和利益。国家鼓励、支持和引导非公有制经济的发展，并对非公有制经济依法实行监督和管理”，这就从国家基本法律的角度使非公有制财产得到了认可和保护，为非公有制经济的发展提供了支持和保障。同时，新宪法中不仅规定“公共财产神圣不可侵犯”，还明确要“保护合法的私有财产”，这样一来私营企业、个体工商户以及其他非公有制企业通过正当途径、合法经营所获取的财富就有了根本性的保障，从而激发了劳动者从事民营企业的积极性，有效推动了非公有制经济的发展。

2007年3月，十届全国人大五次会议通过了《中华人民共和国物权法》（以下简称物权法），确立了平等保护私人物权的原则，这也是我国第一次从法律层面明确规定公有财产和私有财产享有平等的保护。物权法对保护私有财产做了详细规定，其中强调“私人的物权和其他权利人的物权受法律保护，任何单位和个人不得侵犯”，“私人对其合法的收入、房屋、生活用品、生产工具、原材料等不动产和动产享有所有权”，“私人合法的储蓄、投资及其收益受法律保护”，同时“私人的合法财产受法律保护，禁止任何单位和个人侵占、哄抢、破坏”。物权法的制定和实施，适应了社会主义市场经济体制的基本要求，进一步为非公有制经济的发展奠定了基础。

宪法作为国家的根本法律，从原则上对私有财产提供了保护，物权法以宪法为基础，在具体操作层面明确了哪些私有财产受到保护，如何保护以及私有财产受到侵犯后如何处理等问题。二者构建了一个完善的保护私有财产的法律制度，从根本上解除了人们从事非公经济的后顾之忧，极大激发了人们创造财富的积极性。在此制度环境下，非公有制经济得以快速发展，更多的个人及社会财富被创造并积累起来。

二、为非公有制经济创造公平竞争的制度环境

（一）两个“非公经济36条”的出台

为了进一步贯彻落实中央方针政策以及宪法修正案要求，切实解决非公有制经济发展面临的困难和问题，2005年2月国务院以第3号文件的形式发布《国务院关于鼓励支持和引导个体私营等非公有制经济发展的若干意见》（简称“非公经济36条”），这是我国首个以促进非公有制经济发展为出发点的政府文件。“非公经济36条”为鼓励、支持和引导非公有制经济的发展，提出了七项政策措施。一是放宽市场准入，贯彻平等准入、公平待遇原则，允许非公有资本进入法律法规未禁入的行业和领域。二是改善金融服务，加大对非公有制经济的财税金融支持力度。三是发展社会中介服务，完善针对非公有制经济的社会服务体系。四是维护非公有制企业和职工的合法权益，建立健全社会保障制度。五是努力引导非公有制企业提高自身素质，使其认真执行国家产业政策及市场准入规定，规范企业经营管理行为。六是根据生产经营特点，改善对非公有制经济的政府监管。七是加强对发展非公有制经济的指导和政策协调，建立促进非公有制经济发展的工作协调机制和部门联席会议制度①。

在放宽非公有制经济的市场准入方面，“非公经济36条”提出第一要贯彻平等准入、公平待遇原则，允许非公有资本进入法律法规未禁入的行业和领域。允许外资进入的行业和领域，也允许国内非公有资本进入，并放宽股权比例限制等方面的条件。第二要允许非公有资本进入垄断行业和领域，如电力、电信、铁路、民航、石油等行业和领域，进一步引入市场竞争机制。对于自然垄断业务，非公有资本可以参股等方式进入；对于非自然垄断业务，非公有资本可以独资、合资、合作、项目融资等多种方式进入。第三要允许非公有资本进入公用事业和基础设施领域，支持非公有资本积极参与城

①朱剑红：《大力发展和积极引导个体私营等非公有制经济——两部门负责人就〈国务院关于鼓励支持和引导个体私营等非公有制经济发展的若干意见〉答记者问》，《人民日报》2005年2月25日，第8版。

镇供水、供气、供热、公共交通、污水垃圾处理等市政公用事业和基础设施的投资、建设与运营。第四要允许非公有资本进入社会事业领域，支持、引导和规范非公有资本投资教育、科研、卫生、文化、体育等社会事业的非营利性和营利性领域。第五要允许非公有资本进入金融服务业，批准非公有资本进入区域性股份制银行和合作性金融机构。第六要允许非公有资本进入国防科技工业建设领域，允许非公有制企业按有关规定参与军工科研生产任务的竞争以及军工企业的改组改制，以及鼓励非公有制企业参与军民两用高技术开发及其产业化。第七要鼓励非公有制经济参与国有经济结构调整和国有企业重组，支持非公有制企业通过并购和控股、参股等多种形式，参与国有企业和集体企业的改组改制改造。第八要鼓励、支持非公有制经济参与西部大开发、东北地区等老工业基地振兴和中部地区崛起。

此外，针对非公有制企业融资难的问题，“非公经济36条”指出解决非公有制经济融资难问题关键在于拓宽融资渠道，并提出四方面政策意见：一是加大信贷支持力度，改进信贷考核和奖惩方式，提高银行对非公有制企业的贷款比重。二是拓宽直接融资渠道，保证在证券市场发行、上市方面，非公有制企业与公有制企业实行同等待遇，同时鼓励非公有制经济以股权融资、项目融资等方式筹集资金。三是鼓励金融创新，改进资信评估制度，对符合条件的企业发放信用贷款。改进保险机构服务方式和手段，开展面向非公有制企业的产品和服务创新。四是建立健全信用担保体系，建立和完善信用担保的行业准入、风险控制和损失补偿机制，加强对信用担保机构的监管，建立担保行业自律性组织①。

2010年5月，国务院又出台了《国务院关于鼓励和引导民间投资健康发展的若干意见》（简称“新非公经济36条”）。在深入贯彻落实《国务院关于鼓励支持和引导个体私营等非公有制经济发展的若干意见》等一系列政策措施的基础上，“新非公经济36条”进一步加大了对非公有制经济发展的支持力度，明确了相关原则。“新非公经济36条”强调，政府的投资主要应用

①朱剑红：《大力发展和积极引导个体私营等非公有制经济——两部门负责人就〈国务院关于鼓励支持和引导个体私营等非公有制经济发展的若干意见〉答记者问》，《人民日报》2005年2月25日，第8版。

于关系国家安全、市场不能有效配置资源的经济和社会领域，而对于可以实行市场化运作的基础设施、市政工程和其他公共服务领域，应鼓励和支持民间资本进入。其次，国有资本要把投资重点放在不断加强和巩固关系国民经济命脉的重要行业和关键领域，在一般竞争性领域中，要为民间资本营造更广阔的市场空间。此外，还要将民办社会事业作为社会公共事业发展的重要补充，统筹规划，合理布局，加快培育形成政府投入为主、民间投资为辅的公共服务体系。同时，“新非公经济36条”还进一步强调要为非公有制经济在允许进入的各领域内创造公平竞争、平等准入的市场环境。

新老“非公经济36条”都是站在全面贯彻落实党的十六大提出的“毫不动摇地巩固和发展公有制经济；毫不动摇地鼓励、支持和引导非公有制经济发展”这一方针的立场上，二者的根本目的都是通过鼓励和引导民间投资以及鼓励、支持和引导非公有制经济的发展进一步巩固和完善社会主义根本经济制度。新“非公经济36条”不仅是对老“非公经济36条”的继承和发展，同时还是对老“非公经济36条”的完善和补充。略显不同的是新“非公经济36条”在老“非公经济36条”的基础上更加强调对民营经济、民营企业的引导和支持，这也是我国第一次在党和国家的正式文件中将“国有”与“民营”并列称为我国基本经济制度的主要构成。此外，新“非公经济36条”更加明确指出民营资本的进入范围，提出“鼓励和引导民间资本进入法律法规未明确禁止准入的行业和领域”，将“非禁即入”的原则清晰地做出了阐释。新老“非公经济36条”的先后出台，标志着我国对非公有制经济的政策支持已从分散的具体规定转变成整体的政策体系框架，对于推动非公有制经济的发展进入历史性新阶段起到了至关重要的指导作用。

（二）落实新老“非公经济36条”的具体措施和配套办法

新老“非公经济36条”作为推动非公有制经济发展的基本政策，出台之后都受到各部门的高度重视并积极贯彻落实。

2005年3月，国家工商总局下发《关于发挥工商行政管理职能作用促进个体私营等非公有制经济发展的通知》（以下简称《通知》）。《通知》强调，各级工商行政管理机关首先要支持社会主义新农村建设，推动农村个体私营等非公有制经济发展。其次要积极推动区域经济合作，支持个体私营等非公有制经济开拓国内和国际两个市场。另外还要鼓励、支持和引导个体私营等非公有制经济大力发展批发、零售、交通运输、餐饮等第三产业。

2005年5月，为贯彻落实“非公经济36条”，银监会印发了《关于鼓励和引导民间资本进入银行业的实施意见》（以下简称银监会《意见》），用于鼓励和引导民间资本进入银行业，加强对民间投资的融资支持。银监会《意见》明确提出，民间资本进入银行业将与其他资本遵守同等条件。支持符合银行业行政许可规章相关规定，公司治理结构完善，社会声誉、诚信记录和纳税记录良好，经营管理能力和资金实力较强，财务状况、资产状况良好，入股资金来源真实合法的民营企业投资银行业金融机构。允许民间资本参与村镇银行发起设立或增资扩股，并将村镇银行主发起行的最低持股比例由20%降低到15%。此外，在为民间资本进入银行业创造公平、良好环境方面，银监会《意见》强调，在市场准入实际工作中不得单独针对民间资本进入银行业设置限制条件或其他附加条件，要不断提高银行业市场准入的透明度，进一步加强对民间资本进入银行业的服务、指导，依法答复相关法规和政策咨询。同时，银监会《意见》还要求，银行业应加大对民间投资的融资支持力度，切实落实、强化小微企业金融服务的政策措施，积极开展融资模式、服务手段和产品创新，提供多层次金融服务，进一步支持民营企业发展。

2005年7月，铁道部也出台了贯彻“非公经济36条”的《关于鼓励支持和引导非公有制经济参与铁路建设经营的实施意见》（以下简称铁道部《意见》）。铁道部《意见》提出要放宽市场准入，鼓励各类非公有资本进入铁路行业。在铁路建设、客货运输、装备制造以及多元经营领域，按照“平等准入、公平待遇原则，凡是允许外资进入的铁路建设、运输经营及运输装备制造领域，也允许国内非公有资本进入，并适当放宽条件”。在为非公有制经济参与铁路建设经营创造良好环境方面，铁道部《意见》提出七项保障政策：一是研究探索合资铁路经营机制和经营政策，积极扩大合资建路规模。二是建立市场化融资机制，为非公有资本进入铁路行业构建有效的融资平台。三是鼓励非公有制经济参与国铁企业重组改制，大力发展混合所有制经济。四是贯彻平等准入、公平待遇原则，为非公有制经济参与铁路运输经营创造平等的政策环境。五是全面开放铁路建设市场，引入市场化的建设管理机制。六是改进政府投资调控方式，促进非公有制经济持续健康发展。七是建立健全相关法律法规体系。

铁道部出台相关意见几天后，中国民用航空总局正式公布《国内投资民用航空业规定（试行）》。其中规定从2005年8月15日起，公共航空运输、通用航空、民用机场、飞机维修、货运仓储、地面服务等民用航空业向民间资本全面开放，符合规定的非国有投资主体可以单独或者联合投资民用航空领域。

2005年8月，国务院颁布《国务院关于促进非公有制资本进入文化产业的若干决定》（以下简称《决定》），明确了非公有资本进入文化产业的具体领域。《决定》对非公有资本进入文化产业分成了鼓励、限制和禁止三种情况，具有很强的导向性。其中，鼓励非公有制资本进入广告、电影电视剧制作发行、电影院、音像制品等领域，允许非公有资本进入出版物印刷、刻录类光盘生产、只读类光盘复制等文化行业和领域，同时禁止非公有制企业投资设立和经营通讯社、报刊社、出版社、广播电台（站）、电视台（站）、广播电视发射台（站）等。之后，文化部、财政部、人事部和国家税务总局在11月联合下发《关于鼓励发展民营文艺表演团体的意见》，决定取消对民营文艺表演团体注册资本的额度限制，并允许原国有文艺表演团的演职人员经单位批准后离职创办民营文艺演出团体。

2005年底，国家发改委联合建设部、财政部、民政部等八个部委联合颁布《关于进一步推进城镇供热体制改革的意见》，放开了非公有制经济在市政供暖领域的市场准入。该意见规定在供热体制改革过程中，要充分利用市场机制，逐步达到投资多元化、运营企业化和服务社会化，允许非公有资本等各种经济成分的企业参与热源厂、供热管网的投资、建设、改造和经营。

2012年6月，国家工商行政管理总局印发《关于充分发挥工商行政管理职能作用鼓励和引导民间投资健康发展的意见》。该意见从进一步拓宽民间投资领域和范围营造公平公正的市场主体准入环境，为民间资本重组、联合、转型提供优质高效的登记管理服务，充分运用工商行政管理职能帮助解决民间投资市场主体融资难题，在民间投资领域大力推进商标战略实施大力支持民间投资市场主体培育国际知名品牌，充分发挥民间投资对广告产业的提升作用，加强对民间投资的市场监管和规范等8个角度阐述了如何发挥工商行政管理职能作用，鼓励和引导民间投资健康发展。在为民间资本营造公平竞争的市场环境方面，除了规定各级工商行政管理部门要严格执行市场主体登记管理法律法规，为民间投资设立各类市场主体营造公开公平、便捷高效的准入环境外，还明确提出鼓励和引导民间投资市场主体通过参股、控股、资产收购等多种形式，参与国有企业的改制重组，符合国家产业政策、具有竞争优势的民间投资市场主体，允许通过跨地区、跨行业兼并、重组的方式组建大型企业集团。此外，为解决非公有制市场主体融资难的问题，工商管理部门还将通过积极开展动产抵押、股权出质登记，推进商标等无形资产的资本化运作，支持债券转股权，完善面向民间投资市场主体的金融服务体系和信用担保体系等方式拓宽非公有制经济主体的融资渠道。

第二节　民营经济的迅速发展

随着国家对非公有制经济的重视和支持力度的持续加大，以及关于非公有制经济的方针政策、法律法规的不断调整、完善，我国非公有制经济在进入21世纪后总体呈持续快速发展趋势，取得了令人瞩目的成就，成为国民经济发展的重要载体。其中最具有代表性的民营经济异军突起，为我国经济发展注入了新的活力，促进了我国整体经济的平稳健康增长。

一、卸下“原罪”的束缚

随着改革开放的不断深入，尤其是进入21世纪之后，民营经济发展的同时也暴露出经营中的一些问题，一批民营企业家由于财富来源合法性的问题纷纷落马。这就使人们对于民营企业财富产生怀疑，引发了一场民营企业“原罪”的大讨论。

“原罪”对于民企，指的是一些民营企业家在原始资本积累的过程中存在诸如走私、行贿、投机倒把、偷税漏税等不正当或违法行为，如马克思在《资本论》中所解释的“资本来到世界，从头到脚，每个毛孔都滴着血和肮脏的东西”。不同于犯罪之后才存在的“本罪”，民企“原罪”忽略了企业家的智慧、勇气和勤劳致富，将违法乱纪定位为民营企业的本性，所有民营企业家无一例外地被冠以资本原罪的罪名，社会陷入一种普遍怀疑的气氛中。

引发国内有关民企“原罪”争论的导火索是2003年的李海仓遇刺事件。山西海鑫钢铁集团董事长、被人们称为“民营钢铁大王”的李海仓在2003年1月22日，被人用自制手枪杀害在自己的办公室内。事后当地警方认定凶手冯引亮多次欲将其已转包给他人的土地卖给海鑫集团以敲诈勒索，遭到拒绝，因此铤而走险。该事件引起了社会的强烈反响，有人按惯性思维将此事和之前发生的刘晓庆被拘捕审查，证监会调查深圳市海王生物工程股份有限公司等事件联系起来，对民营企业家的“财富品质”提出质疑，引发了民企“原罪”的讨论。

在这场大讨论中，尽管“原罪”之说被反复提及，大肆报道，仍有部分专家学者认为这个问题并不存在。著名经济学家厉以宁在2003年12月举办的第六届北大光华新年论坛上发言时指出，民营企业家并不存在“原罪”，所谓“原罪”更应该被称作“原始创业积累”，大部分民营企业都是合法经营的，不能以偏概全。当初由于政策规定不清所产生的一系列问题，只要不是违法的，就没有什么好负罪的，民营企业完全不需要有“原罪”感。另一位颇负盛名的经济学家吴敬琏也对“原罪”的说法不以为然，他认为应把靠努力经营获得财富的人和凭借权力暴富的人分开来看，如混为一谈，一个出现贪污、黑庄就认为所有民营企业家都是这样，并不合适。此外，在清华大学教授秦晖看来，“原罪”这一称谓本身就不恰当，因为它直接将民企定义为坏身份。与其说“民企原罪”，不如说是“官员原罪”。治好了“官”，民企再怎么有“原罪”也不会出现类似国有资产流失的问题，“官”出了问题，民企就算“原善”也会出岔子①。长城企业战略研究所董事长兼总经理王德禄则表示，民企“原罪”之说本身就是一种歧视，改革开放过程中国有企业、外资企业都存在若干问题，为什么偏偏把矛头指向本就在夹缝中成长的民营企业？这是一种误解和误导。2004年2月，全国政协副主席、全国工商联主席黄孟复首次对“原罪”问题做出回应，他认为所谓民企“原罪”根

①秦晖：《国资流失　板子何以只打买方》，《南方都市报》2004年10月2日。

本站不住脚，其逻辑上是错误的，政治上是有害的，更不符合历史，是伪命题、假命题。

在承认民企“原罪”存在的专家学者中，关于如何对待民企“原罪”的问题也出现了三种不同观点：一种主张完全赦免“原罪”，部分专家学者认为当初中国私营企业主是在极其特殊的国情和体制下起步的，种种不规范行为难以避免，应该既往不咎，下不为例。北京大学光华管理学院副院长张维迎在一次公开演讲中表示，要善待那些对社会做出过贡献的人，政府可以实施一个税收赦免的政策，考虑到过去的事很多是由于历史条件造成的，要对过往的事既往不咎。从现在开始，再有人偷税漏税就要更加严厉地惩罚。这样才能使民营企业放下思想包袱，更多地为国家做贡献。河北民营企业家闫纯德作为全国政协委员，在全国政协会议上提议免除民企“原罪”，他认为很多走过“弯路”的民营企业如今已经步入正轨，走上了合法经营的道路，如果现在追究其法律责任的话，容易造成社会的混乱，甚至出现资本外逃的情况，给国家带来巨大损失。第二种被称作清算派，主张不管“原罪”还是“犯罪”，只要行为违反了法律法规，就要受到法律的制裁，既往不咎只会更纵容民企未来的违规行为。中国人民大学的杨德明教授认为，民企“原罪”问题上决不能让步，如果企业积累的资本是通过非法途径获得的，就是腐败，就一定要通过反腐败的形式将这一部分财富追回，并依法处置犯罪人，不然就是对国家对人民的不负责任。针对闫纯德在全国政协会议上的提案，中国政法大学蔡定剑教授指出宪法中明确提出保护的是合法的私有财产，非法财产是不受到保护的，对民企“原罪”的放任会破坏法律面前人人平等的精神。另外还有一种比较折中的观点，主张在有原则配套措施的前提下大赦，将“原罪”按性质区分，给予不同的处置，对“原罪”既不能一网打尽，也不能一笔勾销。时任中国经济体制改革研究基金会秘书长樊纲主张客观看待“原罪”，他认为参照德国的做法，对那部分有“原罪”的资金进行赦免，但不是全部赦免，也要给予机会补交税款，但不予以惩罚。中国应该怎么去做，值得有关部门进行深入研究[①]。

①黄孟复：《中国民营经济史：纪事本末》，中华工商联合出版社，2010年，第394页。

社会范围内关于民企“原罪”的争论有过两次高潮期，除了2004年前后关于民企到底有没有“原罪”以及“原罪”应不应该被清算的争论外，2006年，原本渐渐冷却下来的“原罪”大讨论随着多名民营企业家的先后落马再度爆发。2006年10月，福禧投资控股有限公司董事长张荣坤被捕；同一个月内，广东顺德金冠涂料集团董事局主席周伟彬因涉嫌偷税被行政拘留；同年11月，创维集团前董事局主席黄宏生因涉嫌通过贪污手法进行诈骗及挪用公司资金在香港受审；12月，被誉为“民营油企第一人”的天发集团董事长龚家龙因涉嫌经济犯罪被行政拘留。再度掀起的争论主题更加明确，将重点放在怎么看待民企“原罪”、“原罪”是什么罪以及民企的“罪源”是什么等问题上[①]。此外，由于社会对民企“原罪”问题越来越重视，争论也逐步由政界、学界扩大至民间，很多群众的声音通过互联网发出，表达自己的不满以及追究、清算民企“原罪”的强烈要求。

2006年12月，和君创业咨询集团总裁李肃在征集了一些民营企业家的意见后，向国家立法机构递交了一封名为《解决“民企原罪”是建立和谐社会与有效反腐的重要基础》的公开信。信中首次提出了“原罪”与“犯罪”的区别，认为“民企原罪”具有历史进步性和历史必然性，并将民企“原罪”划分成改革性的探索“原罪”、发展性的被动“原罪”以及普遍性的道德“原罪”。在李肃看来，探索“原罪”是由于改革界限不清导致的无知之罪，是对旧体制的一种突破；被动“原罪”则是民营企业为配合地方经济发展而进行的跟随违法。这两种“原罪”不但不属于犯罪，还应被鼓励和发扬。而道德“原罪”则是行业的潜规则，是一种抱有“法不责众”的心态而形成的普遍性问题。这封信被认为是民营企业家的第一次集体回应，其反映的核心态度就是承认有罪，但罪不在己。

随着争论的愈演愈烈，民企“原罪”问题引起了国家的高度重视。为维护社会稳定，保障民营企业家的积极性，鼓励民营经济健康发展，党和政府的领导官方表态，给出了最终解释。2006年12月17日，在主题为“构建和谐重庆与民营企业家的责任”的第六届重庆民营企业家年会上，时任重庆市

①黄孟复：《中国民营经济史：纪事本末》，中华工商联合出版社，2010年，第394页。

委书记汪洋致辞时表示民营经济创业初期的“不规范”是其与生俱来的“胎记”，也是其生机勃勃的活力所在，应将民营经济的发展放在特定的历史背景下去看，给予最大限度的宽容和理解[①]。十天之后，在中国光彩事业促进会三届二次理事会上，全国工商联党组书记、第一副主席胡德平接受采访时表示，他反对用“原罪论”来解释民营经济的发展史，部分民营企业确实在资本原始积累的时候出现过一些问题，但这是特定历史阶段出现的问题，必须考虑当时的社会环境。另外，当时的法律并不完备，现在回过头来“找后账”不具备法律依据。最后，在此次会议上，时任全国政协副主席、中共中央统战部部长刘延东面对民营企业家时表示“目前社会上对‘原罪’问题和‘第一桶金’讨论得很多，我在这里也给大家吃一颗‘定心丸’，中央发展非公有制经济的政策是绝对不会变化的，这个决心是坚定的”，对于民企“原罪的问题”，“我们还是主张不争论，还是用实践和历史来回答”[②]。这是中央高层对民企“原罪”问题最终也是最权威的表态。至此，大讨论有了最终答案，民企“原罪”的争论也就此偃旗息鼓，民营企业终于卸下了“原罪”的束缚，迎来了发展的黄金阶段。

二、民营经济发展的基本情况

（一）规模不断扩大

根据国家统计局统计结果，2002—2012年，全国私营企业数量从263.83万家增长至1085.72万家，增长了3倍左右。2002年，全国范围内私营企业的注册资金只有2.48万亿元，2012年，该注册资金总额增长至31.10万亿元，增长了28.62万亿元，将近12倍，年增长率高达29.56%（见表10-1）。

从2002年至2012年，全国个体工商户数从2377.50万户增长至4059.27万户，数量增长了将近一倍，其间年平均增长率为4.84%。2002—2004年，个体工商户数量曾出现负增长局面，但2004年后，随着国家对非公有制经济发

①邹东涛、欧阳日辉：《中国所有制改革30年》，社会科学文献出版社，2008年，第143页。

②郭晋晖：《统战部长回应民企原罪讨论》，《第一财经日报》2006年12月28日。

展支持力度的加大，个体工商户数开始迅速增长。全国个体工商业的注册资金从2002年的0.38万亿元增长至2012年的1.98万亿元，注册资金总额增长4倍以上，年增长率超过17%，2008年后个体工商户注册资金增长率更是持续高于20%（见表10–2）。

表10–1　2002—2012年全国私营企业发展基本情况

年份	户数 / 万	增长率 / %	注册资金 / 万亿	增长率 / %
2002	263.83	20.00	2.48	35.90
2003	328.72	24.60	3.53	42.34
2004	402.41	22.42	4.79	35.69
2005	471.95	17.28	6.13	27.97
2006	544.14	15.30	7.60	23.98
2007	603.05	10.83	9.39	23.55
2008	657.42	9.02	11.74	25.02
2009	740.15	12.58	14.65	24.79
2010	845.52	14.24	19.21	31.13
2011	967.68	14.45	25.79	34.25
2012	1085.72	12.20	31.10	20.59

资料来源：历年《中国统计年鉴》。

表10–2　2002—2012年全国个体工商业发展基本情况

年份	户数 / 万	增长率 / %	注册资金 / 万亿	增长率 / %
2002	2377.50	−2.30	0.38	10.10
2003	2353.20	−1.02	0.42	10.53
2004	2350.50	−0.12	0.51	21.43
2005	2463.90	4.82	0.58	13.73
2006	2595.60	5.35	0.65	12.07
2007	2741.50	5.62	0.74	13.85
2008	2917.30	6.41	0.90	21.62
2009	3197.4	9.60	1.09	21.11
2010	3452.89	7.99	1.34	22.94
2011	3756.47	8.79	1.62	20.89
2012	4059.27	8.06	1.98	22.22

资料来源：历年《中国统计年鉴》。

（二）民营经济成为重要就业渠道

2002年，全国私营企业就业人数为3410万人，占全国就业人口总数的4.65%。其中，城镇私营企业就业人数1999万人，占城镇总就业人数的7.95%；乡村私营企业就业人数1411万人，占乡村总就业人数的2.93%。从2002到2012年，城镇和乡村的私营企业各自提供了大量工作机会，解决就业人口所占比重也逐年增加。截至2012年，城镇私营企业为我国7557万人口解决了就业问题，占全国城镇就业人口总量的五分之一左右；乡村私营企业则创造了3739万个就业机会，将近十分之一的农村劳动力选择进入乡村私营企业工作。总体来看，2012年全国私营企业就业总人数为1.13亿人，比2002年增长3倍以上，占全国就业人口总量的14.73%，越来越多的人选择进入私营企业工作（见表10–3）。

个体工商户作为非公有制经济的重要组成部分，在解决就业方面也做出了突出贡献。2002年全国个体工商户就业人数总量为4743万人，占全国就业人口总数的6.47%。其中城镇人口从事个体工商业者大约有2269万人，占城镇总就业人口的9.02%；乡村个体工商户就业人数为2474万人，占乡村总就业人数的5.14%。2002—2004年，全国个体工商户数量出现了一定程度的减少，但随着保护私有财产写入宪法以及多项非公有制经济鼓励政策的相继出台，自2005年起，全国范围内从事个体工商业的人数开始快速增长。2012年底，全国范围内有8629万人从事个体工商业，占全国劳动人口总数的11.25%，比2002年增加了近4000万人，大约有15%的城镇就业人口以及7.5%的乡村就业人口选择以个体的方式创造财富和社会价值（见表10–4）。

截至2012年底，民营企业（私营企业和个体工商户）为近2亿人提供了就业机会，占全国总劳动人口的25.98%。民营经济已逐步成为保障我国公民就业的重要渠道。

表10-3　2002—2012年私营企业就业人数及占比情况

年份	私营企业就业总人数 / 万人	占总就业人数比重 / %	城镇私营企业就业人数 / 万人	占城镇总就业人数比重 / %	乡村私营企业就业人数 / 万人	占乡村总就业人数比重 / %
2002	3410	4.65	1999	7.95	1411	2.93
2003	4299	5.83	2545	9.70	1754	3.69
2004	5018	6.76	2994	10.97	2024	4.31
2005	5842	7.83	3458	12.18	2366	5.11
2006	6586	8.78	3954	13.34	2632	5.80
2007	7253	9.63	4581	14.80	2672	6.02
2008	7904	10.46	5124	15.96	2780	6.40
2009	8607	11.35	5544	16.64	3063	7.21
2010	9418	12.38	6071	17.50	3347	8.08
2011	10354	13.55	6912	19.25	3442	8.50
2012	11296	14.73	7557	20.37	3739	9.44

资料来源：历年《中国统计年鉴》。

表10-4　2002—2012年个体工商户就业人数及占比情况

年份	个体工商户就业总人数 / 万人	占总就业人数比重 / %	城镇个体工商户就业人数 / 万人	占城镇总就业人数比重 / %	乡村个体工商户就业人数 / 万人	占乡村总就业人数比重 / %
2002	4743	6.47	2269	9.02	2474	5.14
2003	4637	6.29	2377	9.06	2260	4.76
2004	4587	6.18	2521	9.24	2066	4.40
2005	4901	6.57	2778	9.79	2123	4.59
2006	5159	6.88	3012	10.17	2147	4.73
2007	5497	7.30	3310	10.69	2187	4.93
2008	5776	7.64	3609	11.24	2167	4..99
2009	6586	8.69	4245	12.74	2341	5.51
2010	7007	9.21	4467	12.88	2540	6.13
2011	7945	10.40	5227	14.55	2718	6.71
2012	8629	11.25	5643	15.21	2986	7.54

资料来源：历年《中国统计年鉴》。

（三）民营经济为我国经济发展、国民财富增加做出巨大贡献

2004年，民间固定资产投资完成额为17968.90亿元，占全社会总固定资产投资完成额的30.44%。随着2005年多个领域对民营资本准入的大幅放开，民间资本对固定资产的投入以每年超过30%的速度迅速增长。2012年底，民间固定资产投资完成额高达219472.99亿元，比2004年增长了20多万亿，所占社会总固定资产投资比重也超过60%。民营资本成为投资固定资产的最主要力量（见表10–5）。

工业领域，私营企业所创造的销售产值逐年增长，从2004年的2万亿元左右增长至2012年的约28.5万亿元，十年间增长了14倍。私营企业工业销售产值所占全国总工业销售产值的比重也从2004年的14.61%提升至2012年的31.36%，私营工业企业贡献了近1/3的产值（见表10–6）。

从税收方面看，2004年全国总税收收入为25188.80亿元，其中民营经济（主要为私营企业和个体工商户）税收收入为3206.47亿元，占总税收收入的12.73%。从2004年开始，民营经济所贡献的税收收入持续增长，2012年民营经济所得税收收入为16329.98亿元，比2004年增长了4倍多，占全国税收收入的14.74%（见表10–7）。这一阶段内，民营经济所贡献的税收收入始终保持在总收入的15%上下，为我国税收的持续稳定做出了巨大贡献。

表10–5　2004—2012年民间固定投资及占比情况

年份	民间固定资产投资完成额 / 亿元	同比 / %	占比 / %
2004	17968.90	—	30.44
2005	27994.00	55.79	37.28
2006	38619.50	37.96	41.36
2007	53042.30	37.35	45.16
2008	70561.30	33.03	47.44
2009	93203.60	32.09	48.06
2010	123389.90	32.39	51.11
2011	175796.75	42.47	58.13
2012	219472.99	24.84	60.15

资料来源：历年《中国统计年鉴》。

表10-6　2004—2012年私营企业工业销售产值及占比情况

年份	私营企业工业销售产值 / 亿元	全国企业工业销售产值 / 亿元	私营企业销售产值占比 / %
2004	20372.91	139453.22	14.61
2005	46484.25	246946.37	18.82
2006	65549.38	310828.58	21.09
2007	91651.92	397626.73	23.05
2008	132571.15	494733.65	26.80
2009	157755.79	536134.06	29.42
2010	208223.82	684735.20	30.41
2011	246609.74	827796.99	29.79
2012	285331.77	909797.17	31.36

资料来源：Wind数据库。

表10-7　2004—2012年民营经济税收及占比情况

年份	全国总税收收入 / 亿元	民营经济税收收入 / 亿元	私营企业税收收入 / 亿元	个体工商户税收收入 / 亿元	民营企业税收占比 / %
2004	25188.80	3206.47	1994.83	1211.64	12.73
2005	30308.78	4101.63	2715.96	1385.67	13.53
2007	48574.92	6740.55	4789.94	1950.61	13.88
2008	57861.80	8690.32	5899.68	2790.64	15.02
2009	63103.60	9037.38	6402.26	2635.12	14.32
2010	77394.44	11633.35	8237.30	3396.06	15.03
2011	95729.46	14203.95	10152.42	4051.54	14.83
2012	110764.04	16329.98	10807.79	5522.19	14.74

资料来源：历年《中国税务年鉴》。

三、民营资本进入垄断行业

依据新老“非公经济36条”规定，允许民间投资进入金融、电力、电信、铁路等原公有制经济的垄断领域。在此推动下，民间资本在进入垄断行业方面取得了一定的成效，形成了一定的投资规模。

（一）推动民间资本进入垄断行业效果显著

2005年3月11日，一架印有“奥凯航空”标志的飞机从天津滨海国际机场起飞，标志着中国大陆第一家民营航空运输企业——奥凯航空有限公司正式开通航班。奥凯航空由北京奥凯交能投资有限公司、大地桥投资（北京）有限公司、深圳环宇物流有限公司和3名自然人共同出资组建，民营资本正式进入中国航空业。2005年4月24日，国内首个民营征信公司——成都融诚资信有限公司正式挂牌，开始为政府、企业和个人提供征信产品的服务，标志着民营资本正式进入信用服务领域。2005年6月29日，国内首家大规模民营综合性石油企业——长联石油控股有限公司在北京正式成立，该企业由湖北天发集团联合全国30多家民营石油企业共同发起成立，主要从事石油勘探开采、炼油化工、进口贸易等业务，民营石油企业也就此从单打独斗走向联合。2005年9月1日，东星国旅获得信息产业部批准，从2006年开始经营增值电信中的呼叫中心业务，成为国内首家民营增值电信业务的运营商。2006年8月22日，广东罗定市永盛资产经营有限公司与深圳市中技实业·（集团）有限公司在广州举行转让签约仪式，深圳市中技实业（集团）有限公司最终以4816万元的价格收购罗定铁路100%的产权，意味着我国首条民营资本绝对控股的铁路诞生，是国内允许民营资本进入铁路领域后的首次尝试。2007年7月30日，国内首家会员制民间借贷资金俱乐部在济南成立，开展房屋抵押贷款、民间借贷等业务，意味着民间资本向借贷领域迈出了一大步[①]。

从具体数据上看，民营经济进入了一个新的发展阶段，在一些原本被国有经济垄断的行业中也开始扮演越来越重要的角色。2004年，当时“非公经济36条”还未出台，我国私营控股固定投资为6517.9亿元，仅占全国总固定投资的11.04%。随着接下来几年国家政策对民营经济进入垄断领域的大力支持，截至2012年底，私营控股的固定资产投资总额达到176774.2亿元，占全国总投资比重近一半。

在一些比较有代表性的行业中，也能明显看出民营经济的高速增长。例如：2004年，采矿业中的私营控股固定资产投资为121.20亿元，只占业内总投资额的5.70%。但是不到十年间，该投资已在2012年上涨至5850.10亿元，

①黄孟复：《中国民营经济史：大事记》，社会科学文献出版社，2009年，第266—291页。

增长了47倍，占比也增至43.99%。制造业中，2004年只有11.53%的固定资产投资属于私营控股，金额为1689.56亿元。到2012年，私营控股固定资产投资已增至91213.50亿元，占比也达到行业总投资额度的近3/4。电力、热力、燃气及水的生产和供应业，私营控股的固定资产投资从2004年的101.38亿元、占比1.83%增长至2012年的3257.10亿元、占比19.54%，投资额度增加了30多倍。交通运输、仓储和邮政业，信息传输、软件和信息技术服务业，水利、环境和公共设施管理业以及金融业一直是公有制经济为主导的产业，2005年以前私营控股固定资产投资在以上几个行业内的占比都不足1%。随着市场准入的不断放开，2012年交通运输、仓储和邮政业的私营控股固定资产投资达到4222.00亿元，占比13.67%；信息传输、软件和信息技术服务业的私营控股固定资产投资达到523.50亿元，占比19.45%。水利、环境和公共设施管理业的私营控股固定资产投资达到2903.50亿元，占比9.8%。金融业的私营控股固定资产投资达到202.10亿元，占比21.87%（见表10-8）。

表10-8　2004年、2012年我国私营控股固定资产投资比例

指标	2004年			2012年		
	全国投资/亿元	私营控股投资/亿元	占比/%	全国投资/亿元	私营控股投资/亿元	占比/%
固定资产投资（不含农户）	59028.20	6517.90	11.04	364854.10	176774.20	48.45
农林牧渔业	645.12	70.08	10.86	8772.40	4682.20	53.37
采矿业	2126.25	121.20	5.70	13298.80	5850.10	43.99
制造业	14657.20	1689.56	11.53	124403.90	91213.50	73.32
电力、热力、燃气及水的生产和供应业	5525.13	101.38	1.83	16671.90	3257.10	19.54
建筑业	526.34	34.58	6.57	3685.30	825.20	22.39
交通运输、仓储和邮政业	7091.51	50.67	0.71	30881.40	4222.00	13.67
信息传输、软件和信息技术服务业	1637.98	4.20	0.26	2691.30	523.50	19.45
水利、环境和公共设施管理业	4890.82	31.48	0.64	29618.40	2903.50	9.80
教育	1803.01	63.99	3.55	4608.20	576.50	12.51
金融业	97.59	0.52	0.53	923.90	202.10	21.87

资料来源：《中国统计年鉴2005》《中国统计年鉴2013》。

（二）民间资本进入部分垄断行业依然存在障碍

可以看出，民间资本进入一些垄断行业的速度确实增长较快，如农林牧渔业、采矿业、制造业、金融业等，但也不难发现，部分垄断行业内民营资本占全国总投资的比重仍然较低，如交通运输、水利、电信、教育等。与国有及国有控股投资和外商投资相比，我国民间投资在准入领域数量和进入后的投资数量上都不占优势。实际上，大量的民间资本只能拥挤在国家允许投资及自身可能投资的行业中，民间投资发展的“三重门”并没有完全被打开，民间投资的行业准入障碍依然存在。

“三重门”即阻碍民间资本顺利进入部分垄断行业的“玻璃门”“弹簧门”和“旋转门”。所谓“玻璃门”是指政府相关部门在落实新老“非公经济36条”的过程中，并不全力去推动，有些部门甚至只把文件抄来抄去，敷衍、应付，没有落实的诚意。民间资本理论上可以进入，但根本无法进入某些领域，只能“看得见”却“摸不着”。“弹簧门”则指民营企业进入了某些领域，但在税收、融资、行政收费、政府服务等各方面得不到公平的待遇，在众多非市场因素的干扰下，民营企业不得已又被“弹”出了这个行业。“旋转门”体现了职能部门的管理、服务不到位，有些涉及多个部门的项目在各部门之间推来推去，令企业来回绕弯子，就像走进了旋转门一样。

在全国工商联发布的《2012中国民营企业500强调研分析报告》中显示，截至2011年，高达51.8%的民营企业500强认为政府有关部门观念未完全扭转，对允许民营经济进入垄断行业相关政策的执行不到位。还有38.8%的企业表示垄断行业对新进入者仍有较大的抵触。据第三方评估，新老“非公经济36条”落实得并不理想，主要因为民间资本准入存在诸多障碍。

1. 政策法规障碍

我国现有的政策法规中，仍有不少规定通过确立国有企业的经营地位，或者设置进入门槛，对民间资本活动范围形成限制或歧视。

在石油业勘探开采领域，《中华人民共和国矿产资源法》和《矿产资源勘查区块登记管理办法》规定：“只有由国务院授权的有关主管部门审批，并颁发采矿许可证的企业才有权开采石油、天然气等矿种。”以法律的地位明确了中石油、中石化两大国有企业的垄断地位。2011年，石油天然气开采业投资额3022亿元，国有控股企业投资2822.6亿元，占比93.4%。对于民营石油企业而言，石油进口同样受到严格限制。2002年《原油、成品油、化肥国营贸易进口经营管理试行办法》规定，经外经委、海关总署等部门的允许，非国营贸易企业从事部分数量的进口。实际上，原油和成品油进口配额一直被限定于国营贸易企业。这些限制性措施，将民营企业割裂在市场之外，无法成为合法的市场主体参与经济活动。据统计，我国目前拥有原油非国营贸易进口资质的企业22家，其中国有企业所属公司占到半数以上。

虽然新“非公经济36条”允许民间投资进入金融、电力、电信、铁路等领域，但同时国家从资金、技术条件等方面对进入这些领域设定了限制门槛，加之长期以来把国有及国有控股投资和外商投资放在主导地位的惯性思维的无形门槛，这都使得尚处于发展初级阶段的民间投资在短时期内很难介入这些领域。比如，在电信行业，政府对电信业务经营按照电信业务分类，实行许可制度。经营电信业务，必须按照《中华人民共和国电信条例》的规定取得国务院信息产业主管部门或省、自治区、直辖市电信管理机构颁发的电信业务经营许可证。对于经营基础电信业务的企业，根据该条例规定，必须是国有控股企业。“经营基础电信业务，应当具备下列条件：经营者为依法设立的专门从事基础电信业务的公司，且公司中国有股权或者股份不少于51%。”在《电信业务经营许可管理办法》中设定了很高的进入门槛，“在省、自治区、直辖市范围内经营的，注册资本最低限额为1亿元人民币；在全国或者跨省、自治区、直辖市范围经营的，注册资本最低限额为10亿元人民币”。

2. 市场环境限制

除了政策环境外，市场环境对民间资本也形成了较大的限制。一些垄断性行业项目开发大都需要大量资金，这对一般的民营企业而言，靠自身力量是难以承受的。以石油开采为例，一块年产原油200万吨油田的评估价值达数百亿元人民币，在上游勘探开发领域，动辄数亿的勘探资金和5%的勘探成功率，是规模较小的企业无力承担的高投入、高风险产业。另外，民营企业与国有企业相比，自身实力较弱，在市场竞争中很难取得优势。据相关统计：三大石油公司控制超过95%的原油生产和进口；中石油、中石化的加工能力占全国的79.8%，零散的地方炼油厂仅占18.5%；中石油、中石化全资和控股的成品油批发企业占全国的63.7%，而其控制的加油站数量占加油站总数的51%。下游民营企业只有在三大石油公司产量富足时才能得到稳定油源，一旦出现供应紧张等局面就会导致民营加油站的油源难以得到保障，危及生存，严重影响民营企业的扩大再生产。

在电信行业，国有资本垄断全部的基础电信业务和大部分增值服务，民间资本只能进入通信行业的二级运营领域，主要包括信息内容服务和信息技术服务等增值服务领域。2010年《国务院关于鼓励和引导民间投资健康发展的若干意见》（简称“新非公经济36条”）中，提出了允许民间资本以参股方式进入基础电信运营市场。因此，按照国有股份不能低于51%的规定，在市场运行中，民间资本不能独立设立基础电信企业，只能选择以参股的模式进入。同时，民间资本参股的电信企业肯定是已有的基础电信运营企业，实际上就是参股目前的三大电信运营商，在基础电信领域仍然不会打破现有的垄断格局。

资金是企业运营最重要的要素之一，对民营企业而言尤其如此。但在我国现实状况下，金融市场资源利用和配置能力不够，政府缺乏有效的优惠扶持政策和完善的投资服务体系，导致充裕的流动资金难以形成有效资本，使得民间资本“不想”和“不敢”进入实体经济。

3. 自身生产运营问题

民间资本进入石油领域，除了要考虑外部的政策环境、市场环境，企业自身的各方面建设也不容忽视。民营石油企业往往面临经营经验缺乏、人才不足、信息化建设滞后、资金短缺、产业链和供应链不完善、油源不足、政策支持不够等现实问题，这些都是制约民营油企发展的瓶颈。目前，民营资本还过于分散，石油行业却需要大资本运作。未来应该有序扶持有条件的民营石油企业走向联合、扩大规模、增强实力，与国际市场接轨、参与国际竞争。

在民间资本进入金融领域方面，企业自身同样存在金融人才缺乏、市场定位不清、社会认知度不高、资本规模较小等诸多难题。由民间资本发起或参与设立的金融组织在股权安排上容易出现过度集中与过度分散两个极端，从而造成少数人控制或经理人控制等内部人控制问题。民间资本绝大多数仍然掌握在工商企业主手中，其投资兴办或参与微型金融组织很大程度上是希望为企业融资提供便利，股东关联贷款问题有可能成为民间资本进入金融领域后最易失足的泥沼。

第十一章　国有资产管理体制改革推动国有企业改革进入发展新阶段

随着现代企业制度的不断健全和股份制的积极推进，国有企业改革逐步深化、提高，众多国有企业通过改组、改制的方式实现了向市场化、规模化、技术化的成功转型。进入21世纪，关于国企改革的认识仍在实践探索中继续加深和完善。2002年11月，党的十六大提出了“要深化国有企业改革，进一步探索公有制特别是国有制的多种有效实现形式”，“除少数必须有国家独资经营的企业外，积极推进股份制，发展混合所有制”，同时“国家要制定法律法规，建立中央政府和地方政府分别代表国家履行出资人职责，享有所有者权益，权利、义务和责任相统一，管资产和管人、管事相结合的国有资产管理体制”。次年的中共十六届三中全会又明确指出“产权是所有制的核心和主要内容”，此外还要“坚持政府公共管理职能和国有资产出资人职能分开。国有资产管理机构对授权监管的国有资本依法履行出资人职责，维护所有者权益，维护企业作为市场主体依法享有各项权利，督促企业实现国有资本保值增值，防止国有资产流失”。经过多年的思考和探索，人们逐步认清，国有企业改革的“靶点”在于产权的归属以及国有资产的管理体制①。

①邹东涛、欧阳日辉：《中国所有制改革30年》，社会科学文献出版社，2008年，第210页。

第一节　新型国有资产管理体制的建立

现代企业制度的建立，激发了国有企业的内在活力，有效提高了其市场竞争力，国有资产增值明显。截至2003年，我国国有企业总资产合计19.7万亿元[①]。如何用好这些资产，如何使国有资产保持增值，如何确保这些资产得到有效的管理，成为关系国民经济发展，影响我国基本经济制度不断完善的重大课题。

一、“五龙治水”的弊端

我国国有资产管理体制的变革从中华人民共和国成立以来，一直在实践的探索中与时俱进。从计划经济体制到社会主义市场经济体制，从国有资产的无偿划拨制度到国有资产管理局的成立，完善正确的国有资产管理制度一直是人们不断追求的目标。1998年，国务院机构改革中撤销了原本同财政部、税务局一同行使国有资产管理职权的国有资产管理局，开始采用将国有资产的出资者所有权分散于不同政府部门的管理模式，即“五龙治水”模式。

所谓“五龙治水”，就是在日常的国有资产管理中，组织部、大企业工委负责企业经营管理者的任免，即“管人”；财政部负责国有资本金的基础管理，主抓资产的登记和处置，即“管资产”；国家计委负责立项，对基本建设投资进行管控；经贸委牵头日常运营，制定产业政策的同时对企业的破产管理、改制和兼并行为进行监管，即“管事”；此外，国有企业员工的工资待遇额度则交给劳动部进行审批。五大管理部门各负其责，共同承担起国有资产管理的责任。

“五龙治水”模式在加强管理上确实取得了一定成效，但随着我国社会主义市场经济体制的不断完善以及成功加入世贸组织，该模式暴露出一定程度的弊端。首先，该模式下政府的社会管理职能和出资人职能并未真正分

①资料来源：Wind数据库。

开，政企不分就避免不了出现社会目标替代经济目标的现象，国有企业原本正当的市场经营行为就会“变质”，从而造成市场不规范、国有资产流失等不良影响。其次，国有资产的监管权分散于多个部门，权利义务难以统一，管人、管事、管资产不能有效结合，经常出现多个部门都以所有者代表的身份对企业发号施令，而一旦出现问题，又相互推诿的现象，进而导致国有资产运营效率低下[①]。因此，这种多方管理、分而治之、权责模糊的管理模式需要被一种真正适应国有企业改革实际需要的模式替代。

二、国有资产管理体制的重大突破

为解决国有资产管理部门林立、机构烦冗、效率低下的问题，真正实现政企分开，使国有企业成为市场的主体，党的十六大明确了国有资产管理体制改革的总思路，即“国家制定法律法规，建立中央政府和地方政府分别代表国家履行出资人职责，享有所有者权益，权利、义务和责任相统一，管资产和管人、管事相结合的国有资产管理体制”。

2003年3月16日，国务院国有资产监督管理委员会（以下简称国资委）正式成立，明确代表国家履行出资人职责，而政府不再直接管理国有企业，从而做到了政企分开。同年5月，国务院颁布《企业国有资产监督管理暂行条例》，其中明确规定“国有资产监督管理机构不行使政府的社会公共管理职能，政府其他机构、部门不履行企业国有资产出资人职能”，真正做到了政府的公共管理职能与出资人职能相分离，政资分开得以最终实现。

中共十六届三中全会再次强调“坚持政府公共管理职能和国有资产出资人职能分开。国有资产管理机构对授权监管的国有资本依法履行出资人职责，维护所有者权益，维护企业作为市场主体依法享有各项权利，督促企业实现国有资本保值增值，防止国有资产流失”。至此，“三分开、三统一、三结合[②]”的新型国有资产管理体制在不断探索中逐步建立起来，此项重大

①资料来源于张卓元接受新华网采访时的讲话。

②邹东涛、欧阳日辉：《中国所有制改革30年》，社会科学文献出版社，2008年，第232页。“三分开”即政企分开、政资分开以及所有权与经营权分开；“三统一”为权利、义务和责任相统一；“三结合”为管资产和管人、管事相结合。

突破为国有企业改革的深化打下了坚实的基础。

2006年，国务院颁发了《地方国有资产监管工作指导监督暂行办法》，国有资产管理体制规范化改革从中央扩展到地方。2006年底，国有资产监督管理机构遍布中央及全部地市，其间颁布了1000多份相关监管规章和条例。中央和地方的国有企业在新的国有资产管理体制的激发下充满活力，国企改革得以不断深化发展。

三、国有资产管理体制的重要措施

（一）建立企业国有资产出资人制度

国家所有、分级代表、分级监管。我国对企业国有资产长期实行的是国家统一所有、政府分级监管的体制。国资委成立后，在坚持国家所有的前提下，充分发挥中央和地方的积极性，逐步建立了中央政府和地方政府分别代表国家履行出资人职责的企业国有资产监督管理体制，确立了各级政府的出资人地位和身份，明确了各级政府管理企业国有资产的范围，管理、处置收益的权限以及出资人职责的具体内容。各级企业国有资产监管机构分别代表国家履行出资人职责，上级政府企业国有资产监管机构依法对下级政府的企业国有资产监管工作进行指导和监督，下级企业国有资产监管机构必须严格执行企业国有资产监督管理的法律法规，对本级政府负责[①]。这种国家所有、分级代表、分级监管的体制有利于调动地方积极性，加强企业国有资产监管，实现企业国有资产保值增值。

三分开、三统一、三结合。党的十六大决定成立国资委，对企业国有资产管理体制进行重大改革，从体制机制上推进“三分开、三统一、三结合”[②]的改革。“三统一”即权利、义务和责任相统一。“三结合”即管资产和管人、管事相结合。新的企业国有资产管理体制极大地激发了国有企业

①节选自2004 年2 月24 日李荣融在全国国有资产监督管理会议上的讲话内容。

②胡钰：《认识国企要有思想定力——国企的改革历程与存在价值》，《人民论坛》2014年第38期。

活力，促进了国有企业改革和发展。5年来的实践证明，企业能否搞好与所有制没有必然关系，在市场经济条件下，遵循企业发展规律，国有企业是完全可以搞好的。“三分开”即政企分开、政资分开以及所有权与经济权分开。政企分开，政府授权企业国有资产监督管理机构对企业国有资产履行出资人职责，不直接管理国有企业；政资分开，企业国有资产监督管理机构不行使政府的社会公共管理职能，政府其他机构、部门不履行企业国有资产出资人职责；所有权与经营权分开，企业国有资产监督管理机构不得直接干预企业的生产经营活动①。

（二）建立企业国有资产经营责任制度

实行企业负责人业绩考核制度。国资委成立之初，国有企业公司治理的一个重要缺陷是内部人控制。因此，国资委成立后着力于强化国家所有者在公司治理中的地位，遏制内部人控制的趋势。为此，国资委建立和实施了一套中央企业负责人（包括董事长、总经理、总会计师，部分企业也包括副董事长、副总经理）的业绩考核制度。业绩考核分年度经营业绩考核和任期经营业绩考核。年度考核以年度利润总额和净资产收益率为基本指标，任期考核以企业国有资产保值增值率和三年主营业务收入平均增长率为基本指标。年度经营业绩考核和任期经营业绩考核的最终结果分为A、B、C、D、E五个级别②。

实行绩效薪酬与考核挂钩制度。国资委改革企业负责人薪酬管理制度，通过将考核结果与企业负责人薪酬中的绩效薪酬部分挂钩实行奖惩。企业负责人薪酬由基薪、绩效薪金和中长期激励三部分构成。基薪是企业负责人年度的基本收入，主要根据企业经营规模、经营管理难度、所承担的战略责任和所在地区企业平均工资、所在行业平均工资、本企业平均工资等因素综合确定。绩效薪金与经营业绩考核结果挂钩，以基薪为基数，根据企业负责人的年度经营业绩考核级别及考核分数确定，为基薪的0～3倍，当年兑现60%，其余40%与任期考核挂钩。这种薪酬制定机制有利于调动经营者的积

①李荣融：《关于国有企业改革发展的报告》，《学习时报》2008年4月21日。

②吴敬琏：《当代中国经济改革教程》，上海远东出版社，2010年，第223—225页。

极性，促进企业发展[①]。

（三）建立有效的企业董事会制度

在进行业绩考核、招聘高级管理人员时，国资委超越了其股东角色，行使股份有限公司董事会通常行使的职能。而在当时，国资委所面对的一级公司（控股公司、集团公司等）多是国有独资公司，这类公司一般没有董事会，即使有，也是上级机关任命的“领导班子”（特别是“一把手”）说了算，董事会根本不起作用。国资委的领导认识到，改善国有企业管理的“核心是完善公司法人治理结构，关键在建设规范的董事会”。鉴于此，2004年6月，经国务院批准，国资委发出了《关于中央企业建立和完善国有独资公司董事会试点工作的通知》和《关于国有独资公司董事会建设的指导意见（试行）》等文件，启动了从宝钢集团开始的建立和完善董事会试点工作。与传统的国有企业“领导班子”相比，董事会试点所“试”的主要是两方面的新机制：一是引入相当比例的外部董事；二是在董事会和以总经理为首的经理层之间形成制衡关系。在规范董事会试点的基础上，2008年10月，国资委党委和中共中央组织部联合印发了《关于董事会试点中央企业董事会选聘高级管理人员工作的指导意见》，第一次把中央国企高管的选聘权交给了董事会，建立了出资人机构选派董事会、董事会选聘和管理经理层的国有企业领导者分层分类管理的新体制[②]。

（四）优化国有经济布局结构

国资委成立以来，积极推进国有经济布局和结构调整工作，李荣融同志就提出了中央企业结构调整的“三三制”原则，即主业不能超过三个，管理层级要限制在三级以内，要当行业前三名。主要以“五个推进”为调整措施。一是推进中央企业的整体重组。通过横向联合重组、具有优势互补和战略协同效应的企业联合重组等不同形式的联合重组，进一步减少国资委直接监管的中央企业的数量。二是推进中央企业内部主业重组和非主业分离重

①李荣融：《遵循规律办企业》，中国经济出版社，2010年，第82页。

②吴敬琏：《当代中国经济改革教程》，上海远东出版社，2010年，第221—225页。

组。围绕做强做大主业，减少管理层次，缩短管理链条，分离非主营业务资产，进行同业合并重组，使企业的辅业资产向其他具有优势互补的企业集中，有效整合资源，减少重复建设和过度竞争。三是推进以资产经营公司为平台的调整重组。探索以资产经营公司为平台，采取托管、持股等方式，推进中央企业改制退出和调整重组。四是推进中央企业与地方国有企业重组。通过国务院国资委与各地国资委所监管企业之间的股权置换，通过中央企业和地方国有企业之间的相互持股等，推进中央企业和地方重点企业的股份制改革，实现更大范围的资源有效配置。五是推进国有企业政策性关闭破产。抓紧组织实施国务院批准的国有企业政策性关闭破产四年规划，逐步解决国有大中型困难企业关闭破产退出市场问题，国有企业通过法律途径在市场竞争中优胜劣汰。

（五）建立中央企业高管公开招聘制度

除对中央企业负责人进行业绩考核之外，国资委还积极探索在海内外经理人员市场上公开招聘中央国有企业负责人。中央国有企业面向海内外公开招聘高级管理人员始于2001年，由中共中央组织部组织进行。截止到2010年，国资委已经与中组部一起组织了7次公开招聘，92家中央企业招聘了108名高级管理人员，所招聘的职位从副职到正职、从会计师到总经理，重要性不断提高。为了确保层层选拔的人员能够真正适应岗位要求，对于公开招聘上来的人员，规定一年的试用期，而且有专门的评价体系，评价达标才正式签聘用合同，合同期是三年，三年期间都是以合同条款来进行考核，达到合同要求，按照合同兑现相应薪酬，达不到要求，也按照合同要求给予相应的扣减，不合适就要辞退。这种方式在某种程度上解决了国有企业负责人能进不能出的问题，改变了传统的委任制，取得了良好的效果[①]。

四、国有资产管理体制仍需进一步完善

这一时期，国有资产管理体制框架的确立标志着国有企业的改革取得了

①楚序平、任海平：《深化国有资产管理体制机制改革研究》，中国国际经济交流中心，2015年。

很大成效。但总体来看，改革过程中需要解决的问题还有很多，国有资产管理体制仍需进一步完善。

（一）政企不分的问题仍然存在

政企分开、政府公共管理职能与出资人职能分开，是国有资产管理体制改革的本质和核心内容。然而，国有资产管理体制改革实施后的很长一段时间内，我国的政企并没有实现完全分开，相当一部分经营性国有资产仍然由政府社会公共管理部门、事业单位及其他组织监管，导致政出多门，监管规则不一致，资源配置分散，经营效率不高。其中，有的部门和机构要求按行业、领域设立专门机构，继续行使国有资产出资人职责和国有资产监管职责；有的地方擅自将原本已经政企分开的企业重新规划行业管理部门监管；有的地方授权政府的公共管理部门对新组建的国有企业行使出资人职责；有的地方企业以行业特殊性为由，将国资委已经监管的企业出资设立子企业，再放入行业管理部门监管范围内。上述行为都在很大程度上限制了国有企业的投资积极性。

（二）国资监管部门干预企业自主经营权

国资委监管存在越位越权干预企业自主经营权的问题。突出表现，一是监管领域过宽，对企业干预过多。国资委不仅有基于股东权责的干预，还有公共政策管理、企业内部管理的许多干预。一些干预的法律依据不充分。对企业内部事务，国资委的干预甚至细致到职工教育培训经费、女职工工作、企业财务信息化等。这些干预有时会影响国企的公司治理，比如国资委曾未经股东会同意就强令央企出非主业投资，直接限制其经营范围，划拨相关资产，而这些公司很多都是上市企业。二是监管的工作方式不当甚至错误。如为推动企业管理制度的改进，国资委应该甚至有必要提出指导性意见，但具体要求企业设置有关机构及相应人员的职级安排，就未必合适。国资监管机构应该建立权力清单，回归到出资人代表的位置上去。

（三）“三统一、三结合”的出资人制度未完全落实

国资委作为国有资产出资人代表，充分、完整地享有资产收益，参与重

大决策和选择管理者等三项基本职权，不仅是国有企业建立现代企业制度的基本要求，也是公司法、企业国有资产法的明确规定。然而，这一时期国有资产出资人的基本职权仍然分散在不同的部门。中央层面，“五龙治水”问题依然存在。地方层面，有的地方国资委只对监管企业行使管资产的职责，企业负责人管理机制尚未完全理顺，存在企业领导班子和领导人由两个以上部门共同管理的现象，国有资本收益权普遍未得到落实。有的地市政府一直未明确国资委监管企业名单，致使国资委无法行使出资人职责。

第二节　国有企业产权多元化改革的深入

根据现代产权理论，产权多元化尤其是引入私有产权主体的多元化，有利于企业整体效率的提升。所以我国国有企业自中共十一届三中全会以来，便开始进行国有企业产权多元化的改革，并先后进行了放权让利、承包经营、股份制改造以及上市等多种尝试，且取得了积极成效。

一、现代企业制度改革的成效与争论

1993年11月中共十四届三中全会，发布了《中共中央　关于建立社会主义市场经济体制若干问题的决定》，其中明确指出建立现代企业制度的目的就是深化国企改革，通过产权结构的改革使国企成为“产权清晰，权责明确，政企分开，管理科学”的现代化企业。随后，国务院选择了一批国有企业开展公司制改制试点，进行了国有独资企业改为有限责任公司或股份有限公司以及国有大中型企业改制上市的创新性举措。中共十五届四中全会上，进一步明确了国有企业公司化改制的要求，开始突出强调国有经济的战略性调整以及建立有效的公司治理模式，国有企业的公司化改革也开始进入股权多元化和股份制改造的阶段。许多国有企业选择股份化、IPO和上市，广泛吸纳社会资本。中央和地方也选择了2500多家国有企业，指导它们开展公司制股份制改革，通过转换企业经营机制、分离分流、债转股等形式，使国有企业扭亏脱困。此外，还通过产权转让、企业改制、关闭破产等方式，促使

大批市场竞争力差的国有中小型企业退出国有经济或退出市场，优化资源配置。

到2002年，15.9万家国有控股企业中有50%以上实行了公司制改革。从1998年到2002年底，国有及国有控股企业重组上市的有442家，累计筹集资金7436亿元。截至2002年底，我国在境外上市的1270家公司中，国有控股企业就占80%左右。此外，这一时期也涌现出一批具有较大影响力和较强竞争力的大企业集团。1997年至2002年，进入世界500强的内地企业数量由3家增长至11家，新增企业全部都是国有及国有控股公司。2003年中国企业联合会推出的我国企业500强中，国有及国有控股公司共有368家，占总数的73.6%，资产占总数的96.4%，利润占总数的85.4%[①]。

股权多元化改革反映出政府开始从所有制角度来破解国有企业改革的难题。随着企业产权改革的深入，股份制改革实施过程也探索出许多种形式，比如企业直接出售、管理层收购（MBO）以及试行经理人股票期权等，但是有些改革由于实践中措施的不配套，出现了大量国有资产流失的情况，从而引发了当时社会上和学术界有关产权改革的争论和批判，其中比较有代表性的是香港学者、金融学教授郎咸平的“三次讨伐”。

典型事例：郎咸平“三次讨伐”引发国企改革问题思考

（一）质疑TCL

2004年6月17日，郎咸平发表文章，公开质疑TCL集团产权改革方案，从而拉开了这场“产权改革”论战的序幕。

TCL集团的前身是生产磁带为主的惠阳地区电子工业公司，1985年，该公司与港商合资建立了TCL通讯设备有限公司，分别占股70%和30%，并于两年后兼并了其位于惠州市的母公司。1992年，TCL通讯设备有限公司改组为股份制公司，次年登陆深交所成功上市。1996年，TCL集团合资组建了TCL王牌电子有限公司、TCL电子（香港）有限公司等多个子公司。截至当时，TCL集团虽然下属有多个上市公司、股份制企业，但集团本身是一个国有独资企业，产权并无实质性改变。在郎咸平看来，1996年李东生继任集团总裁

①宋养琰：《国企改革30年》，《经济研究导刊》2008年第12期。

是一个转折点，TCL集团从此走进了另一个时代①。

1997年4月，惠州市人民政府批准TCL集团进行经营性国有资产授权经营试点，并与李东生签订协议，赋予其放权经营的权利。协议规定，以1996年为界，之前TCL集团资产总计约3亿元全部划归惠州市政府所有，之后李东生经营下的TCL集团每年资产回报率不得低于10%，低于10%则管理层将受到相应处罚。倘若回报率增长10%～25%，管理层可以股权形式获得其中15%；若增长25%～40%，管理层可以股权形式获得30%；若增长40%以上，管理层则获得40%。TCL集团产权改革由此开始，并极大地激发了管理者和员工的工作效率以及主人翁精神。之后的几年中，TCL集团飞速发展，每年都超额完成原定10%增速任务。这一改变带来的不仅仅是国有资产的快速增值，还有管理层的持股数量，2001年底，TCL集团员工持股比例已高达46%②，持股员工级别已拓展至基层管理者。

TCL集团的产权改革并未就此止住。2002年4月，集团召开首届股东大会，决定将TCL有限责任公司变更为股份有限公司，并通过现金置换股权的方式引进外资，从而实现了企业产权的多元化。股份改造之后，惠州市政府从控股58%的绝对股东变为了持股40%左右的相对大股东，TCL管理层的控股比例上升至25%。次年，TCL集团再次出招，宣布与之前已经单独上市的TCL通讯设备有限公司进行合并，且于2004年1月30日正式挂牌深交所，完成了集团的整体上市。短短两年中，TCL集团先后完成了产权多元化和国有企业民营化的举措，一时间声名大噪，成为众多国有企业效仿的对象。

郎咸平在TCL巅峰的时候抛出了质疑，他认为，TCL集团产权改革的成功不是国有企业改革成功的典型案例，而是以李东生为代表的企业管理层个人利益最大化，“名正言顺”侵吞国有资产的过程。整个产权改革的历程，伴随着国有股权的稀释，是“以股权激励为招牌，以证券市场为渠道，使国

①郎咸平：《质疑TCL产权改革方案全文》，https://wenku.baidu.com/view/95afb7c38bd63186bcebbc74.html。

②郎咸平：《质疑TCL产权改革方案全文》，https://wenku.baidu.com/view/95afb7c38bd63186bcebbc74.html。

有资产逐步流向个人的过程”①。

（二）对海尔的批判

一波未平一波又起，在社会的关注焦点全部集聚于TCL产权改革背后问题的时候，2004年7月31日，郎咸平发表了一篇名为《海尔变形记——一次曲折而巧妙的MBO②》的文章，将矛头直指家喻户晓的家电企业——海尔集团。

事件导火索为2004年7月28日，香港上市公司海尔中建发布公告，称海尔中建将延期认购海尔集团所持有的飞马青岛公司35.5%的股权。郎咸平就此产生疑问，他断定主营移动电话业务的海尔中建公司收购拥有白电资产的飞马青岛公司，实质上是为了完成借壳从而实现国有股权的稀释，因为一旦海尔集团成功借壳，海尔集团体系内一家名为海尔投资的企业直接和间接的持股将达到35.84%，成为最大持股者。

通过深入调查，郎咸平指出，海尔投资是海尔集团海外资本运作的主要平台。其98.6%的股份由“海尔职工持股会”持有，而持股会的实际控制人为海尔内部的管理层和员工。

郎咸平分析，海尔首席执行官张瑞敏对海尔产权进行了三次“变形”。2000年，海尔投资成立，其主体为海尔职工持股会，而海尔投资拥有海尔商标专利权和零部件供应权，这就让海尔投资通过这两项权利在内部交易中获取了暴利；2001年，海尔投资溢价收购青岛海尔空调器有限公司74.45%股份，其中产生的股权投资差额高达20亿元，也一并转让给了海尔投资。此后，海尔投资又作为主体完成了多次海尔的金融资本扩张，致使其总资产达到650亿元以上。海尔集团2003年的全球销售收入为806亿元，而持股会实际控制的海尔投资就占有650亿元以上的资产，超过80%的占比实在令人匪夷所思。因此，海尔集团内部存在严重的国有资产流失现象。

（三）郎顾之争

将对国有企业改革过程中国有资产流失的质疑推向高潮的，是后来引发

①郎咸平：《质疑TCL产权改革方案全文》，https://wenku.baidu.com/view/95afb7c38bd63186bcebbc74.html。

②MBO：Management Buy-Outs，即管理层收购。

整个经济学界争论的“郎顾之争”。2004年8月9日，郎咸平在复旦大学发表了题为《格林柯尔：在“国退民进”的盛筵中狂欢》的演讲，其间毫不隐讳地声讨格林柯尔董事长顾雏军在“国退民进”的商业行为过程中，疯狂聚敛国家财富。他指出顾雏军在收购科龙、美菱、亚星客车以及ST襄轴等企业时，使用“七板斧”（安营扎寨、乘虚而入、反客为主、投桃报李、洗个大澡、相貌迎人、借鸡生蛋），通过表面看似无关的交叉交易制造盈亏假象，最终实际只投入9亿元，却侵吞了价值接近136亿元的国有资产。该演讲在媒体中掀起轩然大波，各主流媒体、网络媒体纷纷报道、转发相关内容，一时间“顾雏军席卷国家财富”成为热议。不同于TCL和海尔的缄默，愤怒的格林柯尔董事长向郎咸平发去律师函，要求其立刻停止“不负责任”的言论和行为，并在沟通未果的情况下，于2004年8月16日，以“诽谤罪”将郎咸平告上法庭，“郎顾之争”由此诞生。

“郎顾之争”的特殊性在于它从两个单一个体的争论，或者说一位学者对一家企业商业行为的质疑，迅速扩展至整个经济学界甚至法学界的大论战。2004年8月20日，《北京晨报》刊登的一篇名为《顾雏军郎咸平公案反思：经济学界为何集体失语？》的文章一石激起千层浪，多位经济学者纷纷站出来公开发表言论，对国有企业改革、国有资产流失等问题提出意见和看法。一时间，“倒郎派”和“挺郎派”之间展开激烈争论，“郎顾之争”也逐渐演化成一场全社会范围内，关于国有企业改革方向、产权改革路径、法律层面公平和效益的大思考、大讨论。事件最终于2005年7月，以顾雏军的刑事拘留为结尾落下帷幕，但其引发的思想震荡久未平息，通过这场争论所揭示的问题，人们开始对国有企业改革有了更多的感悟和思考。

通过“三次讨伐”，郎咸平直观地表达出自己的看法，即现阶段实施的产权改革不能使国有企业走上正轨，而只会导致国有资产被逐步瓜分，因此他主张停止国有企业产权改革。

从TCL“以股权形式稀释国有资产”，到海尔“侵吞国家财富”，再到格林柯尔的“国退民进”，其核心问题在于国有企业产权改革是否终会导致国有资产的流失，究其本质还是国有企业改革过程中公平和效益如何平衡的问题[①]。不可否认，郎咸平的质疑和批判确实一针见血地指出了国有企业改革中非常棘手，同时又非常需要重视的问题——国有企业改革中国有资产流失严重，但其关于停止产权改革，改变国有企业改革方向的主张又显得过于偏激。国企改革中出现的问题应该得到有效解决，但改革的方向不容否定。从改革开放40多年的今天回首过往，实践证明国有企业产权改革的总体方向是正确的。

二、国有企业产权多元化改革的继续推进

2003年中共十六届三中全会明确指出“积极推行公有制的多种有效实现形式，实现投资主体多元化，使股份制成为公有制的主要实现形式”。因此这一阶段国有企业改革的重点内容仍是大力推进股份制改革，同时多方面推进产权改革。

（一）继续加大股份制改革力度

2003年国资委成立后，首先制定了与《企业国有资产监督管理暂行条例》相配套的一系列有关企业改制、资产评估、产权转让、业绩考核的规章、制度和文件，并对中央企业做了全面清产合资，摸清了家底。其次为进一步加快中央企业股份制改革步伐，国资委推出四项措施：一是加快推进具备条件的大型和特大型中央企业境内外上市，实现股权多元化。二是以做大做强上市公司、实现主业资产整体运作和尽量减少关联交易为目标，通过改革、改组，逐步将集团公司优良资产择机注入上市公司。三是通过积极引进境内外战略投资者等多种形式，实现中央企业投资主体多元化。四是从履行出资人职责出发，推进已改制企业不断完善公司法人治理结构，转换企业经营机制，提高市场竞争力，增加对投资者的回报。措施的推行取得了显著成效，2012年，90%以上的国有企业完成了公司股份制改革，中央企业及所属子企业的股份制公司企业户数所占比重从2002年的30.4%增加到2011年的72%；2005年，纯国有独资企业有72640户，到2012年只剩下43691户。

①龙昊：《郎顾之争 国企改革如何进行》，《中国经济时报》2004年12月29日。

（二）推进股权分置改革

股权分置是中国内地证券市场独有的一种方式，指的是A股市场上的上市公司的股份，被划分为流通股与非流通股。所谓流通股，是指股东所持向社会公开发行的股份，且能在证券交易所上市交易；而公开发行前股份暂不上市交易，称为非流通股，国有股就属于非流通股的一种。股权分置的格局，不仅限制了中国股市的发展，也影响了国有企业股份制改革的步伐。

2004年1月31日，国务院发布《国务院关于推进资本市场改革开放和稳定发展的若干意见》，明确提出“积极稳妥解决股权分置问题”。2005年4月29日，经国务院批准，中国证监会发布《关于上市公司股权分置改革试点有关问题的通知》，启动了股权分置改革的试点工作。经过两批试点，取得了一定经验，具备了转入积极稳妥推进的基础和条件。经国务院批准，2005年8月23日，中国证监会、国资委、财政部、中国人民银行、商务部联合发布《关于上市公司股权分置改革的指导意见》；9月4日，中国证监会发布《上市公司股权分置改革管理办法》，我国的股权分置改革进入全面铺开阶段。

股权分置改革，对推进我国国有企业股份制改革有着积极的意义。首先，有利于充分体现国有资本的市场价值和市场价格，使国有资产的交易更加公开和透明。其次，有利于提高国有资本的流动性，丰富国有资本的交易形式。最后，有利于强化对国有上市公司的市场约束，从而促进上市公司优化治理结构，提高资本运作效率。

（三）推进国有大型企业“主辅分离，辅业改制”

受计划经济时代的影响，国有企业长期存在“大而全，小而全”的格局，一个国有企业就是一个“小社会”的现象十分普遍。除了关系到企业发展命脉的“主业”外，往往还存在很多“副业”，其内容包括企业兼备的社会和政府职能、为主业服务的服务保障和辅助生产系统以及企业多角化经营所创办的第三产业①。组织结构复杂、辅业众多的大型国有企业不能适应专

①刘广桥、张举博：《主辅分离辅业改制的理论与实践》，《甘肃行政学院学报》2005年第2期。

业化社会分工的要求，严重影响到国有资本经营效率，给国企改制的推进造成了阻碍。

2002年，国家经贸委等8部委联合下发《国有大中型企业主辅分离辅业改制分流安置富余人员的实施办法》，进一步明确了国有企业改革方向，鼓励有条件的国有大中型企业进行结构调整、重组改制和主辅分离。2005年，国资委开始核定大多数中央企业的主业，着手推动中央企业的联合重组和主辅分离辅业改制、分离办社会职能，尝试借助资产经营公司这一平台推进企业调整重组，处置不良资产。此外，还加强了对国有企业改制和国有产权转让的监督检查，推进产权市场的建设和规范运行。

第三节　国有企业董事会建设改革

国有企业董事会建设，是建立与完善现代企业制度的延伸。20世纪90年代，在建立现代企业制度过程中，一部分国有企业特别是大型国有独资企业仍然没有按照公司法实施改制，没有建立董事会。还有一部分按照公司法设立的国有独资公司，虽然建立了董事会，但是董事会成员与经理人员高度重合，企业的决策权与执行权高度统一，董事会没有发挥出应有的作用。因此从20世纪末开始，国有企业董事会建设着手改革并在国资委成立后得到了快速的推进。

一、国有企业董事会建设历程

2004年6月，国资委下发《关于中央企业建立和完善国有独资公司董事会试点工作的通知》，标志着中央企业董事会试点工作正式启动。

国资委选择了神华、宝钢等7家国有公司作为第一批董事会试点企业，2005年10月18日，第一次董事会议——宝钢集团有限公司董事会试点工作会议正式召开。之后，国家批准的董事会试点企业陆续增加，截至2006年底，共有19家大型国有独资企业开展了董事会试点工作，其中正式启动的有17家。

此次大型国有企业董事会试点工作采取了一系列深化改革的措施：

第一，董事会试点企业遵照公司法、《企业国有资产监督管理暂行条例》等法律法规，完善公司内部的制度、章程、董事会议事规则等。

表11-1　试点企业公司治理规章制度①

序号	名称
1	《公司章程》
2	《公司治理原则》
3	《董事会议事规则》
4	《董事会常务委员会或战略委员会工作细则》
5	《董事会提名委员会工作细则》
6	《董事会薪酬与考核委员会工作细则》
7	《董事会审计或风险控制委员会工作细则》
8	《总经理工作细则》
9	《董事会秘书工作细则》
10	《信息披露管理制度》

第二，参照公司法，建立、完善董事会及董事会结构。建立专门委员会制度，对董事做适当的分工，发挥各自的专长，为董事会重大决策做好前期研究工作，既有利于保证决策的科学性，又有利于提高决策效率。

表11-2　试点企业董事会内部委员会的建设情况②

董事会试点企业名称	常务委员会	战略委员会	提名委员会	薪酬与考核委员会	审计委员会	风险监控委员会	安全健康环保委员会
宝钢集团有限公司	有	无	有	有	有	无	无
神华集团有限公司	有	有	有	有	有	无	有
中国诚通控股公司	有	有	有	有	有	无	无
中国铁通集团有限公司	有	与常务委员会合一	有	有	有	与审计委员会合一	无

①张卓元、郑海航：《中国国有企业改革30年回顾与展望》，人民出版社，2008年。

②张卓元、郑海航：《中国国有企业改革30年回顾与展望》，人民出版社，2008年。

（续表）

董事会试点企业名称	常务委员会	战略委员会	提名委员会	薪酬与考核委员会	审计委员会	风险监控委员会	安全健康环保委员会
中国国旅集团有限公司	有	有	有	有	有	与审计委员会合一	无
中国医药集团总公司	有	有	有	有	有	无	无
中国电子信息产业集团	有	有	有	有	有	无	无
中国房地产集团有限公司	有	有	有	有	有	无	无
中国建筑材料集团有限公司	无	有	有	有	有	无	无
中国外运集团有限公司	有	有	有	有	有	与审计委员会合一	无
新兴铸管集团有限公司	有	无	有	有	有	与审计委员会合一	无
中国农业发展集团有限公司	有	有	有	有	有	与审计委员会合一	无
攀钢集团有限公司	有	有	有	有	有	与审计委员会合一	无
中国冶金科工集团有限公司	有	有	有	有	有	有	无
中国恒天集团有限公司	有	有	有	有	有	无	无

第三，建立外部董事制度。根据《关于国有独资公司董事会建设的指导意见（试行）》（以下简称《指导意见》），外部董事需要由非本公司员工的外部人员担任，且外部董事除董事和董事会专门委员会有关职务外，不再担任公司其他任何职务，不负责执行层的事务。所以，试点企业的董事由国资委选聘具备条件的公司以外的人员担任。试点初期规定，董事会中的外部董事最开始不得少于两名，且在今后治理结构的不断完善中逐步提高外部董事数量和比例。国资委号召各企业外部董事在董事会中的比例过半，从而实现决策权和执行权的有效分离，避免出现企业管理层自己考核自己，自己给自己定薪的情况。

第四，董事成员中设立职工选举产生的职工董事。《指导意见》中指出，职工董事经国资委同意代表职工参加董事会并行使职权，与其他董事享有一样权利，履行同等义务。每个试点企业的董事会中，至少要有一名职工董事。

第五，推行外部董事长制度。中国医药集团总公司、中国冶金科工集团公司、中国中煤能源集团公司、中国煤炭科工集团公司4家企业实行了外部董事担任董事长的制度。外部董事担任董事长，有利于外部董事长集中精力专门组织董事会运作，有利于董事会更好地监督管理经理层，也有利于防止专职董事长干预经理层职权的情况，是董事会试点及规范化工作中的一项重要举措。

2009年6月，国资委中央企业董事会试点工作进一步推进。国家开发投资公司、东风汽车公司、中国东方电气集团公司、中材集团、中国机械工业集团、中国钢研科技集团公司、中国中煤能源集团公司等7家中央企业新批获准开展董事会试点工作。

2010年6月，董事会试点工作办公室印发《关于中国大唐集团公司等8家中央企业为建设规范董事会企业的通知》（董办〔2010〕12号），中国大唐集团公司、中国长江三峡集团公司、中国移动通信集团公司、中粮集团有限公司、中国节能环保集团公司、中国煤炭科工集团有限公司、中国保利集团公司和中国广东核电集团有限公司等8家中央企业纳入建设规范董事会企业范围。

此后，董事会试点企业继续增加，2012年增至42家。

2011年11月，中国铁路物资股份有限公司与独立非执行董事签订了服务合约，为国资委首次在多元投资主体的公司制央企中试点董事会制度。这是国有独资公司董事会试点工作的进一步深化。

二、国有企业董事会建设的意义

权责明确、政企分开的法人治理机制是我国建设社会主义市场经济体制以及国有企业市场化改革的必然需要。随着国企市场化改革的不断深入，市场作为资源配置的主要方式将逐渐取代政府在资源配置中的主控作用，因此国有企业想要进一步发展，就必须依照市场机制建立市场化的企业管理体制，而国有企业董事会制度正是国企建立现代企业制度、实现国有资产市场化管理的有效途径之一。

国有企业董事会制度是我国国企管理模式的重大创新。国有企业董事会制度作为国有企业改革的组成部分，将使国企的领导以至职工转变观念，放宽视野，促使国企在逐步健全的治理机制中自我完善。董事会制度对于国家如何切实有效地管理国有资产，是一次伟大的制度变革和创新。

董事会制度可以实现国家股东利益最大化。国家作为国有独资企业的出资人，通常不能像自然人一样自己行使权利，而由国家授权行使国有财产出资人权利的国资委又不适合直接管理企业。因此，建立和完善董事会制度，通过对国资委负责的董事会对企业进行管理和监督，从而加强对国家股东权益的保障，实现国有资产的保值增值，使国家股东价值最大化。

董事会是公司治理的关键。董事会是公司治理的最高层，现代公司治理是以董事会为核心建立的。作为股东代表大会的代理机构，董事会还是连接股东代表大会和经理层的桥梁，受股东们的委托对公司的投资、生产、经营等重大问题进行决策、领导和监督。董事会在公司治理中的经营决策、协调以及监督职能，推动了公司长期战略目标的建立，并根据这些目标建立了适当的管理机构，同时确保这些管理机构得以有效运行。因此，董事会无疑在公司治理中处于核心地位。

第四节　国有企业激励制度改革

国有企业激励制度的改革也是国企改革不可或缺的一环，完备的企业激励制度有助于调动企业经营者和企业员工的积极性，从而提高企业生产、经营效率，提升企业市场竞争力。我国企业激励制度的探索，经历了由计划经济模式向市场经济模式的演变。计划经济体制下采用的是单一的工资制，这也导致所有人无论管理层还是普通劳动者的地位与作用一致，毫无激励可言。此后，我国开始探索国有企业激励机制，首先试行了承包经营责任制。这种激励方式一定程度上调动了企业经营者的积极性，但在后期出现了经营者收益上升、企业效益下滑的情况，最终被弃用。之后国有企业开始采用多元化的激励模式，经营者的收入有了月薪、年薪、奖金、分红等多种形式，出现了多种激励方式并存的局面。

一、国有企业高管薪酬制度的探索

国资委正式成立之前，我国的国企改革已经开始向企业经营机制转换，并积极探索国有企业的激励方式。这一时期的企业激励制度主要包括：

1. 岗位技能工资制

1992年劳动部颁布了《劳动部关于进行岗位技能工资制试点工作的通知》，并附有《岗位技能工资制的实行方案》，这标志着岗位技能工资制成了国企高管工资制的主要形式被采用了。其主要形式为“基本工资（岗位工资、技能工资）+辅助工资（年功工资、补贴、奖金）”。经过探索国企采用岗位绩效工资，其主要形式为“岗位工资+年功工资+绩效工资”，充分将收入与绩效联系在一起有效地发挥了激励作用。

2. 经营者年薪制

2000年劳动和社会保障部印发《进一步深化企业内部分配制度改革的指导意见》，实行董事会、经理层成员按职责和贡献取得报酬的办法，在具备条件的企业积极试行董事长、总经理年薪制。董事会、经理层成员的工资收入与考核结果相联系，拉开工资收入差距。2002年我国开始在国有企业普遍推行高管年薪制，并且还规定了高管年薪不得超过普通职工平均工资的12倍。

3. 股票期权制

1999年9月，中共十五届四中全会通过了《中共中央关于国有企业改革和发展若干重大问题的决定》明确提出国有企业可以继续探索试行经理（厂长）年薪制、持有股份等分配方式。股权激励模式主要包括：虚拟股票期权、管理层收购、业绩股票、限制性股票、股票期权（期股）、经营者（员工）持股、延期支付、虚拟股票、股票增值权、间接模式（指在公司控股股东中进行股权激励安排）、复合模式（采用多种股权激励模式）。2000年劳动和社会保障部印发的《进一步深化企业内部分配制度改革的指导意见》规定经营者持股数额一般以本企业职工平均持股数的5至15倍为宜。但这一时期的国有企业高管的薪酬由于没有统一的管理部门，也没有规范的办法，该制度改革的推进十分迟缓。

二、国资委成立后的国有企业激励制度

2003年，国资委成立，使得我国国有企业的治理模式得到进一步完善。根据党的十六大和中共十六届二中、三中全会精神，国资委开始着手推进企业负责人薪酬制度改革工作。

（一）实行企业经营业绩考核

建立有效的激励约束机制，既是调动企业经营者积极性的重要手段，也是落实国有资产保值增值责任的关键。在中央企业建立经营业绩考核体系，将企业负责人的经营业绩与薪酬紧密结合起来，这样才能真正达到激励约束的效果。针对中央企业长期以来存在的“有任命没有任期，有职务没有考核，薪酬同业绩不挂钩”的状况，国资委成立之初，就开始着手研究如何解决落实国有资产保值增值责任、对中央企业负责人实施业绩考核以及业绩考核与收入分配挂钩等问题。

2003年，国资委制定并颁布了《中央企业负责人经营业绩考核暂行办法》（以下简称《暂行办法》），并于2006年、2009年、2012年三次进行了修订。

《暂行办法》明确指出，经营业绩考核的对象是经国务院授权由国务院国有资产监督管理委员会履行出资人职责的国家出资企业的下列人员：国有独资企业的总经理（总裁、院长、局长、主任）、副总经理（副总裁、副院长、副局长、副主任）、总会计师；国有独资公司的董事长、副董事长、董事（不含外部董事和职工董事），列入国资委党委管理的总经理（总裁、院长、局长、主任）、副总经理（副总裁、副院长、副局长、副主任）、总会计师；国有资本控股公司国有股权代表出任的董事长、副董事长、董事，列入国资委党委管理的总经理（总裁、院长、局长、主任）、副总经理（副总裁、副院长、副局长、副主任）、总会计师。

年度经营业绩考核和任期经营业绩考核采取由国资委主任或者其授权代表与企业负责人签订经营业绩责任书的方式进行。年度经营业绩考核指标包括基本指标与分类指标。基本指标包括利润总额和经济增加值。利润总额是指经核定的企业合并报表利润总额。利润总额的计算，可以考虑

经核准的因企业处理历史遗留问题等而对当期经营业绩产生重大影响的因素，并扣除通过变卖企业主业优质资产等取得的非经常性收益。经济增加值是指经核定的企业税后净营业利润减去资本成本后的余额。分类指标由国资委根据企业所处行业特点和功能定位，针对企业管理“短板”，综合考虑企业经营管理水平及风险控制能力等因素确定，具体指标在责任书中确定。

《暂行办法》规定企业负责人的奖励分为基薪、绩效年薪和任期中长期激励，绩效年薪与年度考核结果挂钩，实行年度经营业绩考核和任期经营业绩考核。并且明确规定了企业负责人薪酬与企业年度利润总额、净资产收益率、国有资产保值增值率和三年主营业务收入平均增长率等主要指标挂钩。基薪是企业负责人年度的基本收入，主要根据企业经营规模、经营管理难度、所承担的战略责任和所在地区企业平均工资、所在行业平均工资、本企业平均工资等因素来综合确定。绩效薪金与企业经营业绩考核结果挂钩，根据考核级别和分数确定，为基薪的0～3倍，当年兑现60%，其余40%与任期考核挂钩。

国资委严格按照经营业绩兑现薪酬和奖惩，树立“业绩升、薪酬升，业绩降、薪酬降”的薪酬理念，建立更加完善的“重业绩、讲回报、强激励、硬约束”薪酬管理机制；逐步构建企业负责人薪酬增长与业绩考核联系密切，与职工收入分配关系协调、差距适度的分配格局；建立规范董事会的试点企业，逐步赋予董事会决定经营层收入分配的权力，不断完善试点企业薪酬决策程序，促进试点企业经理人员薪酬管理工作，并逐步纳入制度化、规范化管理。

（二）规范企业负责人薪酬

1. 坚持“开前门、堵后门”的原则

2004年，国资委制定了《中央企业负责人薪酬管理暂行办法》（以下简称《办法》），明确企业负责人年度基薪主要依据经营规模、管理难度、战略责任和地区平均工资、行业平均工资和本企业平均工资等因素。并积极推进中长期激励制度，先在法制环境比较健全、治理结构比较规范的境外上市公司实行股权激励制度，然后在境内上市公司试行，取得经验后逐步推广。

这两年中央企业严格按照《办法》，根据业绩完成情况兑现了奖惩。企业负责人薪酬水平由考核结果决定，该高的高，该低的低，该降的还要降，这种薪酬决定机制有利于调动经营者的积极性，促进企业发展。同时也对中央企业负责人职务消费进行了规范。

2. 限制国有企业负责人薪酬过高

2009年财政部下发《金融类国有及国有控股企业负责人薪酬管理办法（征求意见稿）》。这份中国版的“限薪令”，拟根据企业总资产规模、业务收入规模等将金融企业划分不同职位等级，并设置一个基本年薪的最大值及最小值。金融企业负责人绩效年薪与金融企业绩效评价结果挂钩，以基本年薪为基数，其绩效年薪一般控制在基本年薪的3倍以内。金融企业负责人的最高基本年薪不得超过年度定额工资的5倍，金融企业负责人基本年薪与绩效年薪之和的增长幅度一般不超过本企业在岗职工平均工资的增长幅度。2009年9月，中央六部委联合下发《关于进一步规范中央企业负责人薪酬管理的指导意见》。该指导意见主要从适用范围、规范薪酬管理的基本原则、薪酬结构和水平、薪酬支付、补充保险和职务消费、监督管理和组织实施等方面，进一步对中央企业负责人薪酬管理做出了规范。央企高管的基本工资部分不超过上年度中央企业在岗职工平均工资的5倍，绩效工资部分的上限是高管基本年薪部分的3倍。也就是说，央企高管的年薪上限为上年度中央企业在岗职工平均工资的20倍（基本工资5倍和绩效工资15倍）。

（三）完善国有企业中长期激励机制

1. 员工持股

我国股份制企业中的员工持股是在国有企业股份制改造过程中发展而来的一种股权形式。大致来源于三条途径：一是定向募集制，在国有企业股份制改造的试点阶段基本采取向法人和企业内部职工定向募集股份方式构造股份化的多元产权主体结构，当时的企业内部职工股就是员工持股的最初形式。二是公募制所形成的员工持股或职工持股。1993年国务院正式发文明确规定停止内部职工股的审批和发行。1994年6月19日，国家体改委下发了关于立即停止审批定向募集股份有限公司并重申停止审批和发行内部职工股的通知。规定不再实施定向募集，公司发行股票需得到国家下发的发行额度并向社会公众公开发行。公司在向社会公开募集股份时，从股票公募额度中拿出10%左右的股份供公司的内部员工认购，这是员工持股或职工持股的第二条形成途径。三是仿照国外经验启动的股权激励计划，即对公司员工尤其是管理层实施股权激励所形成的员工持股。

2. 高管中长期激励

股票期权是公司的资产所有者对公司的高层经营者或科技开发人员实行的一种薪酬制度。它赋予对象一个选择权，即授予对象可在预先规定的时间内（通常在5～10年内）以预先约定的价格购买一定数量公司股票，持有这种股票的经营者可以在规定的时间内行权或弃权。在行权以前，股票期权持有人不享有该股票的任何权利；行权以后，个人收益为行权价格与股票市场价格的差额。

2006年1月，证监会、财政部、国资委等部门颁布的《上市公司股权激励管理办法（试行）》和《国有控股上市公司（境外）实施股权激励试行办法》，从健全上市公司激励约束机制和完善上市公司治理的角度，对实施包括员工持股计划在内的股权激励予以了充分肯定与鼓励。中共十八届三中全会通过的《中共中央关于全面深化改革若干重大问题的决定》指出：允许混合所有制经济实行企业员工持股，形成资本所有者和劳动者利益共同体。

参考文献

［1］齐桂珍．改革开放30年我国所有制改革评述［J］．经济研究参考，2008（49）：11-23．

［2］常修泽，等．所有制改革与创新：中国所有制结构改革40年［M］．广州：广东经济出版社，2018：71-77．

［3］常修泽．发展混合所有制经济：完善市场经济体制新课题［N］．21世纪经济报道，2003-10-16．

［4］李献兵．外资银行在华投资历程、特点及其发展趋势［J］．统计与决策，2008（16）：152-154．

［5］朱剑红．大力发展和积极引导个体私营等非公有制经济：两部门负责人就《国务院关于鼓励支持和引导个体私营等非公有制经济发展的若干意见》答记者问［N］．人民日报，2005-2-25．

［6］金晓宸．外商投资领域转移与我国服务业利用外资问题分析［J］．商业时代，2011（10）：107-109．

［7］彭继民，史月英．我国加入WTO后外商直接投资的变化特点及趋势分析［J］．经济研究参考，2005（32）：25-29．

［8］周升起，郑玉琳，兰珍先．加入WTO十年来的中国对外直接投资：特征、困扰与思考［J］．世界经济研究，2011（12）：26-33．

［9］秦晖．国资流失 板子何以只打买方［N］．南方都市报，2004-10-2．

［10］黄孟复．中国民营经济史：纪事本末［M］．北京：中华工商联合出版社，2010：394．

［11］邹东涛，欧阳日辉．中国所有制改革30年［M］．北京：社会科学文献出版社，2008：143-232．

［12］郭晋晖．统战部长回应民企原罪讨论［N］．第一财经日报，2006-12-28．

［13］黄孟复．中国民营经济史：大事记［M］．北京：社会科学文献出版社，2009：266-291．

［14］胡钰．认识国企要有思想定力：国企的改革历程与存在价值

［N］. 人民论坛，2014（38）.

［15］李荣融. 关于国有企业改革发展的报告［N］. 学习时报，2008-4-21.

［16］吴敬琏. 当代中国经济改革教程［M］. 第一版. 上海：上海远东出版社，2010：221-225.

［17］李荣融. 遵循规律办企业［M］. 第一版. 北京：中国经济出版社，2010：82.

［18］楚序平，任海平. 深化国有资产管理体制机制改革研究［R］. 北京：中国国际经济交流中心，2015.

［19］宋养琰. 国企改革30年［J］. 经济研究导刊，2008（12）：1-4.

［20］郎咸平. 质疑TCL产权改革方案全文［EB/OL］［2012-06-03］. https://wenku.baidu.com/view/95afb7c38bd63186bcebbc74.html.

［21］龙昊. 郎顾之争　国企改革如何进行［N］. 中国经济时报，2004-12-29.

［22］刘广桥，张举博. 主辅分离辅业改制的理论与实践［J］. 甘肃行政学院学报，2005（02）：19-22.

［23］张卓元，郑海航. 中国国有企业改革30年回顾与展望［M］. 北京：人民出版社，2008.

第四编

2013年至今：构建开放型经济新体制，完善公平竞争制度环境

第十二章　完善不同所有制经济公平竞争制度环境

第一节　在经济全球化中完善知识产权保护制度

一、在构建开放型经济新体制中发展国际合作

为推动新一轮高水平对外开放，中国主动向世界开放市场，为全球提供开放合作的国际平台。2018年11月5日至10日，中国举办了首届中国国际进口博览会，国家主席习近平在开幕式上发表了题为《共建创新包容的开放型世界经济》的主旨演讲，宣布预计未来15年，中国进口商品和服务将分别超过30万亿美元和10万亿美元。

（一）经济全球化是世界经济发展的重要趋势

1. 经济全球化符合世界绝大多数国家的根本利益

经济全球化是社会生产力发展的客观要求和科技进步的必然结果。从世界经济发展的效果看：经济全球化有利于资源和生产要素在全球合理配置，促进了经济效益的提高，带动更大的经济增长；有利于资本和产品在全球流动，扩大了世界范围资源的产出；有利于科技实现全球扩张，刺激各种新技术的研究与开发，从而推动新产品的生产与消费；有利于促进不发达地区经济获得先进技术、管理经验、资本、市场、资源和其他有利条件，实现产业升级、技术进步、制度创新和整个经济起飞。经济全球化是人类发展进步的表现，也是世界经济发展的必然结果。经济全球化对每个国家来说既是机遇

也是挑战，对于经济实力薄弱和科学技术比较落后的发展中国家，其面对全球性的激烈竞争和遇到的风险挑战就更加严峻。但经济全球化也产生一些负面效应，如加剧了财富分配上的不平等，扩大了富国与穷国的差距，在世界范围内形成新的垄断。从人类社会进步、科技发展和提高生产力水平的角度衡量，经济全球化还是利大于弊。当今世界正处在大发展大变革大调整时期，经济全球化也在不断深入发展，各国经济活动已经超越国界，各国相互依存和联系日益紧密，通过对外贸易、资本流动、技术转移、提供服务等形成相互影响、密不可分的全球范围有机经济整体。经济全球化已成为当代世界经济的重要特征，也是时代大潮深入发展不可逆转的大势。

2. 中国积极应对经济全球化带来的机遇与挑战

在经济全球化过程中，中国通过对外开放吸收外国资本，促进经济体制改革，加快了市场经济的开放步伐，使中国经济融入国际化生产分工中，占有国际市场份额。中国企业通过引进国外先进科学技术，提高了生产效率，缩小了与发达国家科学技术之间的差距。国有企业通过学习借鉴发达国家先进管理经验，打破旧的企业管理模式，建立起符合国际标准的管理模式，提高了中国企业参与国际市场竞争的能力，培养了国际化企业经营管理人才，有效发挥了我国的人力资源优势。国有经济在学习国外先进管理经验过程中，不断健全和完善现代企业制度，增强了国际市场竞争的能力，实现中国经济跨越式发展。但经济全球化对我国经济也带来一定的负面影响，我国市场的投机性和经济风险加大，易受到国际市场周期性波动和全球经济动荡的影响。经济全球化也使我国的民族工业受到了强烈的冲击，关税的降低也使我国本土工业产品失去价格的优势。为此，中国采取趋利避害寻求发展的积极对策，通过发展教育、培养人才、提高科技水平、改革观念和体制，积极与国际接轨，在扩大开放中不断提升国家的综合实力。目前，中国积极参与、倡导的区域经济一体化组织都具有鲜明的开放性特征，为经济全球化注入新的活力。中国倡导的“一带一路”与现有的多边合作机制、区域经济一体化机制相互促进，是中国向世界提供的一项重要公共产品。

（二）中国既是经济全球化的受益者也是贡献者

中国因开放而受益，同时也给世界作出了更大贡献，成为世界经济发展不可或缺的力量。

1. 经济全球化助推中国经济快速发展壮大

2001年加入世界贸易组织后，中国成功抓住了经济全球化深入发展的外在战略机遇，深度融入相互依赖的全球贸易格局，在对外开放中实现了中国经济跨越式发展。目前，中国已成为世界第二大经济体、第一大工业国、第一大货物贸易国、第一大外汇储备国，已拥有全球最完整的产业门类体系，220多种工业品产量位居世界第一。同时，积极构建对外开放新的经济体制，对世界经济的贡献不断提高。2001年，中国实际GDP对全球贡献率仅为0.53%，而到2017年底，已连续多年对世界经济增长贡献率超过30%。

2. 经济全球化推动我国经济形成“走出去”和“引进来”双轮驱动格局

全球化的生产分工加速了我国产业结构调整和优化。中国企业在对外开放合作中大力开拓海外市场，2017年末，我国对外直接投资存量达到18090.4亿美元，占全球外国直接投资流出存量份额的5.9%，分布在全球189个国家和地区，存量规模比上年末增加了4516.5亿美元。我国境外企业对东道国税收和就业的贡献明显，对外投资取得双赢效果。2017年，我国境外企业向投资所在国缴纳的各种税金总额达376亿美元，雇用外方员工171万人，较上年末增加了36.7万人①。与此同时，外国资本也加大了对中国的投资。2013-2017年，外国资本在华新增投资达到6527.59亿美元，外资企业新增加136753家②。2018年1—8月，我国实际使用外资865亿美元，同比增长6.1%，新设立外商投资企业41331家，同比增长102.7%③。

3. 适应经济全球化构建开放型经济新体制

经济全球化引发了各国产业升级和经济结构的调整。为适应经济全球化新形势，中国实行更加积极主动的开放战略，加快转变对外经济发展方式，

①《我国对外投资存量规模升至全球第二》，http://finance.people.com.cn/n1/2018/0929/c1004-30319983.html。2018年9月28日，商务部举办《2017年度中国对外直接投资统计公报》新闻发布会，http://data.mofcom.gov.cn/article/zxtj/201809/44132.html。

②数据来自商务部《中国外资统计2017》和商务数据中心《2017年1—12月全国吸收外商直接投资快讯》，http://data.mofcom.gov.cn/article/zxtj/201802/39777.html。

③《2018年1—8月中国吸收外资情况》，http://data.mofcom.gov.cn/article/zxtj/201809/43804.html。

创新开放模式，形成引领国际经济合作和竞争的开放区域，强化贸易政策和产业政策协调，大力发展服务贸易，提高抵御国际经济风险能力，构建互利共赢、多元平衡、安全高效的开放型经济新体制。为构建开放型经济新体制，中国采取的主要举措有：一是放开外商投资准入限制，推进服务领域投资自由化，提升我国服务业开放水平，加强服务行业与世界各国的竞争和合作；二是鼓励和引导企业及个人加大对外投资，完善对企业境外投资的政策支持，确立企业及个人对外投资主体地位，提高企业和个人的投资效率；三是创建中国上海自由贸易试验区，推动中国服务业的开放，探索建立负面清单管理模式，加快金融改革，推动对外贸易的转型升级和简政放权，完善法律保障，并选择若干具备条件的地方发展自由贸易园（港）区；四是加快区域经济合作步伐，签署自由贸易协定，实施以周边国家为基础的自由贸易区战略；五是进一步扩大内陆沿边开放，建成横贯东中西、联结南北方的对外经济走廊，以及丝绸之路经济带和海上丝绸之路，从而形成全方位开放的新格局。

2018年11月5日至10日，中国举办了首届中国国际进口博览会。此次进口博览会是中国主动向世界开放市场的重大举措，也是中国推动建设开放型世界经济、支持经济全球化的实际行动。参加此次进口博览会的共有172个国家、地区和国际组织，涉及服务贸易、汽车、智能及高端装备、消费电子及家电、服装服饰及日用消费品、医疗器械及医药保健、食品及农产品等7大类的3600多家企业参展，5000余件展品首次进入中国，展览总面积达30万平方米，超过40万名境内外采购商到会洽谈采购，累计意向成交578.3亿美元（按一年计）。

二、完善知识产权保护制度提高中国经济竞争力

（一）知识产权已经成为国家发展的战略性资源和国际竞争力的核心要素[①]

加入世界贸易组织以来，中国企业积极参与国际知识产权治理实践，

①《国际工商知识产权2018论坛与会专家认为：加强知识产权保护是中国的主动作为》，https://baijiahao.baidu.com/s?id=1612079658419647978&wfr=spider&for=pc。

对外支付的知识产权费增长了14倍。中国专利、商标申请和授权数量逐年攀升，已位居国际前列。2013年以来，中国有效发明专利拥有量增加了2倍，年度技术交易额翻了一番[①]。2017年，中国知识产权创造量质齐升，全年发明专利申请量达138.2万件，连续7年居世界首位[②]。据统计，2018年上半年，国家知识产权局共受理通过《专利合作条约》（PCT）途径提交的国际专利申请2.30万件，同比增长6.3%。其中，2.16万件来自国内，同比增长7.6%。商标申请量连续16年位居世界首位，截至2018年7月，我国累计有效注册商标量达1718万件，平均每6个市场主体拥有1个注册商标，中国对全球商标增量的贡献率超过80%[③]。中国已成为名副其实的知识产权大国[④]。

2018年7月10日，世界知识产权组织发布《2018年全球创新指数报告》，中国全球创新指数排名第17位，较2013年上升了18位[⑤]，首次跻身全球创新能力20强。该报告指出，“在绝对价值上，在研发支出和研究人员、专利及出版物的数量等领域，中国如今在世界上都是数一数二的”。世界知识产权组织总干事弗朗西斯·高锐为此赞叹：“中国技术创新能力明显提升，这宣告多极化创新时代已经到来[⑥]。”

（二）建立保护和激励创新的知识产权法律体系

1980年，中国正式加入世界知识产权组织，并相继加入了专利、商标、版权等领域的知识产权国际公约，实现了中国知识产权制度与国际接轨。

---

①《李克强在第十二届夏季达沃斯论坛开幕式上的致辞（全文）》，http：//www.xinhuanet.com/politics/2018-09/20/c_1123456097.htm。

②《专访：中国知识产权领域取得巨大发展——访世界知识产权组织总干事弗朗西斯·高锐》，http：//www.gov.cn/xinwen/2018-04/27/content_5286330.htm。

③《我国对全球商标增量贡献率超过80%》，http：//www.gov.cn/xinwen/2018-09/11/content_5320953.htm。

④《申长雨：中国依法严格保护知识产权》，http：//www.qstheory.cn/dukan/qs/2018-10/13/c_1123554579.htm。

⑤《李克强在第十二届夏季达沃斯论坛开幕式上的致辞（全文）》，http：//www.xinhuanet.com/politics/2018-09/20/c_1123456097.htm。

⑥《人民日报钟轩理：贸易战阻挡不了中国前进步伐》，http：//www.ce.cn/xwzx/gnsz/gdxw/201810/15/t20181015_30515793.shtml。

1992年以来，中国相继对专利法、商标法、著作权法进行了修订。2000年前后，中国根据世界贸易组织关于《与贸易有关的知识产权协定》，对相关知识产权法律制度进行了修订完善。目前，中国已建立起完整的知识产权法律保护体系，成立了专门的知识产权法院，并在推进包括专利法在内的相关法律法规修订工作，全面履行知识产权保护职责。

党的十八大以来，中央全面深化改革领导小组会议对知识产权工作做出一系列重大部署，审议通过《知识产权综合管理改革试点总体方案》《知识产权对外转让有关工作办法（试行）》《关于加强知识产权审判领域改革创新若干问题的意见》等重要文件。党的十九届三中全会为知识产权事业发展做出了顶层设计，决定重新组建国家知识产权局，实现专利、商标、原产地地理标志等知识产权的综合管理。在体制机制上，出台了完善产权保护制度、依法保护知识产权等一系列政策措施，设立了全国打击侵权假冒工作领导小组，举办国务院知识产权战略实施工作及推进使用正版软件部际联席会议，形成了全国统一领导、部门协作配合、地方联合行动、多方共同参与的工作格局①。在北京、上海、广州设立了知识产权法院，在南京、苏州、武汉等地设立了15个专门的知识产权法庭。知识产权民事、行政、刑事案件审判的三合一改革已经在全国推行。通过审理知识产权案件，制定司法解释，发布指导性案例等多种方式，中国知识产权司法保护水平不断提高②。

三、加强知识产权保护，营造良好创新发展环境

2018年7月，联合国世界知识产权组织等机构联合发布的2018年全球创新指数排行榜显示，中国的排名较2017年提升了5位，在全球排名第17位，这是中国首次进入全球创新指数排行榜前20名，显示了中国创新环境与创新绩

①《申长雨：中国依法严格保护知识产权》，http：//www.qstheory.cn/dukan/qs/2018-10/13/c_1123554579.htm。

②《国际工商知识产权2018论坛与会专家认为：加强知识产权保护是中国的主动作为》，http：//www.gov.cn/xinwen/2018-09/20/content_5323775.htm。

效有了明显提升[①]。

为推动构建公平公正、开放透明、激励创新的发展环境，加强知识产权保护，加快建立健全知识产权保护体系，在2018年国务院机构改革方案中，将国家知识产权局的职责、国家工商行政管理总局的商标管理职责、国家质量监督检验检疫总局的原产地地理标志管理职责整合，重新组建国家知识产权局[②]。

（一）建立更为严格的知识产权保护制度

1. 在进一步扩大开放中完善知识产权保护法规制度

加强知识产权保护可以为我国进一步提升经济发展质量，优化市场环境，推进国际合作筑牢制度根基。2013年11月12日，党的十八届三中全会通过的《关于全面深化改革若干重大问题的决定》提出："加强知识产权运用和保护，健全技术创新激励机制，探索建立知识产权法院。"2014年8月31日，第十二届全国人民代表大会常务委员会第十次会议颁布了《关于在北京、上海、广州设立知识产权法院的决定》，出台了设立知识产权专门法院的3年试点方案。2018年2月，中共中央办公厅、国务院办公厅印发《关于加强知识产权审判领域改革创新若干问题的意见》，提出"研究建立国家层面知识产权案件上诉审理机制"。这是"两办"印发的第一个专门面向知识产权审判具有里程碑意义的纲领性文件。2018年10月26日，十三届全国人大常委会第六次会议审议通过《关于专利等知识产权案件诉讼程序若干问题的决定》（以下简称《决定》），确定建立国家层面知识产权案件上诉审理机制，由最高人民法院统一审理专利等专业技术性较强的民事、行政上诉案件。此《决定》施行以后，将促进有关知识产权案件审理专门化、管辖集中化、程序集约化和人员专业化，有利于进一步统一案件裁判标准，加大知识产权司法保护力度，为建设知识产权强国和世界科技强国提供有力的司法服务和保障。

①《目前我国市场主体总量超1亿户达到标志性高点》，http：//finance.people.com.cn/n1/2018/0825/c1004-30250306.html。

②《国务院机构改革方案》，http：//www.gov.cn/xinwen/2018-03/17/content_5275116.htm。

2. 知识产权保护工作在立法、行政执法和司法方面取得新进展

近年来，中国坚决依法惩处侵犯知识产权行为。（1）立法方面，开展专利法、著作权法等法律修订工作。2017年1月，最高人民法院发布了《关于审理商标授权确权行政案件若干问题的规定》，对商标权审判实践中的难点问题予以明确。2017年11月，新修订的反不正当竞争法获得通过，并于2018年1月1日起实施。（2）行政执法方面，进一步加强行政监督与整治。开展专利“护航”专项行动、打击网络侵权盗版专项整治“剑网行动”、版权领域“扫黄打非”的“秋风”行动、“质检利剑”打假行动、“中国制造”海外形象维护“清风行动”等。2017年8月，国务院印发的《关于促进外资增长若干措施的通知》提出，针对外商投资企业关注的网络侵权盗版、侵犯专利权、侵犯商标专用权等知识产权问题开展集中整治。（3）司法方面，2013年至2017年，全国法院新收知识产权各类民事、行政和刑事案件81.3万件，审结78.1万件。新收各类知识产权一审案件从2013年的10万件持续上升到2017年的21.3万件，案件总量翻了一番，年均增速超过20%。2014年底，在北京、上海、广州设立知识产权法院，负责专门审理知识产权民事和行政案件。为提升知识产权审判专业化水平，最高人民法院设立知识产权法庭[①]，统一审理全国范围内专业技术性较强的专利等上诉案件[②]。

（二）加强知识产权保护是中国经济发展的内在需求

1. 严格的知识产权保护有利于营造良好的创新环境

知识资产的非竞争性特征使知识所有人必须依靠知识产权保护其创新成果，通过专利等方式拥有知识资产排他性的权利，知识产权保护可以通过提高模仿成本从而促进创新和技术的扩散。中国产业分成非竞争性特征明显的高技术产业和技术排他性特征明显的低技术产业，维持较弱的知识产权保护妨碍国内自主创新和技术研发，也限制了国际技术转移，阻碍国内产业的升级。加强知识产权保护有利于使中国的技术进步向非竞争性特征明显的高技

①《最高法就专利等知识产权案件诉讼程序答记者问》，https：//www.chinacourt.org/article/detail/2018/10/id/3549561.shtml。

②《我国拟建立国家层面知识产权案件上诉审理机制》，http：//www.gov.cn/xinwen/2018-10/22/content_5333508.htm。

术产业转移，也有利于全社会创新创造热情持续迸发，为我国经济高质量发展提供有力支撑。2013年以来，我国越来越重视和加强知识产权保护，并与国际知识产权制度接轨，逐步向全面综合知识产权保护体系迈进。

2. 知识产权保护使中国技术进步得到了实质性的提高

目前，我国商标申请量和发明专利申请量已连续多年位居世界首位。同时，也为外国企业在华创新提供了有效保障。截至2017年底，国外申请人在华申请发明专利累计超过177万件，年均增长11.24%[①]；累计商标注册申请超过219万件，年均增长15.49%，充分体现了外商对中国市场和中国知识产权保护的信心[②]。随着“走出去”步伐不断加快，中国企业海外知识产权布局也不断提速。2017年，我国PCT国际专利[③]申请受理量达到了5.1万件，同比增长12.5%，总量跃居世界第二位[④]。中国知识产权使用费贸易总额也逐年快速增长，2017年，我国知识产权使用费贸易总额为333.84亿美元，同比增长32.7%。其中，知识产权使用费出口额为47.86亿美元，同比增长311.5%，增速居国内服务贸易之首[⑤]。

（三）保护知识产权就是保护和激励创新

新增长理论认为技术进步是长期经济增长的源泉，技术进步是以利润最大化为目标的经济主体研发努力的成果。知识产权制度为创新提供临时的产权保护，换取创新者公开技术秘密。这样做既可以激励经济主体进行研发活动，又能增加世界知识储备，为未来的创新提供便利。因此，知识产权保护

①《我国将以更严格的知识产权保护助力对外开放》，http：//www.gov.cn/xinwen/2018-08/30/content_5317812.htm。

②《申长雨：中国依法严格保护知识产权》，http：//www.qstheory.cn/dukan/qs/2018-10/13/c_1123554579.htm。

③PCT是Patent Cooperation Treaty（专利合作协定）的缩写，是专利领域的一项国际合作条约，被认为是该领域进行国际合作最具有意义的进步标志，主要涉及专利申请的提交、检索与审查等。

④《我国将以更严格的知识产权保护助力对外开放》，http：//www.gov.cn/xinwen/2018-08/30/content_5317812.htm。

⑤《2017年知识产权使用费出口额同比增长311.5%》，http：//www.cnipr.com/sj/zx/201803/t20180308_225083.html。

通过促进技术进步间接促进经济增长。知识产权保护对创新、技术转移和经济增长的作用具有不确定性，在发达国家和发展中国家产生不同的效果。发达国家的知识产权保护对创新、技术流入和增长都具有显著的激励效应；而发展中国家的知识产权保护对自主创新和增长的促进作用较弱，对技术扩散的激励效应依赖当地的模仿能力等其他因素。对于已经具备了较强的技术能力的发展中国家，实施严格的知识产权保护有助于降低企业创新的风险和机会成本，激励企业把资源从模仿向创新活动转移①。

科技创新能力是决定综合国力和国际竞争力的关键因素，也是推动经济实现高质量发展的重要支撑。中国要实现创新发展，离不开尊重知识、保护产权的制度环境。中国经济正处在提质升级的关键阶段，保护知识产权就是激励创新创业，维护创新者的权益。只有采取更为严格的知识产权保护制度，进一步完善相关法律法规，对内外资企业采取一视同仁的保护措施，对于侵犯知识产权的行为依法严厉处罚，才能为创新提供更加有效的保护②。中国70%以上的技术创新来自中小企业，加强产权和知识产权保护，努力为企业创新发展创造良好环境，充分发挥企业家、科研人员等微观主体在科技创新中的重要作用③，使他们付出大量时间、资金和智力的创造性劳动获得合理回报，拥有创新成果的知识产权，才能保护他们创新的积极性，才能使创新的动力持续。

①丁文君：《发展中国家的知识产权保护与自主创新》，博士学位论文，武汉大学，2014年。中国知网：发展中国家的知识产权保护与自主创新，http：//kns.cnki.net/KCMS/detail/detail.aspx？dbcode=CDFD&dbname=CDFDLAST2015&filename=1014250711.nh&uid=WEEvREcwSlJHSldTTEYzU3EycEdwMUhJWDVRWGFjVlN0UXdKVlJEY3dMcz0=$9A4hF_YAuvQ5obgVAqNKPCYcEjKensW4IQMovwHtwkF4VYPoHbKxJw！！&v=MjM1NDg3RGgxVDNxVHJXTTFGckNVUkxLZVp1ZHBGeURuVXJySVZGMjZHckc5SHRiTnJwRWJQSVI4ZVgxTHV4WVM=。

②《李克强在第十二届夏季达沃斯论坛开幕式上的致辞》，http：//www.gov.cn/premier/2018-09/19/content_5323722.htm。

③《刘鹤：充分发挥微观主体在科技创新中的重要作用》，http：//www.ce.cn/xwzx/gnsz/szyw/201809/18/t20180918_30335958.shtml。

【专栏】我国的知识产权保护[①]

知识产权是指人类智力劳动产生的智力劳动成果所有权，涉及专利、商标、版权、植物新品种、商业秘密等领域。知识产权保护是依照各国法律赋予符合条件的著作者、发明者或成果拥有者在一定期限内享有的独占权利，一般包括版权（著作权）和工业产权。版权（著作权）是指创作文学、艺术和科学作品的作者及其他著作权人依法对其作品所享有的人身权利和财产权利的总称；工业产权则是指包括发明专利、实用新型专利、外观设计专利、商标、服务标记、厂商名称、货源名称或原产地名称等在内的权利人享有的独占性权利。知识产权保护手段涉及注册登记、审查授权、行政执法、司法裁判、仲裁调解等多个方面。

随着世界经济发展和新技术革命的到来，经济全球化趋势增强，产业结构调整步伐加快，国际竞争日趋激烈，知识或智力资源的占有、配置、生产和运用已成为经济发展的重要依托，知识产权保护成为国际经济秩序的战略制高点，也成为各国激烈竞争的焦点之一。世界贸易组织将知识产权纳入管辖的范围，与货物贸易、服务贸易并重，成为世界贸易组织的三大支柱，并且规定，任何成员因知识产权保护不力将遭到贸易方面的交叉报复。越来越多的国家制定和实施了知识产权战略。

2008年，中国制定颁布实施了《国家知识产权战略纲要》，把保护知识产权提升到国家战略的高度[②]，并陆续出台了专利法、商标法、著作权法和《计算机软件保护条例》《著作权集体管理条例》《音像制品管理条例》《植物新品种保护条例》《知识产权海关保护条例》等法律法规文件。2015年12月，国务院印发《关于新形势下加快知识产权强国建设的若干意见》，进一步发挥知识产权制度激励创新的作用，提升知识产权创造、运用、保护、管理和服务能力。2016年12月，国务院印发《“十三五”国家知识产权

①《知识产权保护》，https：//baike.so.com/doc/3477058-3658213.html。《申长雨：中国依法严格保护知识产权》，http：//www.qstheory.cn/dukan/qs/2018-10/13/c_1123554579.htm。

②《中国保护知识产权的巨大进步不容无视》，http：//www.gov.cn/xinwen/ 2018-03/30/content_5278421.htm。

保护和运用规划》。随着创新发展理念的深入人心，以及创新驱动发展战略的实施，全社会已经形成尊重知识、崇尚创新的良好氛围，保护知识产权的意识显著提高[①]。目前，中国已经加入了几乎所有主要的知识产权国际公约，建立起了门类较为齐全的知识产权法律法规，全面履行知识产权保护职责[②]。

第二节　在扩大对外开放中优化营商环境

营商环境是企业生存发展的土壤。近年来，党和政府在转变政府职能、持续推进“放管服”改革、优化营商环境等方面做出了积极努力，并取得了明显成效，激发了市场活力和社会创造力。

党的十八大以来，我国不断加快开放步伐，将外商投资准入限制措施减少近三分之二，对外商投资审批制度实行负面清单管理新模式，负面清单之外的领域基本实行备案管理。并出台了一系列积极吸引外资措施，构建更加完善的投资环境。根据联合国贸发会议《世界投资报告》，我国在全球最具吸引力的投资目的地排名中保持前两位，也是全球第二大引资国[③]。

2013年11月12日，党的十八届三中全会通过的《关于全面深化改革若干重大问题的决定》提出要“建设法治化营商环境”[④]。2018年10月29日，国务院办公厅印发了《关于聚焦企业关切进一步推动优化营商环境政策落实的通知》，围绕破解企业投资生产经营中的“堵点”“痛点”，加快打造市场

①《中国保护知识产权的巨大进步不容无视》，http：//www.gov.cn/xinwen/ 2018-03/30/content_5278421.htm。

②《申长雨：中国依法严格保护知识产权》，http：//www.qstheory.cn/dukan/qs/2018-10/13/c_1123554579.htm。

③《以更大力度推进对外开放——国家发展改革委有关负责人就2018年版外商投资准入特别管理措施（负面清单）答记者问》，http：//www.gov.cn/zhengce/2018-06/29/content_5302075.htm。

④《中共中央关于全面深化改革若干重大问题的决定》，http：//cpc.people.com.cn/n/2013/1115/c64094-23559163.html。

化、法治化、国际化营商环境，增强企业发展信心和竞争力，提出7个方面26条措施，包括：破除各种不合理门槛和限制，营造公平竞争的市场环境；推动外商投资和贸易便利化，提高对外开放水平；提升审批服务质量，提高办事效率；进一步减轻企业税费负担，降低企业生产经营成本；大力保护产权，为创业创新营造良好环境；加强和规范事中事后监管，维护良好市场秩序；强化组织领导，进一步明确工作责任等。

一、营商环境是国家经济软实力与核心竞争力

营商环境是一个国家或地区有效开展国际交流与合作，参与国际竞争的重要依托，也是一个国家或地区经济软实力的重要体现和国际竞争力的重要内容①。

2001年，世界银行提出加快发展各国私营部门新战略，建立一套衡量和评估各国私营部门发展环境的指标体系评估各国企业营商环境。为此，世界银行成立了专门的项目组负责创建企业营商环境指标体系。经过十几年的探索、整理和归纳，建立了一整套衡量各国营商环境的指标体系，对构成各国的企业营商环境的指标进行逐项评级，得出综合排名，营商环境指数排名越高或越靠前，表明在该国从事企业经营活动条件越宽松。相反，指数排名越低或越靠后，则表明在该国从事企业经营活动越困难。世界银行的研究表明：良好的营商环境会使投资率增长0.3%，GDP增长率增加0.36%②。

世界银行将10个重要指标纳入评价体系，分别是“开办企业、申请建筑许可、获得电力供应、注册财产、获得信贷、保护投资者、缴纳税款、跨境贸易、执行合同和办理破产”。近年来，这些评价领域也有些动态调整，增加了“营商环境便利度”指标等。该指标体系是目前世界上较为完善也被广泛认可的一套衡量营商环境的国际标准。世界银行每年出版的《营商环境报

①《营商环境国际化的内涵》，http://www.gov.cn/xinwen/2017-07/04/content_5207768.htm。

②《营商环境国际化的内涵》，http://www.gov.cn/xinwen/2017-07/04/content_5207768.htm。

告》展示了各经济体在改善经贸投资环境方面的成果，对各国吸引外资和经济社会发展都起到重要的风向标作用[①]。

世界银行认为，政府在打造优良的营商环境过程中，需要提供有助于推动市场运行清晰、透明、高效的监管规则，不对企业发展设置不必要的障碍。政府要在实现有效监管和防止监管负担过重这两者之间维持平衡，以达到改善营商环境的目的。政府应实现“聪明”的监管，而不是一味地减少监管或加大监管[②]。

二、我国在改善营商环境方面取得显著进步

2018年10月31日，世界银行发布了《2019年营商环境报告：为改革而培训》，中国营商环境在全球190个经济体中的排名，从2017年的第78位跃升至2018年的第46位，上升32位，首次进入世界前50名。从2013年到2018年，世界银行报告对中国的评价排名累计提高了50名。世界银行营商环境项目在中国主要监测北京和上海两个城市，其中北京统计权重占45%，上海占55%[③]。

世界银行报告显示，中国政府为中小企业改善营商环境实施的改革数量创历史纪录，共有7项位列2018年全球营商环境改善排名的前十，也位居东亚太平洋地区之首。在10个一级指标中，中国在“开办企业”和“获得电力供应”两个领域的营商环境获得显著改善，在“申请建筑许可”“注册财产”“保护投资者”“缴纳税款”“跨境贸易”五个方面进行了有效的改革。通过推出网上注册系统和简化社会保障登记流程，使“开办企业”更便利，该指标全球排名由2017年的第93位上升至2018年的第28位，大幅提升65位；通过网络扩容和提供全免费的接电服务，以及推出面向客户的手机APP，接电时间从143天缩短为34天，使“获得电力供应”指标全球排名从2017年的第98位跃至2018年的第14位，大幅上升84位；通过简

①《企业营商环境指标》，https://baike.so.com/doc/6698782-6912696.html。

②《营商环境国际化的内涵》，http://www.gov.cn/xinwen/2017-07/04/content_5207768.htm。

③《世行〈营商环境报告〉发布：中国排名提升了32位，首次进入世界前50！》，http://www.chinadaily.com.cn/interface/toutiaonew/53002523/2018-11-15/cd_37263904.html。

化申办施工许可、竣工验收流程和新建筑的不动产登记，改善公众获取信息的方式，加强建筑质量控制，对建筑施工专业人员实行更严格的资质要求，使“申请建筑许可”指标全球排名从2017年的第172位上升至2018年的第121位，提升51位；通过取消营业税，以及实施多项行政管理改革缩短纳税合规时间，使“缴纳税款”指标全球排名由2017年的第130名上升至2018年的第114名，提升16位；在“跨境贸易”方面，通过实施“单一窗口”，取消行政性收费，增强透明度并鼓励竞争，将进口边境合规成本从745美元减少到326美元，降幅高达56%，使该指标全球排名由2017年的第97位上升至2018年的第65位，提升32位。

中国营商环境在全球排名大幅提高，显示了中国政府为改善营商环境，在提升市场化水平、完善法治化建设、保护不同所有制企业公平竞争、持续优化国际化制度环境等方面付出的不懈努力和取得的巨大进步。

三、提升营商环境市场化水平

2013年以来，国务院相关部门为改善营商环境，增强市场活力，破除要素市场化配置障碍，降低制度性交易成本，削减行政审批事项44%，彻底终结了非行政许可审批。中央政府层面核准的企业投资项目减少90%，行政审批中介服务事项压减74%，职业资格许可和认定大幅减少。中央政府定价项目缩减80%，地方政府定价项目缩减50%以上。2014年全面实施商事制度改革以来，企业开办时间缩短三分之一以上。市场监管部门创新和加强事中事后监管，实行“双随机、一公开”，随机抽取检查人员和检查对象，及时公开查处结果，有效提高了监管效能和公正性。地方政府为提高政务服务质量与实效，推行“互联网+政务服务”，实施一站式服务等举措①。

①《李克强：营商环境持续改善　市场活力明显增强》，http：//www.xinhuanet.com/politics/2018lh/2018-03/05/c_137016744.htm。

（一）全面深化改革优化营商环境①

一是持续放宽市场准入，为投资贸易创造更加宽松的便利环境。加大民用机场、高快速铁路项目建设对民间投资的开放力度，部分垄断行业通过混改积极引入民间投资。大幅精简外资准入负面清单，全面放宽一、二、三产业市场准入，列出汽车、金融领域对外开放路线图时间表，增强开放可预期性。二是加大监管执法力度，为市场竞争创造更加公平有序的环境。强化产权保护，甄别纠正涉及产权冤错案件；持续推进社会信用体系建设，开展政务失信专项治理；清理规范涉企收费，出台实施降价措施。三是深化"互联网+政务服务"，使办事创业效率更加便捷高效。推进政务信息系统整合共享，建设全国一体化的数据共享交换平台体系，推动各地区运用信息化、信息共享等手段疏解群众办事堵点。四是建立健全评价机制，使营商环境评价更加激励有效。通过引入第三方专业机构，借鉴国际经验做法，初步构建中国特色、国际可比的营商环境评价指标体系。

（二）深化商事制度改革构建公平竞争环境②

一是推动市场准入制度改革。实施注册资本登记制度改革，"多证合一""证照分离"等主体准入改革；全面推行工业产品生产许可"一企一证"改革，加快食品、药品、医疗器械注册登记制度改革步伐；深化知识产权注册改革，提高便利化水平。二是创新监管理念和方式。实行年检改年报制度，以"减证"促进"简政"；全面开展公平竞争审查，积极查办行政垄断案件和排除、限制竞争行为。三是优化政务服务环境。落实小微企业收费政策，整治违法违规价费行为，积极推进"互联网+市场监管"。

（三）改革激发市场活力促进创业就业

改革举措产生了良好效果，有效降低了企业制度性交易成本，我国新设

---

①《国务院政策例行吹风会（2018年11月9日）》，http：//www.gov.cn/xinwen/2018zccfh/40/index.htm。

②《国务院政策例行吹风会（2018年11月9日）》，http：//www.gov.cn/xinwen/2018zccfh/40/index.htm。

市场主体和企业有了显著增加。2013年12月底，全国有各类市场主体6062.38万户[①]，到2017年底，全国的市场主体已增加到9814.8万户，其中，企业3033.7万户，个体工商户6579.4万户，农民专业合作社201.7万户，分别占30.9%、67.0%、2.1%[②]。平均每天新设市场主体从2013年的3.1万户，上升到2017年的5.27万户；平均每天新设企业从2013年的0.69万家上升到1.66万家；每千人企业数量也从2013年的10家增加到2017年的21家，翻了一番[③]。2018年上半年，改革进一步消除了市场准入的制度性约束，提高了投资创业的便利化水平，我国新设市场主体998.3万户，市场主体总量达到1.03亿户，突破1亿户大关[④]。平均每天新设市场主体5.52万户；新设企业327.4万家，平均每天新设1.81万家[⑤]。

2014年实施商事制度改革以来，新设立市场主体占比达到73%。日均新设企业由改革前每天0.69万户提高到2018年的1.84万户。每千人企业数从改革前2013年的11.4户提高到2018年的23.9户，增加了1倍多。改革也促进了个体私营经济的发展，个体私营主体占到了全国市场主体总数的95%以上，已经成为吸纳就业的重要渠道。从业人员达到了3.6亿人，提供了我国80%以上的城镇就业岗位和90%以上的新增就业岗位[⑥]。

①《中国工商报》，2014年2月27日，第004版。

②《工商总局就2017年市场环境形势相关情况举行新闻发布会》，http：//home.saic.gov.cn/hd/ftzb/hdzb/2017schjxx/。

③《国新办举行深化商事制度改革新闻发布会》，http：//home.saic.gov.cn/hd/ftzb/hdzb/gxbfbh/。《工商总局就2017年市场环境形势相关情况举行新闻发布会》，http：//home.saic.gov.cn/hd/ftzb/hdzb/2017schjxx/。

④《我国对全球商标增量贡献率超过80%》，http：//www.gov.cn/xinwen/2018-09/11/content_5320953.htm。

⑤《2018年上半年市场环境形势分析》，http：//www.gov.cn/xinwen/2018-08/07/content_5312353.htm。

⑥《国务院政策例行吹风会（2018年11月9日）》，http：//www.gov.cn/xinwen/2018zccfh/40/index.htm。

四、推进营商环境法治化建设

（一）市场经济本质是法治经济[①]

法治是现代市场经济的重要特征，成熟的市场经济体制与健全的法制相呼应。实现市场在资源配置中的决定性作用，最为重要的一个前提条件就是市场主体的行为受法律约束和保护，法律保护市场竞争，维护市场经济运行，才能激发市场主体活力[②]。2014年10月23日，党的十八届四中全会通过的《关于全面推进依法治国若干重大问题的决定》指出，“社会主义市场经济本质上是法治经济”，这是对我国社会主义市场经济实践经验的总结，也是对社会主义市场经济本质的准确清晰界定。

建立社会主义市场经济体制要求实现法治经济。在现代市场经济条件下，市场主体数量越来越多，市场结构越来越复杂，市场竞争越来越激烈，要求市场主体的各种行为都处于法律框架内，才能确保市场经济有序运行，市场机制更加有效。市场主体积累以各种形式存在的财产，客观上要求建立以公平为核心原则的财产权利保护制度。从市场运行机制来看，市场经济的核心是公平竞争，公平竞争就是自由等价交换，因此商品经营者客观上要求有相应的法律来保障其自由、平等、自主交换。要实现国民经济持续平稳健康发展，需要政府不断地改善宏观调控，政府作用的充分发挥需要法律规范，干预经济行为要在法律框架内进行。

（二）构建营商环境的司法保障体系[③]

一个经济体的发展取决于微观主体的发展环境，而微观主体的发展环境根本上取决于法治的保障程度。在我国经济转型的关键时期，构建营

---

①《刘俊海：完善法治化营商环境》，http://www.cssn.cn/dzyx/dzyx_llsj/201601/t20160106_2813281.shtml。

②《赵振华：社会主义市场经济本质上是法治经济》，http://theory.people.com.cn/n/2014/1103/c40531-25961666.html。。

③《坚持依法治国　完善法治化的营商环境》，http：//www.cssn.cn/djch/djch_djchhg/shekejiezaixingdong/201511/t20151120_2706627.shtml。

商环境的司法保障体系极为重要[①]。2017年7月17日，习近平总书记在中央财经领导小组第十六次会议上指出，营造稳定公平透明、可预期的营商环境，要完善知识产权保护相关法律法规。党的十八届五中全会提出“完善法治化的营商环境”，这既是“坚持依法治国”原则的具体体现，也是推动我国经济转型升级、全面建成小康社会的关键所在。完善法治化的营商环境，需要不断适应改革的需要，完善相关法律制度，以引领和保障改革，统一内外资法律法规，保持外资政策稳定、透明、可预期。需要进一步完善司法管理体制和司法权力运行机制，规范司法行为，依法保障司法机关独立行使审判权和监督权[②]。

2017年8月7日，最高人民法院印发《关于为改善营商环境提供司法保障的若干意见》（以下简称《意见》），就人民法院切实发挥审判职能作用，为改善投资和市场环境，营造稳定公平透明、可预期的营商环境，加快建设开放型经济新体制提供更加有力的司法服务和保障，提出22项意见。《意见》要求：在市场主体方面，要依法平等保护各类市场主体，推动完善社会主义市场经济主体法律制度。要全面贯彻平等保护不同所有制主体、不同地区市场主体、不同行业利益主体的工作要求，坚持各类市场主体法律地位平等、权利保护平等和发展机会平等的原则，推动形成平等有序、充满活力的法治化营商环境。在市场准入方面，要做好与商事制度改革的相互衔接，推动解决注册资本认缴登记制改革后的法律适用问题，并积极推动建立全国统一的各类财产权属登记平台和金融交易登记平台。要准确把握外商投资负面清单制度的内容以及清单变化情况，妥善处理在逐步放开外商投资领域时产生的涉及外资准入限制和股比限制的法律适用问题，形成更加开放公平便利的投资环境。要依法行使司法管辖权，公正高效审理各类涉外商事海事案件，平等保护中外当事人程序权利和实体权益。在市场交易方面，对于各类金融案件的审理，要突出以服务实体经济为宗旨，引导和规范各类金融行

①匡贤明：《营造法治化营商环境　助力经济转型升级》，http://views.ce.cn/view/ent/201708/17/t20170817_25063706.shtml。

②《坚持依法治国　完善法治化的营商环境》，http：//www.cssn.cn/djch/djch_djchhg/shekejiezaixingdong/201511/t20151120_2706627.shtml。

为。要慎重审查各类金融创新的交易模式、合同效力，严厉打击各类金融违法犯罪行为，加强对金融消费者的保护，大力推进金融审判机构和队伍的专业化建设。要妥善处理破坏市场竞争规则的案件，规制各类垄断行为和不正当竞争行为；进一步规范行政机关的行政许可和审批行为，并通过建立完善与行政区划适当分离的司法管辖制度等方式，打破部门垄断和地方保护[①]。《意见》的实施有助于构建一个更加完善的市场经济环境，推进我国市场经济领域的法治化进程[②]。

2017年12月28日，最高人民法院公布依法再审张文中案和顾雏军案等三起重大涉产权案件，这是加强产权司法保护、推进营商环境法治化的代表性事件。2018年5月，最高法再审改判张文中无罪。2018年6月13日至14日，最高人民法院公开审理了顾雏军等虚报注册资本，违规披露、不披露重要信息，挪用资金一案。最高人民法院再审重大涉产权案件，体现了发挥司法保护产权的示范效应，为保护产权提供司法和舆论支持，增强社会信心，激发各类市场主体创业创新的动力。

2018年11月10日，为充分发挥司法行政职能作用，积极为民营企业发展提供坚实法治保障，营造良好法治环境，提供优质法律服务，司法部印发《关于充分发挥职能作用为民营企业发展营造良好法治环境的意见》[③]（以下简称《意见》）。《意见》主要围绕减轻民营企业负担，解决民营企业发展难题，营造公平竞争环境，完善政策执行方式，保护企业合法权益等方面，提出了加快推进相关法律法规立改废释，严格规范公正文明执法，创新拓展公共法律服务，引导民营企业依法经营依法治企等 4 个方面20项具体措施[④]。

---

①《为改善营商环境提供司法保障》，http：//legal.people.com.cn/n1/2017/0818/c42510-29478268.html。

②《司法部关于充分发挥职能作用为民营企业发展营造良好法治环境的意见》，http://www.moj.gov.cn/news/content/2018-11/10/bnyw_42385.html。

③《司法部关于充分发挥职能作用为民营企业发展营造良好法治环境的意见》，http：//www.moj.gov.cn/government_public/content/2018-11/10/tzwj_42420.html。

④《司法部部长傅政华：为民营企业提供法治保障》，http：//legal.people.com.cn/n1/2018/1113/c42510-30398683.html。

全面建设法治化营商环境有助于构建以商事主体自治为基础、行业自律为中心、行政监管为关键、协同共治为核心、司法救济为保障的崭新公共治理体系，实现市场经济领域的治理体系与治理能力的现代化。

五、以制度创新打造国际一流营商环境

（一）建立市场准入负面清单

随着经济全球化和区域经济一体化的快速发展，国际化的营商环境已成为一个国家或地区有效开展国际交流与合作，参与国际竞争的重要依托，也是一个国家或地区经济软实力的重要体现。

党的十八届三中全会提出，实行统一的市场准入制度，在制定负面清单基础上，各类市场主体可依法平等进入清单之外领域，探索对外商投资实行准入前国民待遇加负面清单的管理模式。2013年9月，上海自贸区发布中国首份外商投资准入负面清单，其中列明了190条外商投资特别管理措施。2018年，最新版的负面清单管理措施已减少至45条。政府对负面清单以外的外商投资企业和项目实行备案管理，外商投资企业备案的申报、审核、结果告知全程网上办理，办理时间从8个工作日减少到1个工作日。截至2018年6月，上海自贸区挂牌后新设外商投资企业8696个，吸引合同外资1102.4亿美元，实到外资221.33亿美元，98%以上是通过备案方式设立[①]。2015年，广东、天津、福建三大自贸区成立后，四个自贸区共用一张负面清单。

2014年6月，国务院《关于促进市场公平竞争维护市场正常秩序的若干意见》要求，“改革市场准入制度。制定市场准入负面清单，国务院以清单方式明确列出禁止和限制投资经营的行业、领域、业务等，清单以外的，各类市场主体皆可依法平等进入”。国家发改委、商务部会同有关部门研究起草了《关于实行市场准入负面清单制度的意见》，2015年9月15日经中央全面

①《负面清单五年间　上海自贸区吸引合同外资超千亿美元》，http：//bbs1.people.com.cn/post/129/1/2/169918590.html。

深化改革领导小组第十六次会议审议通过。2015年10月19日，国务院发布了《关于实行市场准入负面清单制度的意见》[①]，由此开启了我国以负面清单列表方式对各类市场主体实行统一的准入制度。目前，世界上有70多个国家采用了负面清单的管理模式。

我国的市场准入负面清单制度是由国务院以清单方式明确列出在中华人民共和国境内禁止和限制投资经营的行业、领域、业务等，各级政府依法采取相应管理措施的一系列制度安排。市场准入负面清单以外的行业、领域、业务等，各类市场主体皆可依法平等进入[②]。这一历史性的制度改革和创新，对发挥市场在资源配置中的决定性作用，更好地发挥政府作用，构建开放型经济新体制，完善我国社会主义市场经济体制产生了重大而深远的影响[③]。

改革开放以来，我国各级政府和各级主管部门对经济事务的管理主要采取正面清单方式，其核心在于“管”。由于正面清单冗长复杂，往往使政府管理部门的自由裁量权过大，不仅导致管理效率低下，也易于产生寻租腐败现象。而负面清单制度则从国家层面确立了政府从“管理”转向“服务”，寓监管于服务之中，在制度上规范了中央、地方各级政府和部门的管理权限。具有中国特色的市场准入负面清单制度，是我国坚持改革开放基本国策的又一重大制度创新实践。

实行市场准入负面清单制度，使“看不见的手”在资源配置中的功能和作用得到充分发挥，也推动政府加快转变职能，创新管理方式，提高管理效率，从源头上理顺政府与市场、社会、企业的关系，推动政府行为法治化、经济行为市场化进程。

（二）营造公平透明国际化营商环境

党的十八大以来，党和政府高度重视打造国际化的营商环境工作。习近

①《国务院关于实行市场准入负面清单制度的意见》，http：//www.gov.cn/zhengce/content/2015-10/19/content_10247.htm。

②《国务院印发〈关于实行市场准入负面清单制度的意见〉》，http：//www.gov.cn/xinwen/2015-10/19/content_2949405.htm。

③顾学明：《改革创新　打造国际化营商环境》，《商业文化》2016年第9期。

平总书记多次强调，营造稳定公平透明的营商环境，加快建设开放型经济新体制。李克强总理要求，扎实推进“放管服”改革，创造公平公正、公开透明的营商环境。

2017年8月8日，国务院印发《关于促进外资增长若干措施的通知》（以下简称《通知》）[①]，强调深化供给侧结构性改革，推进简政放权、放管结合、优化服务改革，进一步提升我国外商投资环境法治化、国际化、便利化水平，促进外资增长，提高利用外资质量，不断提升我国引资新优势，促进吸收外资实现稳定增长。《通知》从五个方面提出促进外资增长的政策措施：一是进一步减少外资准入限制；二是制定财税支持政策；三是完善国家级开发区综合投资环境；四是便利人才出入境；五是优化营商环境[②]。

进入2018年，我国以空前的力度扩大对外开放。

1. 持续放宽市场准入

为推动形成全面开放新格局，实行高水平的贸易和投资自由化便利化政策，全面实行准入前国民待遇加负面清单管理制度，2018年6月28日，国家发改委、商务部发布了《外商投资准入特别管理措施（负面清单）（2018年版）》。2018年版负面清单中大幅度放宽市场准入，主要开放措施包括：大幅扩大服务业开放，基本放开制造业，放宽农业和能源资源领域准入[③]。

2. 构建更加完善的投资环境

利用外资是我国对外开放基本国策和构建开放型经济新体制的重要内容，为实现以高水平开放推动经济高质量发展，2018年6月10日，国务院印发《关于积极有效利用外资推动经济高质量发展若干措施的通知》（以下简称《通知》）[④]。《通知》从六个方面提出积极有效利用外资的政策措施：一

①《国务院关于促进外资增长若干措施的通知（国发〔2017〕39号）》，http://www.gov.cn/zhengce/content/2017-08/16/content_5218057.htm。

②《国务院印发〈关于促进外资增长若干措施的通知〉》，http://www.gov.cn/xinwen/2017-08/16/content_5218114.htm。

③《以更大力度推进对外开放——国家发展改革委有关负责人就2018年版外商投资准入特别管理措施（负面清单）答记者问》，http://www.gov.cn/zhengce/2018-06/29/content_5302075.htm。

④《国务院关于积极有效利用外资推动经济高质量发展若干措施的通知（国发〔2018〕19号）》，http://www.gov.cn/zhengce/content/2018-06/15/content_5298972.htm。

是大幅度放宽市场准入，提升投资自由化水平；二是深化“放管服”改革，提升投资便利化水平；三是加强投资促进，提升引资质量和水平；四是提升投资保护水平，打造高标准投资环境；五是优化区域开放布局，引导外资投向中西部等地区；六是推动国家级开发区创新提升，强化利用外资重要平台作用[①]。

未来，中国将逐步扩大金融业开放，持续推进服务业开放，深化农业、采矿业、制造业开放，加快电信、教育、医疗、文化等领域开放进程，不断完善投资环境。教育、医疗等领域也将放宽外资股比限制[②]。

【专栏】西安市优化营商环境的具体方法

1. 全力打造“店小二”式政务服务，将主动服务意识内化于心。西安市把破除服务意识不强、执行力不强和“慵懒散慢”等三个思想作为关键，通过持续宣传引导、弘扬铁军作风、从严追责问责等一系列务实举措，真正让“群众利益无小事”“事不过夜马上办”和“实干立身”这三个观念，在广大干部头脑中立了起来。同时，实行“项目经理”制，结合“千人亲商助企”等活动完善干部与企业结对机制。实行“代办制”，全市各级领导干部都在自己的名片上印有“金牌店小二”或“五星级店小二”的字样，主动靠前为企业群众服务。

2. 通过机制创新，持续提高办事效率。按照群众和企业办事“最多跑一次是原则，跑多次是例外”的要求，全面梳理公布市、区县（开发区）、街（镇）三级“最多跑一次”事项清单，公布“最多跑一次”事项13675个。目前已梳理出西安市政务服务事项总数9598项，实现“最多跑一次”事项数8639项，占比90.01%。以高新区为例，2018年5月初，高新区将原创新发展局、规划建设局、国土资源和房屋管理局等14个职能部门分散审批的230项政务服务事项，统一划转至行政审批服务局集中实施审批，启用“西安高新区

①《国务院印发〈关于积极有效利用外资推动经济高质量发展若干措施的通知〉》，http：//www.gov.cn/xinwen/2018-06/15/content_5299005.htm。

②《国新办举行介绍中国优化营商环境政策举措吹风会图文实录》，http：//www.scio.gov.cn/32344/32345/37799/39234/tw39236/Document/1641098/1641098.htm。

行政审批服务局审批专用章”，实现了“一枚印章管审批”，在行政审批体制改革之路上迈出了关键一步，为优化营商环境提供了坚强的体制保障。

3. 通过抓信息手段，便利程度不断跃升。为让群众少跑腿，让数据多跑路，成立市大数据局。对市级38条非应急类政务服务和社会服务热线号码进行整合，建立12345市民热线平台，改变各类政府服务热线“号难记、话通难、事难办”的现象，以“一号联通”的形式向市民提供便捷服务。推行企业登记全程电子化、“审核合一”和“多证合一、一照一码”等多项制度，并引入第三方服务受理窗口业务，引进西北首批自助办照服务终端实现延时服务，支付宝、微信办照以及依托金融机构实现“互联网+金融机构+政务服务”的模式，在路径上实现办照路径的全面打通，在服务模式上实现365×24的全天候。通过以上举措进一步激发市场活力，市场主体呈现井喷式增长。仅2017年全年新登记市场主体28.32万户，同比增长99.68%，成为全国第七个过百万的副省级城市。

4. 通过抓专项活动建立问责机制。出台《西安市损害营商环境问责办法》，分四个部分十六条，对损害营商环境的行为进行了界定，对问责的情形、问责的实施进行了明确。通过对损害营商环境问题的查处通报，形成良好震慑作用。为倒逼改革措施落地，先后开展了一系列专项活动，常态化“局长驻窗口”和“最多跑一次局长体验活动”，及时发现办事堵点，破解办事瓶颈。22个联系点“互评互促、互比互学”活动等，接受了社会各界监督，提升了从业人员职业素养，得到了社会各界的广泛关注及点赞[①]。

第三节　完善产权保护制度促进民营经济健康发展

党的十八大以来，党中央制定扶持民营经济发展的多项政策，为民营企业发展营造良好的法治环境和营商环境。党的十八届四中全会提出要“健全

①《国务院发展研究中心研究员李国强：西安优化营商环境成就“西引力”，经验做法值得推广！》，https：//baijiahao.baidu.com/s? id=1616708954628705043&wfr=spider&for=pc。

以公平为核心原则的产权保护制度，加强对各种所有制经济组织和自然人财产权的保护，清理有违公平的法律法规条款”[①]。党的十八届五中全会强调要“鼓励民营企业依法进入更多领域，引入非国有资本参与国有企业改革，更好激发非公有制经济活力和创造力”[②]。党的十九大将“两个毫不动摇”写入新时代坚持和发展中国特色社会主义的基本方略，作为党和国家一项大政方针进一步确定下来。

国务院相继出台了一系列政策措施，为民营经济营造公平竞争的营商环境，保护民营经济经商主体的合法财产权益和投资利益。

一、营造民营经济发展良好法治环境

（一）民营经济已成为推动我国经济发展的重要力量[③]

在中国经济发展进入新时期以后，需要更多地依赖自主创新，而创新是一件风险极大的事情。民营企业具有承担风险自我调节的机制，使自主创新和市场灵活性有效结合并发挥作用。民营经济的发展增强了中国经济的活力。

民营经济在稳定增长、促进创新、增加就业、改善民生等方面发挥了重要作用[④]。截至2017年底，我国民营企业数量超过2700万家，个体工商户超过6500万户，注册资本超过165万亿元。在整个经济体系中，民营经济贡献了50%以上的税收，60%以上的国内生产总值，70%以上的技术创新成果，80%以上的城镇劳动就业，90%以上的企业数量。在全社会投资中，2017年

①《中共中央关于全面推进依法治国若干重大问题的决定》，http：//cpc.people.com.cn/n/2014/1029/c64387-25927606.html。

②《中共中央关于制定国民经济和社会发展第十三个五年规划的建议》，http：//cpc.people.com.cn/n/2015/1103/c399243-27772351.html。

③《民营经济是推动高质量发展的重要主体》，http：//www.qstheory.cn/zdwz/2018-11/07/c_1123674366.htm。

④庄聪生：《营造良好发展环境　激发民营经济活力》，http：//www.rmlt.com.cn/2018/1122/533679.shtml。

民营企业、民间投资占了60%以上，在制造业投资中民营企业占到了77.2%，成为制造业投资大军。在对外贸易方面，2017年我国出口总额中，国有企业占10.2%、外资企业占43.2%、民营企业占46.6%；进口总额中，国有企业占23.8%、外资企业占46.8%、民营企业占29.4%，民营经济已是我国对外贸易的主力军。在税收方面，2017年我国民营经济税收额为8.2万亿元，占全国税收总额的52.6%；民营经济税收增加额为10228亿元，占全国税收增量的67.1%，民营经济已经成为国家财力增长的重要贡献者。

科技兴国是中国的一项基本国策。企业是科技兴国的基础与主力军。进入21世纪以来，大量上规模的民营企业把技术创新视为企业的保证生存、快速发展、提升竞争力的根本途径，对产品创新、技术创新、商业模式创新进行了大量投入。目前，民营企业已经占中国专利申请的80%以上、发明专利的60%以上、新产品提供的70%以上，民营经济为科技兴国做出了巨大贡献。

制造业是一国的主要经济基础，振兴制造业是振兴中国经济的重中之重。中国目前已经是世界第一的制造业大国和制成品出口国。民营制造业现在已经成为中国制造的最大主力军。2017年，民营工业资产占全国规模以上工业总资产的42%，所有者权益占55%，营业总收入占55%，利润总额占53%。就制造业看，民营制造业各项指标的占比在65%～85%之间，民营企业在轻纺、食品、电子、普通机械等普通制造及制成品出口方面已占绝对优势，在重大装备、高技术等高端制造及制成品出口等方面基本上形成三分天下有其一的格局。

民营企业在国内外企业500强中的竞争实力有了显著提高。在2018年世界500强企业中，我国民营企业已由2013年的5家[①]增加到28家。在2017年全国500强企业中，民营企业占据了226席[②]。据全国工商联发布的2017年民营企业500强报告显示，华为投资控股有限公司、苏宁控股集团有限公司、正

① 《进入2013年世界500强的中国民营企业500强》，http：//news.hexun.com/2013-08-30/157560639.html。

② 《做实做好非公经济高质量发展大文章》，http：//news.cctv.com/2018/10/19/ARTIQJCJL0vepGhiJKuO8VVe181019.shtml。

威国际集团有限公司位列前三名。其中，华为投资控股有限公司以6036.21亿元的营业收入蝉联榜首。在2017中国民营企业500强榜单中，有9家企业2017年营业收入突破3000亿元大关，分别是华为投资控股有限公司、苏宁控股集团有限公司、正威国际集团有限公司、京东集团、山东魏桥创业集团有限公司、联想控股股份有限公司、恒大集团有限公司、国美控股集团有限公司、恒力集团有限公司。

（二）民营企业健康发展需要良好法治环境①

加强民营经济发展法治保障是民营经济发展的现实需要。合法经营是民营企业和企业家永远的避风港，合法经营才能使企业不断壮大，诚信经营为企业长远发展提供了安身立命之所。民营经济生于市场，长于市场，与市场贴得最近，是市场中最活跃的因素。但同时，民营经济应对风险的能力总体偏脆弱，对市场的公平秩序依赖性大。这些特点，决定了民营经济更需要法治保障。2014年党的十八届四中全会做出全面推进依法治国的战略决策，国家陆续颁布实施了一系列与民营经济发展相关的法律、法规和政策，促进了民营经济快速发展。但是，从实际操作、行业壁垒、权益保护、法治监督和法律风险防范方面来看，民营经济发展的法治保障重政策、轻法律，重制定、轻执行的问题较为突出。一方面，我国的社会主义市场经济体制还在建立和发展，民营经济发展的相关立法也在建立和完善，民营领域很多经济形式和经济活动还处于不断摸索之中，现有法律对民营经济的有效覆盖不足，目前关于民营经济的一些法律条款还是散见于相关的法律法规中，大部分涉及民营经济发展保障的规定还是停留在政策层面，这就导致民营经济法治保障刚性不强、权威性不够。另一方面，在政策上存在重制定、轻执行的问题。近年来，我国促进民营经济发展的政策出台不少，但往往存在缺乏配套细则、措施不具有刚性、督查落实力度不够等问题，导致政策难以落地，造成民营企业应享受的优惠政策、扶持措施难以到位。

同时，民营企业法律风险内控机制也较为薄弱。当前，中小微民营企业，特别是小微民营企业，缺乏法律风险内控机制。一些民营企业家法律意

①汤新华：《民营经济发展法治保障亟待加强》，《新湘评论》2015年第14期，第30—31页。

识不强，很多企业的法务部门作用没有发挥，甚至没有设立专职的法律顾问。法律风险管理相关部门运转投入的资金也较少，多数企业法律风险管理投入不足实际支出的0.02%，小企业的法律风险防范费用则更少，而美国企业支出的平均法律风险防范费用占到企业收入的1%。另外，由于缺乏现代企业管理思维，一些民营企业一直存在产权不清风险，公司财产与民营企业家私有财产区分不明，给很多民营企业带来法律风险隐患。

（三）营造民营企业发展良好法治环境在行动

党的十八届三中、四中、五中全会明确提出，国家保护各种所有制经济产权和合法利益，强调要健全以公平为核心原则的产权保护制度，推进产权保护法治化。2016年8月30日，中央深化改革领导小组审议通过了《关于完善产权保护制度依法保护产权的意见》。2016年11月27日，中共中央、国务院印发《关于完善产权保护制度依法保护产权的意见》，对完善产权保护制度、推进产权保护法治化的有关工作做了全面部署①。

国务院相关部委按照加强对民营企业各类合法权益司法保障的部署，开展全面清理不利于民营企业发展的法律法规和规范性文件的行动。

1. 加强备案审查

2018年11月，司法部出台《关于充分发挥职能作用为民营企业发展营造良好法治环境的意见》，提出了包括全面清理不利于民营企业发展的法律法规和规范性文件等在内的20条意见，要求在2018年底前集中清理现行法律法规和规范性文件中有悖于平等保护原则、不利于民营经济发展的相关内容，及时予以废止或者调整完善，打破各种各样的“卷帘门”“玻璃门”“旋转门”。各部门也主动清理部门规章规范性文件。国家税务总局加强税收规范性文件合法性合规性审查和备案审查，从源头上防止和避免制度性侵权；新增公平竞争审查制度，对违反公平竞争、可能不利于民营企业发展的规定及时调整完善或不予出台。国家市场监督管理总局对规章草案和规范性文件开展审查工作，严防不利于产权保护和对非公有制经济有歧视性限制或隐形障

①《最高法发布关于加强产权司法保护两个意见》，http：//www.court.gov.cn/zixun-xiangqing-31631.html。

碍的制度规范出台。中国银行保险监督管理委员会依法对监管规范性文件中有关政策措施进行市场公平竞争影响评估审查。

2. 立法平等保护

司法部积极推动与民营经济发展相关的立法工作，新的立法坚持平等保护的价值取向，包括加快关于基础设施和公共服务领域政府和社会资本合作、企业所得税、私募投资基金管理、企业名称登记管理、个体工商户等方面的立法工作，保护好民营企业物权、债权、股权、知识产权等方面的合法权益。

3. 规范执法行为

行政执法部门推进严格规范公正文明执法，要求掌握好执法尺度，执法活动要在法治轨道运行。财政部规范财政执法检查，积极推进“双随机一公开”①，对作为市场主体的民营企业实施随机抽查，保证执法规范化。生态环境部要求在对生态环境保护督察执法中严格禁止“一刀切”，保护合法合规企业权益。国家税务总局妥善处理好依法征税和支持企业发展的关系，对正常生产经营的企业，坚持无风险不稽查、无审批不进户、无违法不停票，并出台实施《税务行政处罚裁量权行使规则》，规范处罚行为、防止任性执法。

最高人民法院于2016年成立“涉产权错案冤案甄别纠正工作小组”，全面展开涉产权冤错案件甄别纠正工作。2016年11月，最高人民法院发布关于加强产权司法保护两个意见：《最高人民法院关于充分发挥审判职能作用切实加强产权司法保护的意见》和《最高人民法院关于依法妥善处理历史形成的产权案件工作实施意见》。2017年12月28日，最高人民法院向社会宣布对张文中案、顾雏军案及江苏牧羊集团案三起在全国有重大影响的涉产权案件启动再审。2018年5月31日，最高人民法院开庭审理张文中诈骗、单位行贿、挪用资金案，公开宣判撤销原审判决，改判张文中无罪。2018年11月，最高人民法院副院长江必新在接受媒体采访时表示，顾雏军案和江苏牧羊集团案正在加快审理中②。

①即在监管过程中随机抽取检查对象，随机选派执法检查人员，抽查情况及查处结果及时向社会公开，是国务院办公厅于2015年8月发布的《国务院办公厅关于推广随机抽查规范事中事后监管的通知》中要求在全国全面推行的一种监管模式。

②江必新：《为民营企业发展营造良好法治环境》，http：//www.xinhuanet.com/talking/character/2018110705.htm。

2017年11月24日，最高人民检察院、公安部联合发布了修订后的《关于公安机关办理经济犯罪案件的若干规定》，并于2018年1月1日起施行。其中，直接涉及产权保护的相关条款有15条，对办理经济犯罪案件中涉案财物处置做出了一系列细化规定，要求审慎把握处理产权和经济纠纷的政策，准确认识经济纠纷与经济犯罪的性质，防范执法不当行为。

二、完善产权保护制度依法保护企业家合法权益

产权制度是社会主义市场经济的基石，保护产权是坚持社会主义基本经济制度的必然要求。产权保护法律制度是市场经济健康发展和社会稳定的制度基础，完善的产权保护法律制度有助于增加市场交易主体的安全感和获得感，对于激发各类市场主体以及广大企业家的创业创新热情具有重要作用。

（一）有效产权保护是激发市场活力的动力之源

从经济学角度上看，完善的产权制度是市场交易活动的基础。按照现代产权理论，产权是一种排他性的财产权利，包括排他性的支配权、收益权和财产转让权。产权界定了权利拥有者对财产支配的范围、空间和方式，为财产的运作提供了权利基础；界定了人们相互之间的利益关系，特别是对分配剩余产品或价值提供了基本的权利规范和依据，解决了经济活动的动力源泉问题。所以，一旦产权缺乏可靠的保障体系，就会削弱社会生产要素进行长期生产性投资的动力，从而导致社会投资规模的衰减。完善的产权保护制度有助于调动市场主体的积极性，促进生产要素在各部门之间自由、高效地流动，从而促进社会经济活力迸发，有序发展。我国经济体制改革将完善产权制度作为重点之一。党的十九大报告指出，“经济体制改革必须以完善产权制度和要素市场化配置为重点，实现产权有效激励、要素自由流动、价格反应灵活、竞争公平有序、企业优胜劣汰”①。

发扬企业家精神也离不开产权保护。企业是经济社会运行的微观细胞，企业家是参与经济活动的重要主体，企业家的拼搏进取精神是经济高效发展

①张程：《完善产权保护迫在眉睫》，《检察风云》2018年第8期，第14—15页。

的重要润滑剂。经济发展需要企业的健康运行，更需要企业家的努力和付出。尊重和保护企业家的权利，才能激发出他们的创造力和活力。构建完善的产权保护制度，清晰划定产权的边界，为企业家依法合规经营创造有利的环境，才能有效保护企业家群体，弘扬企业家精神，避免企业家陷入不良的政商关系之中。同时，社会公众也才能正确理解企业家群体为经济发展所做出的贡献和所获得的收益之间的关系，才能正确理解企业家所创造出的巨大社会价值，才能真正激发大众创业、万众创新的热情。

（二）完善产权保护制度促进民营经济健康发展

针对我国民营经济产权保护存在的问题，为促进民营经济健康发展，对各种所有制经济产权和合法权益实行平等保护，甄别和纠正涉及产权的错案冤案，妥善处理企业特别是民营企业过去经营不规范的问题，有效解决民营企业违法案件中司法不规范问题，营造保护产权的良好社会环境①，2016年8月，中央全面深化改革领导小组第二十七次会议审议通过《关于完善产权保护制度依法保护产权的意见》（下称《意见》），强调完善产权保护制度，坚持平等保护、全面保护、依法保护，要加强各种所有制经济产权保护，完善平等保护产权的法律制度②。《意见》要求，各地区各有关部门要充分认识完善产权保护制度、依法保护产权的重要性和紧迫性，建立党委牵头、人大、政府、司法机关共同参加的产权保护协调工作机制，加强组织领导和统筹协调，抓紧制定具体实施方案，启动基础性、标志性、关键性工作，确保各项举措落到实处、见到实效③。

2016年11月27日，中共中央、国务院发布了《关于完善产权保护制度依法保护产权的意见》（下称《意见》）。这是我国完善产权保护制度的纲领性文件，是党和国家保护各种所有制经济组织和公民财产权的重大宣示和庄

①《让“有恒产者有恒心”——国家发展改革委有关负责人解读完善产权保护制度》，http：//www.gov.cn/xinwen/2016-11/27/content_5138535.htm。

②《中央全面深化改革领导小组第二十七次会议召开》，http：//www.gov.cn/xinwen/2016-08/30/content_5103650.htm。

③《我国完善产权保护制度推进产权保护法治化》，http：//www.gov.cn/xinwen/ 2016-09/02/content_5104562.htm。

严承诺，是建设社会主义市场经济、社会主义法治经济的重大改革举措①。

《意见》明确了产权保护的十大任务：加强各种所有制经济产权保护；完善平等保护产权的法律制度；妥善处理历史形成的产权案件；严格规范涉案财产处置的法律程序；审慎把握处理产权和经济纠纷的司法政策；完善政府守信践诺机制；完善财产征收征用制度；加大知识产权保护力度；健全增加城乡居民财产性收入的各项制度；营造全社会重视和支持产权保护的良好环境。为推进产权保护法治化，《意见》明确了5个原则：坚持平等保护、坚持全面保护、坚持依法保护、坚持共同参与、坚持标本兼治。

对于企业家在合法经营中出现的不规范和经营失误，《意见》要求妥善处理历史形成的产权案件，抓紧甄别纠正一批社会反映强烈的产权纠纷申诉案件，以发展眼光客观看待和依法妥善处理改革开放以来各类企业特别是民营企业经营过程中存在的不规范问题。

《意见》提出要审慎把握处理产权和经济纠纷的司法政策，司法机关严格区分罪与非罪的界限，审慎适用刑罚措施，避免出现用刑事手段干预经济纠纷。最高人民法院此后开展的依法纠正涉产权重大案件，表明了党和政府推进全面依法治国、依法保护产权和企业家合法权益的决心。

《意见》出台有利于消除因所有制主体身份不同而同罪异罚或异罪异罚等现象，解决了民营企业发展中存在的一些突出问题。由于历史原因，我国一些法律制度对不同所有制产权保护不同等，公权力对私有产权保护不力，民营企业资产被违规查封扣押冻结等现象在一些地方时有发生。这些问题严重损害了经济社会发展的基础，对此，《意见》提出了平等保护原则，明确非公有制经济财产权和公有制经济财产权一样不可侵犯，同时提出加大对非公有财产的刑法保护力度。

《意见》的发布，使一些此前曾有过违法经营的民营企业家吃下"定心丸"②。

---

①《完善产权保护制度　严格依法保护产权》，http：//www.gov.cn/xinwen/2016-11/28/content_5138592.htm。

②《出台顶层设计 制定行动纲领 中国推动产权保护法治化》，http：//www.gov.cn/xinwen/2016-11/28/content_5138610.htm。

（三）落实产权保护制度激励企业家创业创新

党的十八大以来，以习近平同志为核心的党中央对依法保护产权工作高度重视。2014年11月9日，在亚太经合组织工商领导人峰会上，国家主席习近平面对来自数十个国家和地区的1500多位工商界代表特别提及了企业家精神。2017年4月，中央全面深化改革领导小组第三十四次会议通过了《关于进一步激发和保护企业家精神的意见》。这对于弘扬企业家精神、发挥企业家示范作用、造就优秀企业家队伍具有重要意义。2017年9月8日，中共中央、国务院印发《关于营造企业家健康成长环境　弘扬优秀企业家精神　更好发挥企业家作用的意见》，强调要营造依法保护企业家合法权益的法治环境，营造促进企业家公平竞争诚信经营的市场环境，营造尊重和激励企业家干事创业的社会氛围。三个“营造”将法治原理和企业家精神统一起来。法治是保障营造公平竞争、诚信经营的市场环境的根本，是企业家精神的催化剂和保护伞。没有法治环境，企业家精神就无法生存和成长，也就不可能有市场经济的持续繁荣。该文件一方面维护企业家公平竞争权益，另一方面也加强对企业家诚信经营的激励约束，以政府监管和企业家精神共同营造良性市场环境。

此后，各相关部门和地方政府相继出台了实施意见。

国家发展改革委为贯彻落实中央落实保护产权和营造依法保护企业家合法权益的法治环境的政策精神，会同有关部门按照党中央、国务院决策部署，持续推动《关于完善产权保护制度依法保护产权的意见》的贯彻落实，积极开展相关工作，依法甄别纠正了一批社会反映强烈的产权纠纷案件。推动社会关注的涉产权案件启动再审程序①。

政法机关在依法保护产权落实产权保护制度，依法维护企业家合法权益打出了一系列组合拳。

最高人民法院为促进非公有制经济和民间投资健康发展，相继出台了一系列司法保障措施。2014年12月，出台了《关于依法平等保护非公有制经济促进非公有制经济健康发展的意见》，要求各级人民法院充分发挥司法审判

①《国家发展改革委就宏观经济运行情况举行新闻发布会（1）》，http：//www.gov.cn/xinwen/2018-05/16/content_5291339.htm#1。

的职能作用，为非公有制经济健康发展提供有力的司法保障。2016年4月，发布了依法平等保护非公有制经济、促进非公有制经济健康发展十大民事商事典型案例，指导各级人民法院对公有制经济和非公有制经济实行平等保护。2016年10月，发布了《关于依法审理和执行民事商事案件 保障民间投资健康发展的通知》，要求依法支持民营企业多渠道融资，正确认定新型担保合同的法律效力，依法保护民间金融创新，依法打击非法集资犯罪，为民间投资健康发展提供司法保障。

最高人民法院发挥审判职能作用，2016年发布了《关于充分发挥审判职能作用切实加强产权司法保护的意见》《关于依法妥善处理历史形成的产权案件工作实施意见》。针对历史形成的涉产权冤错案件，成立甄别纠正工作小组，审查有关申诉案件或再审申请。2017年12月28日，对原审被告人张文中诈骗、单位行贿、挪用资金案，原审被告人顾雏军虚报注册资本、违规披露、不披露重要信息、挪用资金案等三起重大涉产权案件启动再审①。2017年12月29日印发《最高人民法院关于充分发挥审判职能作用为企业家创新创业营造良好法治环境的通知》，要求各级人民法院依法平等保护企业家合法权益，为企业家创新创业营造良好法治环境②。

最高人民检察院要求各级检察机关综合发挥打击、预防、监督、教育、保护等检察职能，为企业家健康成长和事业发展营造宽松的法治环境，切实强化企业家人身财富安全感，增强和激励企业家创新创业信心③。2017年12月，下发《关于充分发挥职能作用营造保护企业家合法权益的法治环境支持企业家创新创业的通知》。

针对一些地方公权力侵害私有产权、违法查封扣押冻结民营企业财产、利用刑事手段插手经济纠纷等情况，2017年11月24日，最高人民检察院、公

①《最高人民法院研究室负责人就〈最高人民法院关于充分发挥审判职能作用为企业家创新创业营造良好法治环境的通知〉答记者问》，http：//www.court.gov.cn/zixun-xiangqing-76152.html。

②《最高人民法院关于充分发挥审判职能作用为企业家创新创业营造良好法治环境的通知》，http：//www.court.gov.cn/fabu-xiangqing-76142.html。

③《最高检下发通知要求各级检察机关准确把握法律政策界限 依法保护企业家合法权益》，http：//www.spp.gov.cn/spp/xwfbh/wsfbt/201712/t20171212_206601.shtml。

安部联合发布了修订后的《关于公安机关办理经济犯罪案件的若干规定》，并于2018年1月1日起施行。其中，直接涉及产权保护的相关条款有15条，对办理经济犯罪案件中涉案财物处置做出了一系列细化规定，要求审慎把握处理产权和经济纠纷的政策，准确认识经济纠纷与经济犯罪的性质，防范执法不当行为，明确强调公安机关不得在案件终结前处理财物。

各地政府也相继出台依法保护产权、弘扬企业家精神的实施措施。

2017年11月，天津市委、市政府印发《关于营造企业家创业发展良好环境的规定》，提出依法保护企业家财产权、依法保护企业家自主经营权、促进企业家公平竞争诚信经营、激发企业家创新创业活力、完善企业家激励机制等八个方面系统具体举措。

2018年5月底，河北省委、省政府印发《关于营造企业家健康成长环境　弘扬优秀企业家精神　更好发挥企业家作用的实施意见》，提出以“创新、强企、解难、惠民”为主题的“双创双服”活动为抓手，着力营造保护企业家合法权益的法治环境，营造促进企业家公平竞争诚信经营的市场环境，营造鼓励企业家创新创业的社会氛围。

2018年7月，重庆召开全市民营经济大会，发布《关于进一步营造企业家健康成长环境　弘扬优秀企业家精神　更好发挥企业家作用的实施意见》，提出要进一步营造依法保护企业家合法权益的法治环境，依法保护企业家财产权、创新权益、自主经营权等。

2018年8月，广西壮族自治区党委、政府出台《关于营造企业家健康成长环境　弘扬优秀企业家精神　更好发挥企业家作用的实施意见》，采取措施保护企业家合法权益、营造公平诚信的市场环境，在依法保护企业家创新权益方面，提出完善调处知识产权侵权行为快速反应机制；根据企业需求，组织有关服务机构在知识产权优势企业建立知识产权维权援助工作站等措施。

2018年8月，福建省委、省政府印发了《关于营造企业家健康成长环境　弘扬优秀企业家精神　更好发挥企业家作用的实施意见》，要求着力营造依法保护企业家合法权益的法治环境、促进企业家公平竞争诚信经营的市场环境、尊重和激励企业家干事创业的社会氛围[①]。

---

①《福建：营造企业家健康成长环境　弘扬优秀企业家精神》，http://www.fj.chinanews.com/news/fj_ttgz/2018/2018-08-22/418890.html。

【专栏】最高人民法院依法重审三起涉产权案件[①]

最高人民法院贯彻党中央、国务院决策部署，持续推动落实《关于完善产权保护制度依法保护产权的意见》，启动三起社会关注度高的重大涉产权案件再审程序[②]。

2017年12月28日，最高人民法院公布人民法院将依法再审顾雏军案、张文中案及李美兰与陈家荣、许荣华案三起重大涉产权案件。张文中案，由最高人民法院直接提审；顾雏军案，由最高人民法院第一巡回法庭提审；李美兰与陈家荣、许荣华案，指定由南京市中级人民法院重审。

1. 张文中诈骗、单位行贿、挪用资金一案。张文中是物美控股集团有限公司原董事长。2009年3月30日，河北省高级人民法院终审判决，认定被告人张文中犯诈骗罪，判处有期徒刑十年，并处罚金五十万元人民币，犯单位行贿罪，判处有期徒刑三年，犯挪用资金罪，判处有期徒刑一年，决定执行有期徒刑十二年，并处罚金五十万元人民币；认定被告人张伟春犯诈骗罪，判处有期徒刑五年，并处罚金二十万元人民币；认定被告单位物美控股集团有限公司犯单位行贿罪，判处罚金五百三十万元人民币。原判生效后，原审被告人张文中向河北省高级人民法院提出申诉。2015年12月21日，河北省高级人民法院驳回其申诉。2016年10月，原审被告人张文中向最高人民法院提出申诉。最高人民法院经审查认为，原审被告人张文中提出的申诉符合法定重新审判条件，依法决定提审本案。2018年5月31日，最高人民法院对原审被告人张文中诈骗、单位行贿、挪用资金再审一案进行公开宣判，撤销原审判决，改判张文中无罪。

2. 顾雏军虚报注册资本，违规披露、不披露重要信息，挪用资金一案。顾雏军是广东科龙电器股份有限公司、扬州科龙电器有限公司、顺德格林柯尔企业发展有限公司等企业原董事长或法定代表人。2009年3月25日，广东省高级人民法院做出终审裁定，认定被告人顾雏军犯虚报注册资本罪，判

①《人民法院决定依法再审三起重大涉产权案件　两件由最高人民法院直接提审》，http：//www.court.gov.cn/zixun-xiangqing-75712.html。

②《国家发展改革委就宏观经济运行情况举行新闻发布会（1）》，http：//www.gov.cn/xinwen/2018-05/16/content_5291339.htm#1。

处有期徒刑二年，并处罚金六百六十万元人民币；犯违规披露、不披露重要信息罪，判处有期徒刑二年，并处罚金二十万元人民币；犯挪用资金罪，判处有期徒刑八年；决定执行有期徒刑十年，并处罚金六百八十万元人民币。2012年9月，顾雏军在刑满释放后向最高人民法院提出申诉。2013年12月10日，最高人民法院将顾雏军的申诉交广东省高级人民法院审查处理。2014年1月17日，广东省高级人民法院对顾雏军申诉立案审查。在广东省高级人民法院对顾雏军申诉进行审查期间，顾雏军继续向最高人民法院提出申诉。最高人民法院经审查认为，原审被告人顾雏军提出的申诉符合法定重新审判条件，依法决定提审本案。

2018年6月13日至14日，最高人民法院在第一巡回法庭大法庭公开开庭审理顾雏军等虚报注册资本，违规披露、不披露重要信息，挪用资金再审一案。在法庭辩论阶段，检辩双方对本案的事实、证据和法律适用等问题充分发表意见。顾雏军等及其辩护人均认为各原审被告人的行为不构成犯罪，要求依法改判无罪。最高人民检察院出庭检察员认为：顾雏军等人在调整完善注册资本结构过程中实施了虚报注册资本行为，但行为社会危害性较小，尚属行政违法范畴，不构成犯罪；科龙电器2002年至2004年每年年底通过压货方式进行虚假销售，导致其公开披露的年度财会报告含有虚假成分，但在案证据不足以证明造成了严重损害股东或者其他人利益的后果，对顾雏军等人的行为，应按无罪处理；顾雏军等人挪用科龙电器和江西科龙资金合计2.9亿元的事实清楚，证据确实、充分，原审裁判相关部分定性准确，量刑适当；顾雏军等人挪用扬州亚星客车6300万元的基本事实清楚，但适用法律错误，且在案证据不能证实顾雏军等谋取了个人利益，不构成挪用资金罪。经过2天的庭审，法庭宣布此案件将择期宣判。

3. 李美兰与陈家荣、许荣华确认股权转让协议无效纠纷案。李美兰是许荣华的妻子。许荣华曾是江苏牧羊集团五大股东之一。2008年10月16日前后，许荣华以2400万元的价格，将持有牧羊集团15.51%的股权转让给时任牧羊集团的工会主席陈家荣。2009年，李美兰以股权转让自己不知情为由起诉许荣华，认为股权转让无效。2011年1月26日，扬州市中级人民法院判决驳回李美兰的诉讼请求。2011年10月，江苏省高级人民法院以股权权益与股权并非同一概念，许荣华的股权转让不违反《中华人民共和国公司法》的相关规定，且许荣华与陈家荣之间不存在恶意串通，二审维持原判。一审、二审败诉后，李美兰向江苏省高级人民法院提出申诉。2017年12月28日，最高人民法院对外宣布，李美兰向江苏省高级人民法院提出申诉。该院再审认为，本案原一、二审判决基本事实认定不清，案涉股权转让协议是否存在低价转让情形、股权受让人是否存在恶意等其他事实有待进一步查清，且再审期间出现了关联案件仲裁裁决被撤销、法院立案受理股权转让协议撤销之诉等新情况，为彻底查清本案事实，依法公正处理，裁定撤销了原一、二审判决，指定由南京市中级人民法院重审[①]。2018年8月31日，作为李美兰案的关联案件，许荣华诉牧羊集团陈家荣、第三人范天铭案，经南京市中级人民法院一审宣判，撤销许荣华“被胁迫”签订的股权转让协议，要求被告陈家荣、范天铭将股权返还给原告许荣华。牧羊集团方面随后向江苏省高级人民法院提起上诉，目前案件正在等待开庭审理[②]。李美兰案尚未开庭[③]。

再审的这三起社会反映强烈的产权纠纷案件，体现出党中央完善产权保护制度、依法保护产权的坚定决心，发挥了司法保护产权的示范效应，完善了市场交易规则，增强了各类市场主体财产权得到司法保护的信心，为保护企业家精神、激发创业创新动力创造了公平竞争的制度环境。

三、落实民营经济市场准入“国民待遇”

平等保护产权、平等参与市场竞争、平等使用生产要素是完善社会主义市场经济体制的内在要求。从总体上看，党和国家支持民营经济健康发展的政策是越来越好，但在保障民营经济平等享有市场准入“国民待遇”政策方面还存在落实不到位问题。

---

①《人民法院决定依法再审三起重大涉产权案件　两件由最高人民法院直接提审》，http：//www.court.gov.cn/zixun-xiangqing-75712.html。

②《老婆告老公、看守所里卖股权　十年牧羊案反转在即？》，https：//finance.sina.cn/2018-11-02/detail-ihmutuea6347207.d.html？cid=76524&oid=3836183148569460&pos=102。

③《江苏牧羊集团股东股权十年之争　看守所内转让股权》，http：//news.ifeng.com/a/20181129/60178323_0.shtml。

（一）民营经济发展存在“隐性门槛”

影响民营经济发展存在的障碍主要表现在六个方面。一是在市场准入方面仍受限制。虽然国家颁布实施了行政许可法和新、旧“两个36条”政策，在国家政策层面上已经实现了“非禁即入”，但民营企业投资经营一些垄断领域仍然存在“卷帘门”“玻璃门”“弹簧门”现象，民营企业仍存在准入限制，审批手续复杂。政策要求的“发展权利平等、机会平等、规则平等”还没有完全实现，尤其是交通（铁路、民航、城市交通）、电信、金融、电力、石化以及某些基础产业进入的门槛仍然很高。二是享受政府政策待遇方面有较大差异。政府在某些公共政策的制定和制度供给上，存在“所有制歧视”现象，对民营经济的“次国民待遇”问题还没有解决。在各类资源配置方面，特别是在矿产、土地、金融、能源、运输等方面，对民营经济与国有经济还不能平等对待。三是直接促进民营经济发展的财税政策还不系统。基本上没有直接运用于扶持和发展民营经济的财政资金支出；对民营经济存在税负不公问题，税收政策存在“非国民待遇”。对民营企业的税收优惠手段也较单一，力度不够。四是融资环境仍不宽松。民营企业融资难的问题依然很突出，贷款覆盖率和融资规模比重很低，融资成本较高，融资手续烦琐，时间长。国有大银行没有充分发挥服务小企业的作用，贷大不贷小，贷国不贷民，民营中小微企业基本上享受不到国有商业银行的金融服务。五是法制尚不健全。我国现行调整企业法律关系的法律法规没有完全摆脱传统思想的影响，仍然是按照所有制、投资主体、投资区域等原则制定的。在一些具体的立法中，缺少与《中华人民共和国中小企业促进法》相配套的行政法规和监管法规。在执法过程中对民营企业存有偏见，不能一视同仁、同等待遇，民营企业的诉求得不到重视，其合法权益得不到保护①。六是政府采购招标设置限制。一些地方政府在政府采购和招投标项目中，提出“中字头”“国字号”资质条件，限制中小型优秀民营企业投标竞标。这种行业垄断或地区垄断使得民营企业不能平等地参与市场竞争，极大地制约了民营经济的发展空间。

---

①《关于民营经济政策落实中若干问题的解析》，http://gs.people.com.cn/n/2014/0912/c360971-22286562.html。

（二）完善鼓励民营经济发展制度环境

党的十八届三中、四中、五中全会推出了一系列扩大非公有制企业市场准入、平等发展的改革举措，随后又接续出台了一批相关政策措施。针对民营经济发展中存在的突出问题，2018年11月1日，习近平总书记在民营企业座谈会讲话中强调指出，“要打破各种各样的‘卷帘门’‘玻璃门’‘旋转门’，在市场准入、审批许可、经营运行、招投标、军民融合等方面，为民营企业打造公平竞争环境”。

为鼓励支持引导民营经济健康发展完善政策环境，国务院相继出台了一系列的政策。2005年2月19日，颁发《国务院关于鼓励支持和引导个体私营等非公有制经济发展的若干意见》（俗称“旧36条”），全面系统地推出促进非公经济发展的36条政策规定，对推动民间投资起到很大作用。为继续支持民营经济的发展，2009年9月19日，发布了《国务院关于进一步促进中小企业发展的若干意见》；2010年5月7日，发布了《国务院关于鼓励和引导民间投资健康发展的若干意见》（俗称“新36条”），鼓励和引导民间资本进入基础产业和基础设施、市政公用事业和政策性住房建设、金融服务、商贸流通、国防科技工业六大领域，兴办金融机构，投资商贸流通产业，参与发展文化、教育、体育、医疗和社会福利等事业。鼓励和引导民间资本进入法律法规未明确禁止准入的行业和领域。“新36条”明确提出，规范投资准入门槛，创造公平竞争、平等准入的市场环境，市场准入标准和优惠扶持政策要公开透明，对各类投资主体同等对待，不得单对民间资本设置附加条件。为了把“新36条”落实，2010年7月22日，国务院办公厅专门下发了《国务院办公厅关于鼓励和引导民间投资健康发展重点工作分工的通知》，把“新36条”政策规定的落实任务逐项分配到相关部门。2012年4月26日，又发布了《国务院关于进一步支持小型微型企业健康发展的意见》。

（三）多措并举落实民营经济“国民待遇”①

党的十八大以来，党和政府出台了一系列支持民营经济健康发展的政策

①钟晟：《发展民营经济与坚持国民待遇——兼谈南昌民营经济的发展》，《南昌高专学报》2005年第4期，第39—42页。

措施，但是在一些地方和部门落实不到位，使民营经济发展遭遇困境。消除民营经济发展过程中政策不落地的问题，需要采取多方面措施①。

1. 营造全社会维护民营经济合法权益的社会氛围

各级党政领导要创新发展观念，冲破影响民营经济发展的思想障碍，真正从思想上认识到发展民营经济的重要作用，用新思路发展民营经济。在舆论上大力宣传优秀民营企业和企业家的事迹，形成各级政府积极鼓励支持引导民营经济健康发展，广大民营企业家发展信心坚定、心无旁骛创新创造、踏实办好企业的浓厚舆论氛围。

2. 切实取消民营经济市场准入限制

政府部门大力营造公平的市场环境，支持民间资本拓展产业领域，拓宽投资领域和范围，积极鼓励支持民间投资入市，建立多元化的投资体制。在制定和实施发展规划时着力扩大民间投资在投资项目中的比重。同时，建立健全民间投资信息服务平台，及时公开产业政策、发展规划、投资项目、优惠措施、资金安排等投资信息。大力推进垄断行业改革，鼓励民营企业通过参股、控股、资产收购等多种方式参与改制重组，构建国企与民企共生共荣、互利双赢的企业生态。积极支持民营企业开拓新型产业领域，出台切实的扶持政策，在发展规划、投资核准、土地使用、税收优惠、金融服务、创业补助等方面给予大力支持。

3. 落实民营企业应享受的“国民待遇”

推进实质性减税，加大对民营经济发展的财税支持政策。统一各类企业税收制度，体现企业公平税负、平等竞争的原则。建立税收公平竞争机制，中小微型民营企业享受国有同行业企业税收减免待遇，为民营经济和各类企业创造公平竞争的税收环境。强化税收法定原则，坚持依率计征。政府通过财政、融资和设立国家专项资金等措施，支持、帮助、促进中小微型民营企业发展。进一步加大财政资金对民营企业技术创新和研发支持力度。同时，公平分配各类社会资源，使民营企业在土地使用、信贷、进出口等方面处于公平竞争的环境之中。

---

①《拆除民营经济发展的“隐性门槛”》，http：//opinion.people.com.cn/n1/2016/0929/c1003-28748192.html。

4. 从制度上解决民营经济发展融资困境

鼓励金融部门支持民营经济，真正发挥金融部门资金支持主渠道功能。同时，优化民营企业融资结构，拓宽融资渠道，加强社会资金的流入。应出台政策支持措施，建立适合民营企业规模的小银行，为其提供信贷资金；建立区域性股票债券交易所，促进民营企业上市，吸引更多投资者，加速企业融资；发挥金融中介作用，发展抵押贷款、担保贷款、信用贷款；规范民间融资，促进国际市场融资；设立政府扶持基金。

5. 转变政府职能持续推进“放管服”改革

推进规范化服务型政府建设，简政放权、放管结合、优化服务，提高行政效能，为民营企业提供更加便捷、务实和高效的政务服务，营造良好的民营经济发展行政环境。完善督促检查民营经济政策落实情况，确保各项政策落到实处。强化服务落实机制，切实提高职能部门服务意识、服务素质和服务水平。进一步清理、精简行政审批事项，完善审批程序性规定，简化程序，缩短行政审批时限。

6. 从制度上规范行政执法行为

加强行政执法队伍建设，建立高素质的公务员队伍，提高行政执法水平，为民营经济发展创造良好的行政环境[①]。

①《关于民营经济政策落实中若干问题的解析》，http：//gs.people.com.cn/n/2014/0912/c360971-22286562.html。

第十三章　公有制经济基础性作用日益增强

所有制是一种经济制度，生产资料所有制性质决定社会性质。公有制作为一种生产资料所有制和经济制度，决定着社会主义社会的性质。我国公有制主体地位是由社会主义本质所规定并由宪法固化了的法律原则。2018年3月11日，第十三届全国人民代表大会第一次会议通过修正后的《中华人民共和国宪法》中，明确规定："国家在社会主义初级阶段，坚持公有制为主体、多种所有制经济共同发展的基本经济制度"，"国有经济，即社会主义全民所有制经济，是国民经济中的主导力量。国家保障国有经济的巩固和发展"①。我国公有制的主体地位主要体现在公有资产在社会总资产中占有优势，国有经济对经济发展起主导作用体现在控制着国民经济命脉。公有制为主体、多种所有制经济共同发展的基本经济制度，是中国特色社会主义制度的重要支柱，也是社会主义市场经济体制的根基。

党的十八大以来，在完善社会主义市场经济体制过程中，始终坚持公有制主体地位、国有经济主导作用的经济体制改革原则和前进方向，公有制与市场经济有机结合，中国特色社会主义在以公有制为主体、多种所有制共同发展的市场经济中得到进一步巩固和发展。实践证明社会主义与市场经济两者之间没有根本矛盾，市场经济只是一种经济手段和运行机制。1985年10月23日，邓小平在会见美国时代公司组织的美国高级企业代表团时就指出："社会主义和市场经济不存在根本矛盾。"②

---

①《中华人民共和国宪法》，http：//www.gov.cn/xinwen/2018-03/22/content_5276319.htm。

②《市场经济不能说只是资本主义的》，http：//cpc.people.com.cn/n1/2016/0804/c69113-28612003.html。

公有制经济是社会主义制度的经济基础。我国公有制经济涉及的经济成分、针对的财产所有权、涉及的资产范围非常广，包括国有经济、集体经济、混合所有制经济中的国有成分和集体成分①。国有经济的主导作用主要体现在对国民经济的控制力、带动力、影响力上，在关系国家安全、国民经济命脉的重要行业和关键领域占据支配地位。国有企业是国有经济发挥主导作用的主要载体，也是推进国家现代化、保障人民根本利益的重要力量。

第一节　国有企业在深化改革中增强活力提高效率②

国有企业是我国公有制经济最主要的实现形式，是中国特色社会主义的重要物质基础和政治基础，是党执政兴国的重要支柱和依靠力量。党的十九大强调“深化国有企业改革”，“培育具有全球竞争力的世界一流企业”。

2013年11月召开的党的十八届三中全会提出，推动国有企业完善现代企业制度，以规范经营决策、资产保值增值、公平参与竞争、提高企业效率、增强企业活力、承担社会责任为重点，进一步深化国有企业改革。

2015年9月13日，中共中央、国务院印发了《关于深化国有企业改革的指导意见》，要求国有企业改革以提高国有资本效率、增强国有企业活力为中心，完善产权清晰、权责明确、政企分开、管理科学的现代企业制度，完善国有资产监管体制，防止国有资产流失，全面推进依法治企，加强和改进党对国有企业的领导，做强做优做大国有企业，不断增强国有经济活力、控制力、影响力、抗风险能力。

2018年12月召开的中央经济工作会议要求，深化国资国企等重点领域改革，加快国资国企改革，坚持政企分开、政资分开和公平竞争原则。

①《正确看待和坚持公有制为主体》，http：//www.qstheory.cn/economy/2016-04/29/c_1118770696.htm。

②陈东琪：《国有经济布局战略性调整的方向和改革举措研究》，《宏观经济研究》2015年第10期。

一、进一步确定国有企业市场主体地位

国有企业是社会主义制度实现生产资料社会占有的最重要形式，规定了社会主义基本经济制度的性质，并主导社会主义经济发展。在社会主义市场经济体制下，保持社会主义基本经济制度的本质规定性，需要通过国有企业代表的国有经济保持对国民经济的控制力，才能实现社会主义本质不发生根本改变的目的。国有企业对国民经济的控制，既可以在绝对水平上达到控制，也可以在相对水平上达到控制。绝对控制要求国有企业代表的国有经济在数量上处于绝对优势，并主导着国民经济的发展。相对控制并不要求国有企业代表的国有经济在数量上处于绝对优势，只需要对关系国民经济命脉的行业加以控制。因此，在社会主义市场经济体制下，国有企业需要保持对包括涉及国家安全、自然垄断、提供重要公共产品和服务的行业，以及国民经济的支柱产业和高新技术产业的控制，体现社会主义初级阶段生产资料以公有制为主体的基本经济制度的性质。

党的十八届三中全会指出，要让市场在资源配置中起决定性作用和更好地发挥政府作用，同时对国有企业的地位及功能提出了新的要求。国有企业作为公有制经济的主体，随着社会主义市场经济体制在深化改革中不断完善：一方面，作为社会主义基本经济制度的核心要素保证社会主义市场经济体制的社会主义特性，承担稳定社会主义市场经济运行职责和实现社会保障责任的功能；另一方面，作为独立市场主体需要接受市场调节，其运行要符合市场规律，执行市场规则①。

2018年7月30日，国务院印发《关于推进国有资本投资、运营公司改革试点的实施意见》（简称《意见》），对国有企业深化改革提出要求："以管资本为主加强国有资产监管，完善国有资本投资运营的市场化机制。科学合理界定政府及国有资产监管机构，国有资本投资、运营公司和所持股企业的权利边界，健全权责利相统一的授权链条，进一步落实企业市场主体地

①乔榛：《中国经济体制改革中的国有企业地位及功能变迁》，《社会科学辑刊》2018年第2期，第140—146页。

位，培育具有创新能力和国际竞争力的国有骨干企业。”①

按照《意见》要求，通过科学合理界定政府、国有资产监管机构、国有资本投资运营公司和国有企业的权利边界，建立健全权责利相统一的授权链条，从而实现国有企业的市场主体地位②。国有企业在深化改革中，按照市场对资源配置起决定性作用的要求，让市场机制充分发挥作用，成为决策主体、投入主体、利益主体和风险承担主体，从而激发出内在的活力和创造力③，逐渐走出一条以市场为导向、以创新为基础的高质量增长之路。

二、完善现代企业制度健全法人治理结构

2017年5月3日，国务院办公厅印发《关于进一步完善国有企业法人治理结构的指导意见》印发，要求从国有企业实际情况出发，以建立健全产权清晰、权责明确、政企分开、管理科学的现代企业制度为方向，完善体制机制，依法规范权责，根据功能分类，把握重点，进一步健全各司其职、各负其责、协调运转、有效制衡的国有企业法人治理结构④。文件同时明确提出国有企业健全法人治理结构的时间节点，对2015年《中共中央　国务院关于深化国有企业改革的指导意见》中“健全公司法人治理结构”内容进行了细化和强调。国有企业完成公司制改革为国有企业市场化转型奠定了坚实的法律基础。

目前我国中央企业已基本建立起董事会。建设规范的董事会是完善国有企业法人治理结构关键一环。国务院国资委在宝钢集团等企业率先开展了国

①《国务院关于推进国有资本投资、运营公司改革试点的实施意见》，http：//www.gov.cn/zhengce/content/2018-07/30/content_5310497.htm。

②《财政部：进一步落实国有企业市场主体地位》，http：//finance.people.com.cn/n1/2018/0801/c1004-30184188.html。

③《以深化改革强化国企市场主体地位》，http：//www.bts.gov.cn/c/2018-04-27/2172331.shtml。

④《国务院办公厅关于进一步完善国有企业法人治理结构的指导意见》，http：//www.gov.cn/zhengce/content/2017-05/03/content_5190599.htm。

有独资公司建立规范董事会试点工作。此后，一系列旨在规范建设、落实职权的改革渐次展开。在中国建材、国药集团、新兴际华集团、中国节能、中广核等5户中央企业开展落实董事会职权试点；推进董事会重大决策合规性审查机制建设，实现中央企业规章制度、经济合同、重要决策100%的法律审核；改进董事会评价方式，优化董事会及董事评价指标体系。据国资委数据显示，近年来国务院国资委监管的中央企业持续推动外部董事占多数的规范董事会建设，目前96家中央企业中已有94家建立董事会，其中83家外部董事占多数。此外，90%的地方国资委监管的国有企业也建立了董事会。中央企业严格实行董事选聘和履职管理，增强董事会决策能力和整体功能，特别是外部董事队伍结构来源更加多元化、专业化。近三年来，中央企业董事在董事会会议和专门委员会会议上提出重要意见建议近7000条，董事会的制衡机制发挥了有效作用，推动企业风险防控能力和经营管理水平不断提升①。

截止到2018年9月底，中央企业集团公司层面已有68家全民所有制企业完成公司制改制，全国国有企业公司制改制面达到94%②。

三、坚持党对国有企业领导发挥政治核心作用

国有企业的多重属性决定了必须加强党对国有企业的领导③。从经济属性上来看，国有企业作为微观经济主体要以实现利润为重要任务，因此在企业生产和经营上要保持相对独立的决策权。但是市场固有的盲目性、自发性和滞后性的缺陷影响企业追求市场利润的目的，通过强化党的领导和指导作用有助于弥补微观决策的失灵。作为宏观调控载体，国有企业是国家经济主权安全的重大保障，反映了公有制经济对社会主义制度的根本作用，只有不断加强党对国有企业的领导，才能实现国有企业与社会主义制度内在逻辑的

①《我国中央企业已基本建立董事会》，http：//www.gov.cn/xinwen/ 2018-08/30/content_5317789.htm。

②《国新办举行2018年前三季度央企经济运行情况发布会图文实录》，http：//www.scio.gov.cn/xwfbh/xwbfbh/wqfbh/37601/39092/wz39094/Document/1639163/1639163.htm。

③《坚决加强和完善党对国有企业的领导》，http：//www.qstheory.cn/dukan/hqwg/2017-03/08/c_1120591668.htm。

自洽。在政治属性上，加强党的领导有利于把控国有企业发展的政治方向，在经济结构上保证社会主义公有制经济的主体地位。在社会属性上，国有企业担负重大社会责任，包括保护生态环境、保护企业员工权益、社会反馈和贡献等。在文化属性上，国有企业有效产生和宣扬积极向上的企业内部文化，在整个社会上弘扬正气、发挥正能量，从而践行社会主义核心价值观，实现文化自信。

党的执政规律和自身建设规律要求必须加强党对国有企业的领导。经济基础决定上层建筑，党的执政和自身建设依赖于经济发展的效果，做强做优做大国有企业符合全体人民的根本利益。实行中国特色社会主义制度的目的是为了最大程度解放和发展社会生产力，实现社会主义和市场经济的有机结合，要求在充分发挥市场活力的同时，需要让国有企业在涉及国家经济安全和国家经济命脉的领域占有绝对的主导作用。

党对国有企业领导关键是建立现代企业制度和落实全面从严治党。一是要做强做优做大国有企业，建设好中国特色现代国有企业制度。党的组织成为企业法人治理结构的有机组成部分，将发挥党的政治优势同运用市场机制结合起来，保证党和国家方针政策的贯彻执行；发挥党组织纪检监察、巡视、审计在企业职权和财务状况等方面起监督作用；支持董事会、监事会、经理层依法履行职责。二是坚持全面从严治党，落实全面从严治党任务。党的组织成为坚决贯彻执行党的路线方针政策、落实党的组织原则和纪律的主体，使党对国有企业的领导真正落到实处。坚持党管干部原则，党组织在国有企业管理者的选拔、考核、管理、赏罚之中起领导作用，对重要干部具有管理权，抓住国有企业领导人员这个“关键少数”，加强党性教育、宗旨教育、警示教育，保证党对干部人事工作的领导权和对重要干部的管理权。深入开展党规党纪教育，严肃查办各类违纪违法案件。

四、国有企业在市场竞争中发展壮大

2017年9月10日，中国企业联合会、中国企业家协会发布“中国企业500强”排行榜，国有企业继续占据主导地位。2017中国企业500强中，274家国有及国有控股企业上榜，占比54.8%；营业收入占比71.83%；资产占比

86.19%；净利润占比71.76%；纳税占比85.87%[①]。在一些重要行业和领域，国有经济发挥主导作用。目前，在石油和天然气开采业、烟草制品业、石油加工与炼焦及核燃料加工业、电力和热力生产供应业、燃气生产和供应业、水生产和供应业等领域总产值中，国有企业占比具有优势。根据目前已公布的数据，国有企业在上述行业中的占比分别为82.35%、99.32%、54.34%、92.14%、46.34%和67.69%。

2018年7月19日发布的2018《财富》世界500强企业中，有120家中国企业入围，国务院国资委监管的中央企业有48家上榜[②]。

2018年10月24日，国务院首次向全国人大常委会报告国有资产基本情况。根据报告，2017年，全国国有企业（不含金融企业）资产总额共183.5万亿元，负债总额118.5万亿元，国有资本及权益总额50.3万亿元，全国国有企业境外总资产16.7万亿元；国有金融企业资产总额共241万亿元，负债总额217.3万亿元，形成国有资产16.2万亿元，全国金融企业所投境外机构资产规模18.1万亿元[③]。

第二节　国有资产管理体制从管企业向管资本转变

党的十八届三中全会提出，要“完善国有资产管理体制，以管资本为主加强国有资产监管，改革国有资本授权经营体制，组建若干国有资本运营公司，支持有条件的国有企业改组为国有资本投资公司。国有资本投资运营要服务于国家战略目标，更多投向关系国家安全、国民经济命脉的重要行业和关键领域，重点提供公共服务、发展重要前瞻性战略性产业、保护生态环境、支持科技进步、保障国家安全”。要求“国有资本加大对公益性企业的投入，在

①《2017中国企业500强　274家国有及国有控股企业上榜》，http：//www.sasac.gov.cn/n2588025/n2588119/c7860693/content.html。

②《120家中国企业入围2018〈财富〉世界500强　国务院国资委监管48个中央企业上榜》，http：//www.sasac.gov.cn//n2588025/n2588119/c9269471/content.html。

③《晒出“明白账”守好国家财富——国务院首次向人大常委会报告国资“家底”传递深化改革决心》，http：//www.gov.cn/xinwen/2018-10/24/content_5334219.htm。

提供公共服务方面作出更大贡献。国有资本继续控股经营的自然垄断行业，实行以政企分开、政资分开、特许经营、政府监管为主要内容的改革”[①]。

2015年9月13日，中共中央、国务院印发《关于深化国有企业改革的指导意见》，提出“以提高国有资本效率、增强国有企业活力为中心，完善产权清晰、权责明确、政企分开、管理科学的现代企业制度”。该意见要求，主业处于关系国家安全、国民经济命脉的重要行业和关键领域、主要承担重大专项任务的商业类国有企业，要保持国有资本控股地位。完善国有资产管理体制，以管资本为主推进国有资产监管机构职能转变，实现以管企业为主向以管资本为主的转变，重点管好国有资本布局、规范资本运作、提高资本回报、维护资本安全。改革国有资本授权经营体制，改组组建国有资本投资、运营公司，探索有效的运营模式，通过开展投资融资、产业培育、资本整合，推动产业集聚和转型升级，优化国有资本布局结构。推动国有资本合理流动优化配置，坚持以市场为导向、以企业为主体，有进有退、有所为有所不为，优化国有资本布局结构，增强国有经济整体功能和效率。紧紧围绕服务国家战略，落实国家产业政策和重点产业布局调整总体要求，优化国有资本重点投资方向和领域，推动国有资本向关系国家安全、国民经济命脉和国计民生的重要行业和关键领域、重点基础设施集中，向前瞻性战略性产业集中，向具有核心竞争力的优势企业集中。推进经营性国有资产集中统一监管，稳步将党政机关、事业单位所属企业的国有资本纳入经营性国有资产集中统一监管体系，具备条件的进入国有资本投资、运营公司。

2015年11月4日，国务院印发《关于改革和完善国有资产管理体制的若干意见》，作为《中共中央　国务院关于深化国有企业改革的指导意见》的配套文件，提出改革和完善国有资产管理体制，以管资本为主加强国有资产监管，改革国有资本授权经营体制，真正确立国有企业的市场主体地位，推进国有资产监管机构职能转变，不断增强国有经济活力、控制力、影响力和抗风险能力。

---

①《中共中央关于全面深化改革若干重大问题的决定》，http：//cpc.people.com.cn/n/2013/1115/c64094-23559163.html。

2017年4月27日，国务院办公厅转发《国务院国资委以管资本为主推进职能转变方案》（以下称《方案》），明确要求，以管资本为主加强国有资产监管，以提高国有资本效率、增强国有企业活力为中心，加快实现以管企业为主向以管资本为主的转变。调整优化国资监管职能，改进监管方式手段，着力提高国有资本效率，增强国有企业活力。《方案》对国务院国资委功能定位做了规定，“按照政企分开、政资分开、所有权与经营权分离要求，科学界定国有资产出资人监管的边界，国务院国资委作为国务院直属特设机构，根据授权代表国务院依法履行出资人职责，专司国有资产监管，不行使社会公共管理职能，不干预企业依法行使自主经营权”[①]。

为加快形成有效制衡的公司法人治理结构和灵活高效的市场化经营机制，2017年7月26日，《国务院办公厅关于印发中央企业公司制改制工作实施方案的通知》发布，要求加快推动中央企业完成公司制改制，在2017年底前基本完成国有企业公司制改制工作[②]。

党的十九大报告进一步明确提出，“完善各类国有资产管理体制，改革国有资本授权经营体制，加快国有经济布局优化、结构调整、战略性重组，促进国有资产保值增值，推动国有资本做强做优做大，有效防止国有资产流失”。

从管资产到管资本为主，从“做强做优做大国有企业”到“做强做优做大国有资本”，这是认识上的一次重大飞跃，对推进新一轮国资国企改革有着关键性的指引意义。

2018年12月召开的中央经济工作会议要求，加快国资国企改革，坚持政企分开、政资分开和公平竞争原则，做强做优做大国有资本，加快实现从管企业向管资本转变，改组成立一批国有资本投资公司，组建一批国有资本运营公司[③]。

完善国有资产管理体制改革，以管资本为主推进国有资产监管机构职能

---

①《国务院办公厅关于转发国务院国资委以管资本为主推进职能转变方案的通知》，http：//www.gov.cn/zhengce/content/2017-05/10/content_5192390.htm。

②《国务院办公厅关于印发中央企业公司制改制工作实施方案的通知》，http：//www.gov.cn/zhengce/content/2017-07/26/content_5213271.htm。

③《中央经济工作会议在北京举行　习近平李克强作重要讲话》，http：//www.xinhuanet.com/fortune/2018-12/21/c_1123887379.htm。

转变，推进国有资本授权经营体制改革，推进国有资本合理流动优化配置，推进经营性国有资产集中统一监管。国有资本投资运营服务于国家战略目标，更多投向关系国家安全、国民经济命脉的重要行业和关键领域，重点提供公共服务、发展重要前瞻性战略性产业、保护生态环境、支持科技进步、保障国家安全①。

一、推进国有资产监管机构职能转变

国有资产管理体制改革对全面深化国有企业改革具有巨大牵引作用。国有资产管理体制改革是新时代深化国有企业改革的重要切入点，从管国有企业为主转向管国有资本为主，这是国有资产管理体制的重大创新，也是深化国有企业改革的重要动力。

2016年12月5日下午，中央全面深化改革领导小组第三十次会议审议通过了《国务院国资委以管资本为主推进职能转变方案》。2017年4月27日，国务院办公厅转发《国务院国资委以管资本为主推进职能转变方案》（以下称《方案》）的通知，明确要求调整优化国资监管职能，改进监管方式手段，着力提高国有资本效率，增强国有企业活力。

《方案》提出，要按照深化简政放权、放管结合、优化服务改革的要求，依法履行职责，以管资本为主加强国有资产监管，以提高国有资本效率、增强国有企业活力为中心，明确监管重点，精简监管事项，优化部门职能，改进监管方式，全面加强党的建设，加快实现以管企业为主向以管资本为主的转变。推进职能转变要坚持准确定位、坚持依法监管、坚持搞活企业、坚持提高效能和坚持党的领导。

《方案》要求，将强化出资人监管与落实管党治党责任相结合、精简监管事项与完善国有企业法人治理结构相结合，具体包括五方面措施：一是强化管资本职能，落实保值增值责任。完善规划投资监管，突出国有资本运营，强化激励约束。二是加强国有资产监督，防止国有资产流失。坚持出资

①《国有企业改革理论的重大创新》，http：//www.gov.cn/xinwen/2017-11/10/content_5238470.htm。

人管理和监督的有机统一，强化外派监事会监督，严格落实责任。三是精简监管事项，增强企业活力。进一步明确国有企业各治理主体行权履职边界，层层落实责任。四是整合国有企业改革职能、经济运行监测职能，整合推动科技创新职能，提高监管效能。五是全面加强党的建设，强化管党治党责任。建立健全党建工作责任制，加强党的领导与完善公司治理相统一，坚持党管干部原则与市场化机制相结合，加大纪检监察工作力度。

《方案》明确，按照事前制度规范、事中跟踪监控、事后监督问责的要求，强化依法监管，实施分类监管，推进阳光监管，优化监管流程，更多地采用市场化、法治化、信息化监管方式，提高监管的针对性、实效性。

《方案》强调，坚持试点先行，结合企业实际情况，分类放权、分步实施，确保放得下、接得住、管得好。要积极适应职能转变要求，及时清理完善涉及的国有资产监管法规和政策文件①。

为落实以管资本为主完善国有资产管理体制的要求，国务院国资委取消、下放、授权工作事项43项，将18项权利授权或下放给试点企业；各地国资委下放了563项职能，大多数省级国资委初步建立了监管权力清单和责任清单②。取消、下放的诸多事项大多涉及企业经营权，目的就是让企业在经营活动中，成为独立的市场主体。对中央企业进行了监管模式的调整，通过开展中央企业试点工作进行适合企业自身类型的改革实践，如探索落实董事会职权，市场化选聘经营管理者，推行职业经理人制度，企业薪酬分配差异化改革，改组组建国有资本投资、运营公司，中央企业兼并重组，部分重要领域实施混合所有制改革，混合所有制企业实行员工持股，国有企业信息公开，剥离企业办社会职能和解决历史遗留问题等。

国务院国资委根据管资本为主的监管思路，调整了自身的部分职能设置，建立了新的国有资本监管机制，改组组建了国有资本投资运营公司，

①《国务院办公厅转发〈国务院国资委以管资本为主推进职能转变方案〉》，http://www.gov.cn/xinwen/2017-05/10/content_5192488.htm。

②《国企全面深化改革的大思路和新实践》，http://www.gov.cn/zhuanti/2017-10/13/content_5231382.htm。

保留了一批产业集团[①]，先后确定两批共10家企业开展试点工作：其中国有资本投资公司8家，分别为国投、中粮集团、神华集团、宝武集团、中国五矿、招商局集团、中交集团、保利集团；国有资本运营公司2家，分别为诚通集团和中国国新[②]。同时，加强推动出资人监管、外派监事会监管与审计、巡视等协同配合，形成监管合力，防止国有资本流失[③]。

二、改革国有资本授权经营体制

2018年7月30日，《国务院关于推进国有资本投资、运营公司改革试点的实施意见》（以下称《意见》）发布。《意见》从三方面体现以管资本为主改革国有资本授权经营体制的要求，减少行政化管理手段，突出市场化运营的目标[④]。

一是授权方式，通过以资本为纽带，建立权责利相统一的授权链条，合理确定政府、国有资产监管机构、国有资本投资运营公司和国有企业的权利边界。按照国有资产监管机构授予出资人职责和政府直接授予出资人职责两种模式开展国有资本投资、运营公司试点。国有资本投资、运营公司对于授权范围内的国有资本履行出资人职责。国有资产监管机构或者政府作为授权主体，对于国有资本投资、运营公司进行考核和评价。政府和监管机构不再直接管理企业。

二是公司定位，国有资本投资、运营公司均为在国家授权范围内履行国有资本出资人职责的国有独资公司，是国有资本市场化运作的专业平台。公司以资本为纽带，以产权为基础，依法自主开展国有资本运作，实现既定目

①《以“管资本”为主转换国有资本监管职能——〈国务院国资委以管资本为主推进职能转变方案〉解读》，http：//www.sxgzw.gov.cn/info/1008/29079.htm。

②《新一批11家中央企业国有资本投资公司试点启动》，http：//www.gov.cn/xinwen/2019-01/08/content_5355718.htm。

③《新闻办就十八大以来国有企业改革有关情况举行发布会（1）》，http：//www.gov.cn/xinwen/2017-09/28/content_5228136.htm#allContent。

④《以管资本为主改革国有资本授权经营体制》，http：//www.scio.gov.cn/32344/32345/37799/38784/zy38788/Document/1635075/1635075.htm。

标。国有资本投资、运营公司两者目标各有侧重，其中国有资本投资公司主要以服务国家战略、优化国有资本布局、提升产业竞争力为目标，在关系国家安全、国民经济命脉的重要行业和关键领域，以对战略性核心业务控股为主。国有资本运营公司主要以提升国有资本运营效率、提高国有资本回报为目标，以财务性持股为主。

三是公司运营模式，国有资本投资、运营公司自身不从事具体的生产经营活动，不干预所持股企业日常生产经营。公司通过管资本方式实现对所持股企业的管理，以出资额为限承担有限责任。国有资本投资、运营公司推动所持股企业建立规范完善的法人治理结构，通过股东大会表决、委派董事和监事等方式行使股东权利，形成以资本为纽带的投资与被投资关系，协调和引导所持股企业的发展，实现公司目标。

《意见》对国有资本投资、运营公司组建之后，政府或国有资产监管机构的监管方式做了明确规定①。

管理方面，国有资本投资、运营公司改革试点分为国有资产监管机构授权和政府直接授权两种模式。在国有资产监管机构授权模式下，政府授权国有资产监管机构依法对国有资本投资、运营公司履行出资人职责；国有资产监管机构根据国有资本投资、运营公司具体定位和实际情况，按照“一企一策”原则，授权国有资本投资、运营公司履行出资人职责，制定监管清单和责任清单，明确对国有资本投资、运营公司的监管内容和方式，依法落实国有资本投资、运营公司董事会职权。国有资产监管机构负责对国有资本投资、运营公司进行考核和评价，并定期向本级人民政府报告。政府直接授权模式下，政府直接授权国有资本投资、运营公司对授权范围内的国有资本履行出资人职责。国有资本投资、运营公司根据授权自主开展国有资本运作，贯彻落实国家战略和政策目标，定期向政府报告年度工作情况，及时报告重大事项。政府直接对国有资本投资、运营公司进行考核和评价等。

监督方面，重点在于完善对国有资本投资、运营公司的监督体系。一

①《〈意见〉明确对国有资本投资、运营公司组建后的监管方式》，http：//www.scio.gov.cn/32344/32345/37799/38784/zy38788/Document/1635079/1635079.htm。

是整合出资人监管和审计、纪检监察、巡视等监督力量，建立监督工作会商机制，按照事前规范制度、事中加强监控、事后强化问责的原则，加强对国有资本投资、运营公司的统筹监督，提高监督效能。二是纪检监察机构加强对国有资本投资、运营公司党组织、董事会、经理层的监督，强化对国有资本投资、运营公司领导人员廉洁从业、行使权力等的监督。三是国有资本投资、运营公司建立内部常态化监督审计机制和信息公开制度，加强对权力集中、资金密集、资源富集、资产聚集等重点部门和岗位的监管，依法依规、及时准确地披露相关信息，建设阳光国企，主动接受社会监督。

2018年12月28日，国务院国资委召开11家中央企业国有资本投资公司试点启动会，按照党中央、国务院改革国有资本授权经营体制决策部署要求，确定新增加航空工业集团、国家电投、国机集团、中铝集团、中国远洋海运、通用技术集团、华润集团、中国建材、新兴际华集团、中广核、南光集团等11家中央企业为国有资本投资公司试点企业。会议要求试点企业：坚持和加强党的全面领导，确保改革试点始终在党的领导下稳步推进；按照国有资本授权经营体制改革方向，加大授权放权力度，最大限度激发各级企业内在活力；发挥市场化运作专业平台作用，优化中央企业国有资本布局结构；强化集团总部在战略引领、资本运作、风控合规、审计监督等方面的职能，全面提升集团管控能力；同步开展落实董事会职权、推行职业经理人制度等多项改革，充分发挥综合性改革的乘数效应①，打造国有资本投资公司升级版。

至2018年底，作为改革授权经营体制的重要载体，在中央企业层面，已有19家国有资本投资公司、2家国有资本运营公司试点企业。在全国范围内，各地在122家地方国企推开了两类公司的试点工作②。对于两类公司试点企业，改革试点是试体制、试机制、试模式③，调整组织架构和管控模式，

①《国资委召开11家央企国有资本投资公司试点启动会》，http：//www.sasac.gov.cn//n2588030/n2588924/c10121840/content.html。

②《推进国资国企改革攻坚　夯实高质量发展根基》，http：//www.gov.cn/xinwen/2019-01/23/content_5360660.htm。

③《回望国企改革2018："中心地位"背后的改革深意》，http：//www.gov.cn/xinwen/2018-12/29/content_5353385.htm。

通过打造市场化运作的专业平台，发挥国有经济在战略性重组和优化布局结构中的作用①。

未来中央企业将主要分为实体产业集团、投资公司、运营公司三种类型。中央企业将继续保留相当数量的实体产业集团，专注做强实业、做优产业，参与国际竞争。改组组建国有资本投资、运营公司是改革国有资本授权经营体制的核心，也是完善国有资产监管体制的重要内容②。国有资本投资公司肩负产业使命，谋求在相关产业做强做大，侧重在重要行业和关键领域，推动产业集聚和转型升级，优化国有资本布局结构。国有资本运营公司通过市场运营实现国有资本的保值增值，侧重提升商业类企业的国有资本运营效率，促进国有资本合理流动，在资本运营中培育新兴产业，在培育成熟后出售或转给相关的国有投资公司③。

三、推动国有资本合理流动优化配置

党的十八大以来，国有企业特别是中央企业重组整合力度加大，步伐加快，共有34家中央企业进行了重组整合，中央企业总数从117家减少到98家，省级国资委监管企业有136家进行了重组。通过重组整合，国有企业得到优化，资产质量得到提升，国有资本更加集中，资本投向更加明确，重组效果开始显现④。但国有经济分布过宽、投资涉及领域过多等问题仍然存在。在国民经济398个行业中，国有经济涉及380个，占比达95.5%。国有资本投资领域过宽分散了宝贵的资本资源，导致国有企业的优势产业和核心主业不突

---

①《推进国资国企改革攻坚　夯实高质量发展根基》，http：//www.gov.cn/xinwen/2019-01/23/content_5360660.htm。

②《新一批11家中央企业国有资本投资公司试点启动》，http：//www.gov.cn/xinwen/2019-01/08/content_5355718.htm。

③《国资投资运营公司眉目渐清》，http：//www.gov.cn/xinwen/2017-06/19/content_5203577.htm。

④《国企全面深化改革的大思路和新实践》，http：//www.gov.cn/zhuanti/2017-10/13/content_5231382.htm。

出，而真正需要国有资本发挥作用的行业，国有资本力量反而不足①。

2015年9月13日，中共中央、国务院印发的《中共中央　国务院关于深化国有企业改革的指导意见》（以下简称《意见》）确定，到2020年“国有资本布局结构更趋合理”作为国有企业改革取得决定性成果的主要目标之一。《意见》提出，以管资本为主推动国有资本合理流动优化配置。要紧紧围绕服务国家战略，落实国家产业政策和重点产业布局调整总体要求，优化国有资本重点投资方向和领域，推动国有资本向关系国家安全、国民经济命脉和国计民生的重要行业和关键领域、重点基础设施集中，向前瞻性战略性产业集中，向具有核心竞争力的优势企业集中。通过股权运作、价值管理、有序进退，促进国有资本合理流动，实现保值增值②。

2017年4月27日，国务院办公厅转发的《国务院国资委以管资本为主推进职能转变方案》中明确要求，突出国有资本运营，围绕服务国家战略目标和优化国有资本布局结构，推动国有资本优化配置，提升国有资本运营效率和回报水平。牵头改组组建国有资本投资、运营公司，实施资本运作，采取市场化方式推动设立国有企业结构调整基金、国有资本风险投资基金、中央企业创新发展投资引导基金等相关投资基金。建立健全国有资本运作机制，组织、指导和监督国有资本运作平台开展资本运营，鼓励国有企业追求长远收益，推动国有资本向关系国家安全、国民经济命脉和国计民生的重要行业和关键领域、重点基础设施集中，向前瞻性战略性产业集中，向具有核心竞争力的优势企业集中。

2018年7月30日，国务院在《国务院关于推进国有资本投资、运营公司改革试点的实施意见》（以下简称《意见》）中要求，通过改组组建国有资本投资、运营公司，构建国有资本投资、运营主体，改革国有资本授权经营体制，完善国有资产管理体制，实现国有资本所有权与企业经营权分离，实行国有资本市场化运作。发挥国有资本投资、运营公司平台作用，促进国有

---

①《国企全面深化改革的大思路和新实践》，http：//www.gov.cn/zhuanti/2017-10/13/content_5231382.htm。

②《中共中央　国务院关于深化国有企业改革的指导意见》，http：//www.gov.cn/zhengce/2015-09/13/content_2930440.htm。

资本合理流动，优化国有资本投向，向重点行业、关键领域和优势企业集中，推动国有经济布局优化和结构调整，提高国有资本配置和运营效率，更好地服务国家战略需要。《意见》要求“国有资本运营公司主要以提升国有资本运营效率、提高国有资本回报为目标，以财务性持股为主，通过股权运作、基金投资、培育孵化、价值管理、有序进退等方式，盘活国有资产存量，引导和带动社会资本共同发展，实现国有资本合理流动和保值增值”[①]。

按照国务院办公厅转发的《国务院国资委以管资本为主推进职能转变方案》提出“牵头改组组建国有资本投资、运营公司，实施资本运作”要求，国务院国资委牵头诚通集团、中国国新两家央企的国有资本运营公司试点工作。2016年8月18日，中国国新作为主发起人和控股股东成立国内最大的国有风险投资基金——中国国有资本风险投资基金，基金总规模2000亿元。2016年9月26日，诚通集团牵头发起中国国有企业结构调整基金，基金总规模3500亿元，基金80%投资用于国有重点骨干企业结构调整。两家国有资本运营公司试点企业主要管理4只基金，总规模合计8500亿元。其中，国资风投基金投资了亚太卫星宽带通信（深圳）有限公司等企业，国企结构调整基金参与了中国国航、中国电建非公开发行项目，发起设立了中国健康医疗大数据产业发展公司。基金的成功发起和实际运作，把中央企业、地方企业、金融企业和社会资本等各方资金集聚起来，为央企结构调整和转型升级提供了融资新渠道和投资新机制[②]。国务院国资委要求国有资本运营公司试点企业要发挥基金作用，打造国有资本投融资新渠道；发展金融业务，初步搭建起资本运营基础平台；承接划入股权，探索存量国有资本的合理流动。

8家国有资本投资公司试点央企在管控模式上形成“小总部、大产业”的发展趋势。资本运营和资产经营在试点企业分离开来，更强调集团的投资能力和资源配置能力，具体的产业运营则主要由控股、参股的产业集团去承

①《国务院关于推进国有资本投资、运营公司改革试点的实施意见》，http：//www.gov.cn/zhengce/content/2018-07/30/content_5310497.htm。

②《国资投资运营公司眉目渐清》，http：//www.gov.cn/xinwen/2017-06/19/content_5203577.htm。

担，并使其成为独立的市场主体。形成了“集团总部资本层—专业化公司资产层—生产单位执行层”三级管控架构。试点投资公司的集团总部专注战略管控，在“进”“退”中提高国有资本配置效率。此轮试点投资公司的各企业大力推动相同板块的资源整合，如中粮集团聚焦粮、油、糖、棉主业，以核心产品为主线整合组建多个专业化公司。而国投先后退出了航运和煤炭板块；中粮退出了酒庄、木材等低效无效资产领域；招商局采取清算或转让方式退出了多家燃气公司，基本告别了燃气业务。

国务院国资委通过国有资本投资、运营公司试点工作，在组织调整、战略管控、业务发展、分类授权等方面探索了新体制、新机制、新模式，推动国有资本向关系国家安全、国民经济命脉和国计民生的重要行业和关键领域、重点基础设施集中，向前瞻性战略性产业集中，向具有核心竞争力的优势企业集中，促进国有资本合理流动、优化配置[①]。

四、推进经营性国有资产集中统一监管

建立经营性国有资产统一集中监管体系是国有企业改革的重要内容之一。

2015年9月13日，《中共中央　国务院关于深化国有企业改革的指导意见》印发，提出完善国有资产管理体制，以管资本为主推进经营性国有资产的集中统一监管，稳步将党政机关、事业单位所属企业的国有资本纳入经营性国有资产集中统一监管体系，具备条件的进入国有资本投资、运营公司[②]。

2015年11月，为落实相关部署，国务院印发了《关于改革和完善国有资产管理体制的若干意见》，明确了改革和完善国有资产管理体制的总体要求、基本原则、主要措施，并提出了协同推进配套改革的相关要求。要求稳步推进经营性国有资产集中统一监管。按照依法依规、分类推进、规范程

①《国资投资运营公司眉目渐清》，http：//www.gov.cn/xinwen/2017-06/19/content_5203577.htm。

②《中共中央　国务院关于深化国有企业改革的指导意见》，http：//www.gov.cn/zhengce/2015-09/13/content_2930440.htm。

序、市场运作的原则，以管资本为主，稳步将党政机关、事业单位所属企业的国有资本纳入经营性国有资产集中统一监管体系，具备条件的进入国有资本投资、运营公司[①]。

2018年5月11日，中央全面深化改革委员会召开第二次会议，审议通过了《推进中央党政机关和事业单位经营性国有资产集中统一监管试点实施意见》。会议强调，推进中央党政机关和事业单位经营性国有资产集中统一监管试点，要坚持政企分开、政资分开、所有权与经营权分离，理顺中央党政机关和事业单位同所办企业关系，搭建国有资本运作平台，优化国有资本布局结构，提高国有资本配置和监管效率，有效防止国有资产流失，实现企业健康发展和经营性国有资产保值增值。

2018年7月30日，《国务院关于推进国有资本投资、运营公司改革试点的实施意见》印发，提出试点工作应分级组织、分类推进、稳妥开展。中央层面，继续推进国有资产监管机构授权的国有资本投资、运营公司深化试点。同时推进国务院直接授权的国有资本投资、运营公司试点，选择由财政部履行国有资产监管职责的中央企业以及中央党政机关和事业单位范围内的企业，稳步开展经营性国有资产集中统一监管改革[②]。

按照现行经营性国有资产管理体制，从中央层面看，我国的经营性国有资产主要分为四大类。一是由国务院国资委履行出资人代表职责的部分中央大型企业集团，基本属于工商类企业；二是由财政部履行出资人代表职责或国有资产监管职能的企业，包括中央金融企业、中央文化企业以及中国邮政集团公司、中国铁路总公司、中国烟草总公司等企业，涉及金融类、文化类和工商类企业；三是金融类中央国有企业，由财政部按规定管理，持有部分中央金融企业国有股权，其中金融企业有中国投资有限责任公司、中农工建交等国有商业银行、三大政策银行、四大资产管理公司、四大国有保险公司、光大、中信集团公司和中央汇金等；四是一些军工及涉密企业，由相关

①《国务院关于改革和完善国有资产管理体制的若干意见》，http：//www.gov.cn/zhengce/content/2015-11/04/content_10266.htm。

②《国务院关于推进国有资本投资、运营公司改革试点的实施意见》，http：//www.gov.cn/zhengce/content/2018-07/30/content_5310497.htm。

部门单位直接管理①。

按照分级管理的原则，国务院代表国家行使国有资产所有权，国有企业分为中央、省、市、县四级，分别由同级政府履行出资人职责。按照《中华人民共和国企业国有资产法》，在中央、省、市级设置国资委，作为本级出资人代表②。

【专栏】改革标杆：国家投资公司从管资产到管资本③

党的十八届三中全会提出，“以管资本为主加强国有资产监管”。党的十九大报告进一步明确提出，“做强做优做大国有资本”。从管资产到管资本为主，从做强做优做大国有企业到做强做优做大国有资本，这是认识上的一次重大飞跃，对推进新一轮国企国资改革有着关键性的指引意义。

化蛹为蝶改革先导，引领产业转型升级

国有资本投资公司先后进行了五次大的改革：1996年构筑了母子公司的基本框架，提出将公司建设成为中国特色的国家投资公司；1999年实行全员劳动合同制，推行项目经理责任制，实施专业化管理；2002年开展管理咨询，初步建立与市场匹配的体制机制；2009年推进集团化、专业化、差异化管理；2014年成为国有资本投资公司试点后，推行了“四试一加强”的综合改革。通过开展投资融资、产业培育、资本整合，有效推动产业集聚和转型升级，优化国有资本布局结构。

国有资本投资公司的历史是一部改革、探索、创新的历史。每一次改革始终围绕着“市场化、有活力”的目标，给其快速持续发展不断注入新的时

---

①王倩倩：《统一监管集结号　中央党政机关和事业单位经营性国有资产统一监管调查报告》，《国资报告》2018年第6期，第63页。

②《浅谈经营性国有资产管理体制的问题及对策》，http：//www.chinaqking.com/yc/2018/1370291.html。

③《改革标杆：国家投资公司从管资产到管资本》，http：//www.sasac.gov.cn//n2588025/n4423279/n4517386/n10126972/c10127689/content.html；《探寻国有资本投资新路》，《经济日报》，http：//www.sasac.gov.cn//n2588025/n2588139/c9962649/content.html；《以改革之策放大资本之力》，《经济日报》，http：//www.sasac.gov.cn//n4470048/n8456886/n9847297/n9906647/c10045912/content.html。

代力量。通过五次改革，尤其是2014年的综合改革，让国有资本投资公司在两类公司试点的道路上有了重要突破，探索完善了国有资本投资公司的功能定位、体制机制和运营模式，得到了中央、国务院相关部门的高度评价。

加速国有资本流动，优化国有资本布局

多年来，国有资本投资公司累计退出2000余个项目，回收资金278亿元，有力支持主业发展。与此同时，国有资本投资公司一直坚持实业为主、产融结合的发展理念，管理的过万亿元金融资产为国投发展主业提供了充足的资金支持。

成为国有资本投资公司试点之后，国有资本投资公司对如何发挥国有资本的作用进行了系统的思考和总结。首先是发挥国有资本的导向作用，即把国有资本投入国家最急需、社会最短缺的领域。其次是促进国有资本流动，在供给侧结构性改革和国家产业结构调整过程中发挥带头作用。再次发挥了资本运营的作用，带动了更多国有资本、社会资本共同服务国家战略，实现了国民共进。

国有资本投资公司成立23年来，无论是一次创业时期，还是二次创业时期，还是目前的战略转型期，都始终把服务国家战略作为企业投资布局的根本任务。

对内自我革命，向下充分授权

长期以来，国有资本投资公司在实践中形成了总部—子公司—控股投资企业的三级管理架构，在央企中管理层级相对较短，效率相对较高。自2014年以来，国有资本投资公司推进了总部职能改革。通过下放部分职能、整合交叉职能、推动服务共享、加强核心职能，完成了总部职能重塑优化，构建了“小总部、大产业”的管理架构。2016年8月，总部职能部门由14个减少为9个，处室由56个减少到32个，管理人员控制在230人以内。与此同时，国有资本投资公司选取了外部条件、公司治理、人才队伍建设和企业竞争力4个维度的14个指标，对所有二级子公司进行全方位测评，将其划分为充分授权、部分授权、优化管理三类，并实施分类授权。其中，国投电力和国投高新为充分授权试点，将原来由总部决策的70多个事项，包括在选人用人权、自主经营权、薪酬分配权等事项上授权自主决策，“能放则放，应放全放”。随后，又对国投矿业、国投交通、国投资本等9家子公司实行分类授权。

薪酬待遇和业绩考核方面，除了国有独资的国投创益之外，国投高新的其他几家基金管理公司基本实现了向市场看齐。国投高新公司管理团队的薪酬则在基金公司和国投总部之间找到了平衡点，即薪酬与所投资项目的总市值挂钩，市值增加则薪酬上升，市值下降则薪酬减少。

形成管理闭环，确保有效监督管理

国有资本投资公司总部通过派出股权董事，对所出资企业履行出资人职责，行使股东权利，全面落实国有资本经营责任。建立一支包括专职董事长、行业战略管理、人力资源管理、审计与风险管理专家在内的专职股权董事人才队伍，并通过专项制度对股权董事进行专业化管理。股权董事独立决策并对决策终身负责。同时，国有资本投资公司建立了以审计为中心的大监督体系，将专业监督与职能监督、业务监督与纪检监督结合，变“专科检查”为“全科会诊”，确保授权到哪里，监督就跟到哪里。

党建强根铸魂，企业管理科学

国有资本投资公司的实践证明，党组织在国有企业发展过程中有着至关重要的作用，对国投发展起强根铸魂、保驾护航作用。2015年，经过不断总结与提炼，国有资本投资公司推出了“卓越党建管理模式”。两年多以来的实践表明，该模式基本解决了国企党建普遍存在的不系统、管理粗放、方法陈旧、考核不科学、“两张皮”等问题。

自党的十八大以来，国有资本投资公司共投资决策事项188个，无一出现决策违规。公司的资金链总体平稳，金融业务风险可控。转型成绩单格外亮丽，2013年至2017年，总资产从3481亿元增长到4936亿元，利润总额从115亿元增长到182亿元，年均分别增长10.4%和14.6%。

国有资本投资公司积极贯彻党的十九大精神，向着更多能够改善体制机制，更加市场化有活力的方向加大探索力度。努力争取早日实现世界一流投资公司的奋斗目标，为国有企业改革积累更多的经验，为实现“两个一百年”目标贡献国投力量。

第三节　以产权为核心完善农村土地制度

习近平总书记高度重视“三农”工作，要求把解决“三农”问题作为全党工作的重中之重。

习近平总书记强调要坚定不移深化农村改革，坚定不移加快农村发展，坚定不移维护农村和谐稳定。“三个坚定不移”从全局角度明确了“三农”工作重点，表明了我们党坚定深化农村改革、加快农村发展、维护农村和谐稳定的政策目标。会上，习近平总书记对全面深化农村改革，强调提出“四个不能”等不可逾越的底线：不管怎么改，都不能把农村土地集体所有制改垮了，不能把耕地改少了，不能把粮食生产能力改弱了，不能把农民利益损害了。

党的十八大以来，党中央、国务院持续出台深化农村改革的政策，每年中央一号文件都是有关“三农”问题的。2019年1月3日，中央一号文件公布《中共中央　国务院关于坚持农业农村优先发展做好“三农”工作的若干意见》，对新一轮农村改革做出部署，明确改革重点之一是保持土地承包关系稳定并长久不变[①]。要求深化农村土地制度改革。研究出台配套政策，指导各地明确第二轮土地承包到期后延包的具体办法，确保政策衔接平稳过渡。完善落实集体所有权、稳定农户承包权、放活土地经营权的法律法规和政策体系。在基本完成承包地确权登记颁证工作基础上，开展“回头看”，做好收尾工作，妥善化解遗留问题，将土地承包经营权证书发放至农户手中。健全土地流转规范管理制度，发展多种形式农业适度规模经营，允许承包土地的经营权担保融资。总结好农村土地制度三项改革试点经验，巩固改革成果。

文件指出，坚持农村土地集体所有、不搞私有化，坚持农地农用、防止非农化，坚持保障农民土地权益、不得以退出承包地和宅基地作为农民进城

①《中共中央　国务院关于坚持农业农村优先发展做好“三农”工作的若干意见》，http：//www.gov.cn/zhengce/2019-02/19/content_5366917.htm。

落户条件，进一步深化农村土地制度改革。在修改相关法律的基础上，完善配套制度，全面推开农村土地征收制度改革和农村集体经营性建设用地入市改革，加快建立城乡统一的建设用地市场。

文件提出，加快推进宅基地使用权确权登记颁证工作，力争2020年基本完成。稳慎推进农村宅基地制度改革，拓展改革试点，丰富试点内容，完善制度设计。抓紧制定加强农村宅基地管理指导意见。研究起草农村宅基地使用条例。开展闲置宅基地复垦试点。

文件强调，深入推进农村集体产权制度改革。按期完成全国农村集体资产清产核资，加快农村集体资产监督管理平台建设，建立健全集体资产各项管理制度。加快推进农村集体经营性资产股份合作制改革，继续扩大试点范围。总结推广资源变资产、资金变股金、农民变股东经验。完善农村集体产权权能，积极探索集体资产股权质押贷款办法。研究制定农村集体经济组织法。健全农村产权流转交易市场，推动农村各类产权流转交易公开规范运行。研究完善适合农村集体经济组织特点的税收优惠政策。

2018年1月2日，中央一号文件公布《中共中央　国务院关于实施乡村振兴战略的意见》。文件指出，“坚持城乡融合发展。推动城乡要素自由流动、平等交换”；“要以完善产权制度和要素市场化配置为重点，激活主体、激活要素、激活市场”；“巩固和完善农村基本经营制度”；“完善农村承包地‘三权分置’制度，在依法保护集体土地所有权和农户承包权前提下，平等保护土地经营权”。文件提出，“深化农村土地制度改革。探索宅基地所有权、资格权、使用权‘三权分置’，落实宅基地集体所有权，保障宅基地农户资格权和农民房屋财产权，适度放活宅基地和农民房屋使用权”。

2017年10月27日，党的十九大提出，“深化农村土地制度改革，完善承包地‘三权’分置制度”“保持土地承包关系稳定并长久不变”；“深化农村集体产权制度改革，保障农民财产权益，壮大集体经济”。

2016年12月26日，《中共中央　国务院关于稳步推进农村集体产权制度改革的意见》[①]印发，就探索农村集体所有制有效实现形式，创新农村集体

①《中共中央　国务院关于稳步推进农村集体产权制度改革的意见》，http：//www.gov.cn/xinwen/2016-12/29/content_5154592.htm。

经济运行机制，保护农民集体资产权益，调动农民发展现代农业和建设社会主义新农村的积极性，稳步推进农村集体产权制度改革提出指导意见。

2016年11月3日，中共中央办公厅、国务院办公厅公布《关于完善农村土地所有权承包权经营权分置办法的意见》①。文件要求，进一步健全农村土地产权制度，完善农村土地所有权、承包权、经营权分置（简称“三权分置”）办法，不断探索农村土地集体所有制的有效实现形式，落实集体所有权，稳定农户承包权，放活土地经营权，充分发挥“三权”的各自功能和整体效用，形成层次分明、结构合理、平等保护的格局。

2015年11月2日，中共中央办公厅、国务院办公厅公布《深化农村改革综合性实施方案》②。文件提出，深化农村土地制度改革。坚守土地公有性质不改变、耕地红线不突破、农民利益不受损“三条底线”，防止犯颠覆性错误。深化农村土地制度改革的基本方向是：落实集体所有权，稳定农户承包权，放活土地经营权。落实集体所有权，就是落实“农民集体所有的不动产和动产，属于本集体成员集体所有”的法律规定，明确界定农民的集体成员权，明晰集体土地产权归属，实现集体产权主体清晰。稳定农户承包权，就是要依法公正地将集体土地的承包经营权落实到本集体组织的每个农户。放活土地经营权，就是允许承包农户将土地经营权依法自愿配置给有经营意愿和经营能力的主体，发展多种形式的适度规模经营。

文件要求，分类推进农村集体资产确权到户和股份合作制改革。在确认农村集体经济组织成员身份、全面核实农村集体资产基础上，对土地等资源性资产，重点是抓紧抓实土地承包经营权确权登记颁证工作；对非经营性资产，重点是探索有利于提高公共服务能力的集体统一运营管理有效机制；对经营性资产，重点是将资产折股量化到本集体经济组织成员，赋予农民对集体资产更多权能，发展多种形式的股份合作。健全农村集体“三资”管理监督和收益分配制度。明确集体经济组织市场主体地位。建立符合实际需求的农村

①《中共中央办公厅　国务院办公厅印发〈关于完善农村土地所有权承包权经营权分置办法的意见〉》，http：//www.gov.cn/xinwen/2016-10/30/content_5126200.htm。

②《中共中央办公厅　国务院办公厅印发〈深化农村改革综合性实施方案〉》，http：//www.gov.cn/zhengce/2015-11/02/content_5003540.htm。

产权流转交易市场，保障农村产权依法自愿公开公正有序交易。现阶段农村集体产权制度改革严格限定在本集体经济组织内部进行，切实防止集体经济组织内部少数人侵占、支配集体资产，防止外部资本侵吞、控制集体资产。

2015年10月29日，党的十八届五中全会通过《中共中央关于制定国民经济和社会发展第十三个五年规划的建议》①，提出“稳定农村土地承包关系，完善土地所有权、承包权、经营权分置办法，依法推进土地经营权有序流转，构建培育新型农业经营主体的政策体系”。该建议要求，“深化农村土地制度改革”，“完善农村集体产权权能”，“维护进城落户农民土地承包权、宅基地使用权、集体收益分配权，支持引导其依法自愿有偿转让上述权益”。

2014年12月31日，为落实党的十八届三中全会决定关于农村土地征收、集体经营性建设用地入市和宅基地制度改革的要求，中共中央办公厅、国务院办公厅印发《关于农村土地征收、集体经营性建设用地入市、宅基地制度改革试点工作的意见》，决定在全国选取30个左右县（市）行政区域进行试点②。2015年2月25日，受国务院委托，国土资源部部长姜大明向十二届全国人大常委会第十三次会议作《关于授权国务院在北京市大兴区等33个试点县（市、区）行政区域暂时调整实施有关法律规定的决定（草案）》说明。该草案规定，由全国人大常委会授权国务院在北京市大兴区等33个试点县（市、区）行政区域，暂时调整实施土地管理法、城市房地产管理法关于农村土地征收、集体经营性建设用地入市、宅基地管理制度的有关规定。上述调整在2017年12月31日前试行，对实践证明可行的，修改完善有关法律；对实践证明不宜调整的，恢复施行有关法律规定。33个试点县市区分别是：北京市大兴区、天津市蓟县、河北省定州市、山西省泽州县、内蒙古自治区和林格尔县、辽宁省海城市、吉林省长春市九台区、黑龙江省安达市、上海市松江区、江苏省常州市武进区、浙江省义乌市、浙江省德清县、安徽省金寨

①《中共中央关于制定国民经济和社会发展第十三个五年规划的建议》，http：//www.gov.cn/xinwen/2015-11/03/content_5004093.htm。

②《全国人大常委会拟授权国务院在33个试点县（市、区）暂时调整实施土地管理法的相关规定》，http：//www.gov.cn/xinwen/2015-02/25/content_2821832.htm。

县、福建省晋江市、江西省余江县、山东省禹城市、河南省长垣县、湖北省宜城市、湖南省浏阳市、广东省佛山市南海区、广西壮族自治区北流市、海南省文昌市、重庆市大足区、四川省郫县、四川省泸县、贵州省湄潭县、云南省大理市、西藏自治区曲水县、陕西省西安市高陵区、甘肃省陇西县、青海省湟源县、宁夏回族自治区平罗县、新疆维吾尔自治区伊宁市[①]。

2014年11月20日，中共中央办公厅、国务院办公厅印发《关于引导农村土地经营权有序流转发展农业适度规模经营的意见》[②]。文件要求：稳定完善农村土地承包关系，健全土地承包经营权登记制度，推进土地承包经营权确权登记颁证工作；规范引导农村土地经营权有序流转，鼓励创新土地流转形式，严格规范土地流转行为，加强土地流转管理和服务，合理确定土地经营规模。

2013年11月12日，党的十八届三中全会通过《中共中央关于全面深化改革若干重大问题的决定》[③]（下称《决定》），明确提出"保障农户宅基地用益物权，改革完善农村宅基地制度，选择若干试点，慎重稳妥推进农民住房财产权抵押、担保、转让，探索农民增加财产性收入渠道"。《决定》要求，"建立城乡统一的建设用地市场。在符合规划和用途管制前提下，允许农村集体经营性建设用地出让、租赁、入股，实行与国有土地同等入市、同权同价"。《决定》强调，"坚持农村土地集体所有权，依法维护农民土地承包经营权"；"稳定农村土地承包关系并保持长久不变，在坚持和完善最严格的耕地保护制度前提下，赋予农民对承包地占有、使用、收益、流转及承包经营权抵押、担保权能，允许农民以承包经营权入股发展农业产业化经营"。

①《全国人大常委会拟授权国务院在33个试点县（市、区）暂时调整实施土地管理法的相关规定》，http：//www.gov.cn/xinwen/2015-02/25/content_2821832.htm。

②《中共中央办公厅、国务院办公厅印发〈关于引导农村土地经营权有序流转发展农业适度规模经营的意见〉》，http：//www.gov.cn/xinwen/2014-11/20/content_2781544.htm。

③《中共中央关于全面深化改革若干重大问题的决定》，http：//www.gov.cn/jrzg/2013-11/15/content_2528179.htm。

一、完善农村土地承包“三权分置”制度

2016年10月，中共中央办公厅、国务院办公厅印发了《关于完善农村土地所有权承包权经营权分置办法的意见》，并发出通知，要求各地区各部门结合实际认真贯彻落实。该意见将农村土地产权中的土地承包经营权进一步划分为承包权和经营权，实行所有权、承包权、经营权分置并行，这一意见的出台是继家庭联产承包责任制后农村改革又一重大制度创新。

2017年，党的十九大报告提出，“巩固和完善农村基本经营制度，深化农村土地制度改革，完善承包地‘三权’分置制度”“深化农村集体产权制度改革，保障农民财产权益，壮大集体经济”。

2018年的中央一号文件《中共中央　国务院关于实施乡村振兴战略的意见》再次强调，“巩固和完善农村基本经营制度。完善农村承包地‘三权分置’制度，在依法保护集体土地所有权和农户承包权前提下，平等保护土地经营权”“深化农村土地制度改革。探索宅基地所有权、资格权、使用权‘三权分置’，落实宅基地集体所有权，保障宅基地农户资格权和农民房屋财产权，适度放活宅基地和农民房屋使用权，不得违规违法买卖宅基地，严格实行土地用途管制，严格禁止下乡利用农村宅基地建设别墅大院和私人会馆”[①]。

深化农村土地制度改革，完善承包地“三权分置”制度，对于我国土地产权制度具有重要意义。

完善承包地“三权分置”制度有利于落实农村集体的土地所有权，推动土地资源的规范使用。根据我国相关法律规定，农村土地的所有权归农村集体所有。“三权分置”政策强调要始终坚持农村土地集体所有权的根本地位，通过农村集体土地所有权的有效实施，约束不合理的征地行为，保护农户的利益。同时，确保农村土地的承包者与所有者合理利用土地资源，避免农地非农用行为，从而保护国家整体耕地不受侵害。这有利于保障承包农户的土地承包权，促进土地资源的优化配置。“三权分置”政策的颁布，稳

①《中共中央　国务院关于实施乡村振兴战略的意见》，http：//www.gov.cn/zhengce/2018-02/04/content_5263807.htm。

定了农民的土地承包权，提高了农民进行土地流转的积极性，从而为农业的适度规模化经营打下了良好的基础，有利于提高土地利用率和农业劳动生产率。有利于保护经营主体的土地经营权，提高其从事农业活动的积极性。在明确提出“三权分置”之前，农业经营主体的权利并没有得到完全保障。“三权分置”政策明确规定，在依法保障集体所有权和农户承包权的基础上，平等保护经营主体的合法经营权，并保障经营主体稳定的经营预期。该规定对于发展种植大户、家庭农场、农村经济合作社等多种新型经营主体具有积极的意义。首先，稳定的经营权减少了经营主体投资农业活动时的顾虑，经营主体在进行农业活动时敢于加大各项配套设施的投入，从而促进农业发展方式的升级与农业生产效率的提高；其次，经营权的可抵押性能够为经营主体发展农业引入所需资本，从而间接稳定经营主体的农业生产活动，进而促进农业生产“投入—收益—投入”的良性循环[①]。

截至2018年底，全国完成14.8亿亩承包地确权登记[②]。2019年中央一号文件要求，在基本完成承包地确权登记颁证工作基础上，做好收尾工作，将土地承包经营权证书发放至农户手中。

实现农村土地“三权分置”，这是农村改革又一次重大制度创新。落实集体所有权，稳定农户承包权，放活土地经营权，顺应了农民保留土地承包权、流转土地经营权的意愿，这为发展农业规模经营、加快现代化进程提供了重要条件。

二、深入推进农村集体产权制度改革

2016年12月26日，中共中央、国务院发布了《关于稳步推进农村集体产权制度改革的意见》，聚焦农村集体资产清产核资和经营性资产股份合作制改革两大重点任务，采取了一系列有力措施，是指导新时期农村集体产权制

① 《稳步推进和完善农村土地“三权分置”制度》，http：//theory.people.com.cn/n1/2018/1113/c40531-30397347.html。

② 《农村改革不能懈怠》，http：//www.gov.cn/zhengce/2019-02/22/content_5367552.htm。

度改革的纲领性文件，共有36项任务、涉及31个部门[①]。

2017年12月底召开的中央农村工作会议强调，深入推进农村集体产权制度改革，要坚持农村土地集体所有，坚持家庭经营基础性地位，坚持稳定土地承包关系，壮大集体经济，建立符合市场经济要求的集体经济运行机制，确保集体资产保值增值，确保农民受益。

2017年，农业部会同财政部等8个部门制定了政策文件和统计报表，全面启动农村集体资产清产核资工作。

2019年中央一号文件《中共中央　国务院关于坚持农业农村优先发展做好“三农”工作的若干意见》要求，深入推进农村集体产权制度改革。按期完成全国农村集体资产清产核资，加快农村集体资产监督管理平台建设，建立健全集体资产各项管理制度[②]。

农村集体产权制度改革是巩固社会主义公有制、完善农村基本经营制度的必然要求。农村集体经济是集体成员利用集体所有的资源要素，通过合作与联合实现共同发展的一种经济形态，是社会主义公有制经济的重要形式。探索农村集体所有制有效实现形式，盘活农村集体资产，构建集体经济治理体系，形成既体现集体优越性又调动个人积极性的农村集体经济运行新机制，对于坚持中国特色社会主义道路，完善农村基本经营制度，增强集体经济发展活力，引领农民逐步实现共同富裕具有深远历史意义[③]。

《中共中央　国务院关于稳步推进农村集体产权制度改革的意见》（下称《意见》）提出，有序推进农村集体经营性资产股份合作制改革，将农村集体经营性资产以股份或者份额形式量化到本集体成员，作为其参加集体收益分配的基本依据。根据《意见》要求，改革主要在有经营性资产的村镇，特别是城中村、城郊村和经济发达村开展。已经开展这项改革的村镇，要总结经验，健全制度，让农民有更多获得感。没有开展这项改革的村镇，可根

①《农业农村部介绍农村集体产权制度改革进展情况（1）》，http：//www.gov.cn/xinwen/2018-06/19/content_5299654.htm#1。

②《中共中央　国务院关于坚持农业农村优先发展做好“三农”工作的若干意见》，http：//www.gov.cn/zhengce/2019-02/19/content_5366917.htm。

③《中共中央　国务院关于稳步推进农村集体产权制度改革的意见》，http：//www.gov.cn/xinwen/2016-12/29/content_5154592.htm。

据群众意愿和要求，由县级以上地方政府做出安排，先进行试点，再由点及面展开，力争用5年左右时间基本完成改革。《意见》强调，农村集体经营性资产的股份合作制改革，不同于工商企业的股份制改造，要体现成员集体所有和特有的社区性，只能在农村集体经济组织内部进行[①]。

为了推进农村集体产权制度改革，先后组织了三批试点。第一批试点，2015年5月，农业部、中央农办、国家林业局确定在全国29个县（市、区）开展农村集体资产股份权能改革试点，将集体经营性资产折股量化到人、确权到户。这项改革让试点地区的集体经济组织成员有了股权，实现了"家家有股份，人人是股东"，也赋予了农民对集体资产股份的占有、收益、有偿退出及抵押、担保、继承权。2017年底完成试点任务。第二批试点，2017年农业部、中央农办确定在全国100个县开展农村集体产权制度改革试点，2018年10月底完成。第三批试点，2018年农业农村部、中央农办按照"扩面、提速、集成"的改革总体要求，改革试点进一步扩面，在包括吉林、江苏、山东、50个地级市、150个县级行政单位试点。三批试点加起来，共涉及县级行政单位1000个左右。此外，部分省确定了266个地方试点。

这三批试点是压茬推进、逐步深化的关系。第一批29个试点县主要是开展集体资产权能改革试点，重点探索保障农民集体组织成员权利、发展农民股份合作、赋予农民集体资产股份权能。第二批试点在原有内容的基础上，对试点内容做了进一步拓展，包括全面开展清产核资、加强集体资产财务管理、探索确认集体成员身份、推进经营性资产股份合作制改革、赋予集体资产股份权能、发挥集体经济组织功能作用、发展壮大集体经济，内容更加丰富，要求更加全面。第三批试点主要是落实党的十九大提出的要求和2018年中央一号文件的部署，将原来的"探索确认集体成员身份"调整为"全面确认集体成员身份"，并明确提出了开展农村集体经济组织登记有关事宜，内容进一步丰富。

2019年3月14日，全国农村集体产权制度改革部际联席会议第二次全体会议确定，将推进农村集体产权制度改革试点扩面深化。2019年再选择10个

①《农村集体经营性资产股份合作制改革力争5年完成》，http://www.gov.cn/xinwen/2016-12/29/content_5154594.htm。

左右省份、30个左右地市、200个左右县整建制开展试点，力争将试点范围覆盖到80%左右的县；指导开展农村集体经济组织登记赋码，力争2019年底前完成改革的集体经济组织颁证比例达到70%[①]。

目前全国农村集体资产分布在50多万个村和490多万个村民小组，经过多年的发展，全国现在共有23.8万个村、75.9万个村民小组建立了集体经济组织，占总村数的40.7%，村民小组占比超过15%。与此同时，已有超过13万个村组通过产权制度改革，将农村集体资产折股量化建立了股份经济合作社。2017年以来，为解决农村集体经济组织的市场主体地位问题，农业部、中央农办深入基层开展调研、在总结各地试点经验的基础上，联合人民银行、市场监督管理总局研究制定了开展农村集体经济组织登记赋码工作的文件，全面开展农村集体经济组织登记赋码工作，明确各级农业农村管理部门是农村集体经济组织建设和发展的主管部门，县级农业农村管理部门负责向本辖区农村集体经济组织发放农村集体经济组织登记证，并赋统一社会信用代码，集体经济组织可以凭登记证到相关部门办理公章刻制和银行开户等相关手续，确保其正常开展管理活动，发挥好管理集体资产、开发集体资源、发展集体经济、服务集体成员等方面的功能作用。

根据农业部的统计，截至2016年底，全国农村集体资产总额是3.1万亿元（不包括土地等资源性资产）。在统计的55.9万个村中，经营收益5万元以上的村达到14万个，占总数的1/4。集体没有经营收益或者经营收益在5万元以下的村有41.8万个，占总数的74.9%。东部地区村均集体资产总额1027.6万元，中部地区村均集体资产总额271.4万元，西部地区村均集体资产总额175万元。壮大农村集体经济是党中央的一贯要求。现在村集体经营收益在5万元以下或者没有收益的占比很高。

发展壮大集体经济概括起来主要有四种路径。一是利用没有承包到户的集体“四荒”地、果园、养殖水面等资源，集中开发或者通过公开招标等方式发展现代农业项目，这是目前多数村集体收入的重要来源。二是利用人文的、历史的良好生态资源优势发展休闲农业和乡村旅游，多数情况下是村集

①《农村集体产权制度改革将覆盖八成的县》，http：//www.gov.cn/xinwen/2019-03/15/content_5373798.htm。

体经济组织与社会资本合作。三是在符合规划的前提下，利用闲置的各类房产设施、集体建设用地等，以自主开发、合资合作等方式来发展租赁物业。目前，大多数村集体的主要收入来自租赁物业。四是整合利用集体积累的资金、政府的帮扶资金等，通过入股或者参股一些企业、村与村的合作、村企联建共建等多种形式来增加集体经济收入，在脱贫攻坚中这种形式是比较多的。

农村集体产权制度改革工作分“三步走”。第一步是准备阶段，从2017年开始到2018年4月完成，主要是启动部署工作。第二步是清产核资阶段，从2018年6月开始到2019年6月，重点是指导乡镇、村、组各级农村集体经济组织，全面清查核实资产，填写登记报表，逐级审核上报。第三步是检查验收阶段，到2019年12月底前完成，重点是组织开展监督检查和成果验收，农业农村部、中央农办将形成报告上报党中央、国务院[①]。

三、稳慎推进农村宅基地制度改革

我国农村宅基地制度独具特色，表现为一户一宅、规划管控、长期占有、内部流转，对保障农民基本居住权发挥了重要的基础作用。随着农村青壮年人口进城，农村出现了宅基地大量闲置的现象。

2018年1月2日，中共中央、国务院印发《关于实施乡村振兴战略的意见》，即2018年中央一号文件，提出探索宅基地所有权、资格权、使用权的“三权分置”。文件要求，落实宅基地集体所有权，保障宅基地农户资格权和农民房屋财产权，适度放活宅基地和农民房屋使用权。文件明确提出一个“不得”和“两个严格”，即：不得违规违法买卖宅基地，严格实行土地用途管制，严格禁止下乡利用农村宅基地建设别墅大院和私人会馆。在城镇化进程中要依法保护农民的宅基地使用权，不能强迫农民以放弃宅基地使用权为前提进城落户[②]。农村宅基地“三权分置”改革是一项重大创新，目的是

①《农业农村部介绍农村集体产权制度改革进展情况（1）》，http：//www.gov.cn/xinwen/2018-06/19/content_5299654.htm#1。

②《中农办主任：农村宅基地改革不是让城里人下乡买房》，http：//www.gov.cn/xinwen/2018-02/05/content_5264042.htm。

落实宅基地集体所有权，保障宅基地农户资格权，适度放活宅基地和农民房屋使用权。

2019年1月3日，中共中央、国务院印发《关于坚持农业农村优先发展做好“三农”工作的若干意见》，即2019年中央一号文件，要求“加快推进宅基地使用权确权登记颁证工作，力争2020年基本完成。稳慎推进农村宅基地制度改革，拓展改革试点，丰富试点内容，完善制度设计。抓紧制定加强农村宅基地管理指导意见。研究起草农村宅基地使用条例。开展闲置宅基地复垦试点”①。

2019年2月20日，国务院新闻办公室举行新闻发布会，请中央农村工作领导小组副组长、办公室主任，农业农村部部长韩长赋解读《关于坚持农业农村优先发展做好“三农”工作的若干意见》。韩长赋认为，农村宅基地制度改革试点还不够充分成熟，需要稳慎推进，拓展改革试点，丰富试点内容，探索适度放活宅基地和农民房屋使用权的有效途径。针对农村的“空心村”有很多闲置宅基地和闲置农房，他提出结合发展乡村旅游、下乡返乡创新创业等，探索盘活利用闲置宅基地和农房增加农民财产性收入的办法。同时，开展闲置宅基地复垦试点工作。此前，要做好基础性工作，组织开展农村宅基地和农房的调查，摸清全国宅基地的基本情况，力争2020年基本完成宅基地使用权的确权登记颁证工作。他同时强调，要坚持农村土地集体所有、不搞私有化，坚持农地农用、防止非农化，坚持保障农民土地权益、不得以退出承包地和宅基地作为进城落户的条件②。

2019年3月5日在第十三届全国人民代表大会第二次会议上，国家发展和改革委员会在2019年国民经济和社会发展计划报告中提出，稳慎推进农村宅基地制度改革，推进宅基地使用权确权登记颁证，加快盘活利用闲置宅基地和闲置农房③。

---

①《关于坚持农业农村优先发展做好“三农”工作的若干意见》，http：//www.gov.cn/zhengce/2019-02/19/content_5366917.htm。

②《集中力量攻坚“三农”硬任务——中央农办主任、农业农村部部长韩长赋解读2019年中央一号文件精神》，http：//www.gov.cn/zhengce/2019-02/20/content_5367277.htm。

③《关于2018年国民经济和社会发展计划执行情况与2019年国民经济和社会发展计划草案的报告》，http：//www.gov.cn/xinwen/2019-03/17/content_5374496.htm。

四、统筹协调推进农村土地制度改革三项试点

土地制度是国家的基础性制度，在实践基础上形成的中国特色土地制度为我国经济社会发展做出了历史性贡献。随着实践发展和改革深入，现行农村土地制度与社会主义市场经济体制不相适应的问题日益显现，应通过深化改革，完善农村土地制度，健全城乡发展一体化机制，建立城乡统一的建设用地市场①。

党的十八届三中全会《中共中央关于全面深化改革若干重大问题的决定》提出，在符合规划和用途管制前提下，允许农村集体经营性建设用地出让、租赁、入股，实行与国有土地同等入市、同权同价。缩小征地范围，规范征地程序，完善对被征地农民合理、规范、多元保障机制；保障农户宅基地用益物权，改革完善农村宅基地制度②。这些要求明确了农村土地制度改革的方向和任务。

自然资源部按照党中央、国务院要求，开展了以土地征收、农村集体经营性建设用地流转和宅基地制度为主要内容的三项试点改革，目标是：探索健全程序规范、补偿合理、保障多元的土地征收制度；同权同价、流转顺畅、收益共享的农村集体经营性建设用地入市制度；依法公平取得、节约集约使用、自愿有偿退出的宅基地制度。通过试点，探索可复制、可推广的改革成果，为科学立法、修改完善相关法律法规提供支撑③。

2014年12月2日，中央全面深化改革领导小组召开第七次会议，审议了《关于农村土地征收、集体经营性建设用地入市、宅基地制度改革试点工作的意见》④。

---

①《平稳推进农村土地制度改革》，http://www.gov.cn/xinwen/2015-01/11/content_2802953.htm。

②《中共中央关于全面深化改革若干重大问题的决定》，http://www.gov.cn/jrzg/2013-11/15/content_2528179.htm。

③《平稳推进农村土地制度改革》，http://www.gov.cn/xinwen/2015-01/11/content_2802953.htm。

④《深改元年，大家蛮拼的》，http://www.gov.cn/zhengce/2015-03/03/content_2824326.htm。

2015年1月10日，中共中央办公厅、国务院办公厅印发《关于农村土地征收、集体经营性建设用地入市、宅基地制度改革试点工作的意见》，提出在全国选取30个左右县（市）行政区域进行试点。该意见在农村土地征收改革方面，提出：要探索缩小土地征收范围；规范制定征收目录，健全矛盾纠纷调处机制，全面公开土地征收信息；完善对被征地农民合理、规范、多元保障机制等。在农村集体经营性建设用地入市改革方面，要探索完善用地产权制度，赋予农村集体经营性建设用地出让、租赁、入股权能；明确农村集体经营性建设用地入市范围和途径；建立健全市场交易规则和服务监管制度等。在农村宅基地制度改革方面，要完善宅基地权益保障和取得方式，探索农民住房保障在不同区域户有所居的多种实现形式；对超标准占用宅基地和一户多宅等情况，探索实行有偿使用；以及进城落户农民在本集体经济组织内部自愿有偿退出或转让宅基地等。试点将在新型城镇化综合试点和农村改革试验区中选择，封闭运行，确保风险可控[①]。试点工作在2017年底完成[②]。

2015年2月27日，十二届全国人大常委会第十三次会议审议通过《关于授权国务院在北京市大兴区等33个试点县（市、区）行政区域暂时调整实施有关法律规定的决定》，授权在试点地区暂时调整实施《中华人民共和国土地管理法》《中华人民共和国城市房地产管理法》有关法律规定，授权期限截至2017年12月31日[③]。

2015年3月23日至25日，国土资源部召开试点工作部署暨培训会议，正式启动农村土地征收、集体经营性建设用地入市、宅基地制度改革试点（简称“农村土地制度改革三项试点”）工作。同年6月，国土资源部会同中央农办、发展改革委、财政部、农业部等相关部门，逐一研究批复试点地区实施方案。一个试点地区只开展一项试点，其中集体经营性建设用地入市和宅

①《农村土地制度三项改革试点意见出台 2017年底完成》，http：//www.gov.cn/xinwen/2015-01/11/content_2802960.htm。

②《平稳推进农村土地制度改革》，http：//www.gov.cn/xinwen/2015-01/11/content_2802953.htm。

③《我国农村土地制度改革三项试点综合效益日益显现》，http：//www.xinhuanet.com//house/2017-04-27/c_1120880390.htm。

基地制度改革试点各15个，土地征收制度改革试点3个[①]。

2015年11月2日，中共中央办公厅、国务院办公厅对外公布的《深化农村改革综合性实施方案》（下称《方案》）中明确提出：坚守土地公有性质不改变、耕地红线不突破、农民利益不受损“三条底线”。确定深化农村土地制度改革的基本方向是：落实集体所有权，稳定农户承包权，放活土地经营权。落实集体所有权，就是落实“农民集体所有的不动产和动产，属于本集体成员集体所有”的法律规定，明确界定农民的集体成员权，明晰集体土地产权归属，实现集体产权主体清晰。稳定农户承包权，就是要依法公正地将集体土地的承包经营权落实到本集体组织的每个农户。放活土地经营权，就是允许承包农户将土地经营权依法自愿配置给有经营意愿和经营能力的主体，发展多种形式的适度规模经营。

《方案》确定，开展农村土地征收、集体经营性建设用地入市、宅基地制度改革试点。农村土地征收制度改革的基本思路是：缩小土地征收范围，规范土地征收程序，完善对被征地农民合理、规范、多元保障机制，建立兼顾国家、集体、个人的土地增值收益分配机制，合理提高个人收益。集体经营性建设用地制度改革的基本思路是：允许土地利用总体规划和城乡规划确定为工矿仓储、商服等经营性用途的存量农村集体建设用地，与国有建设用地享有同等权利，在符合规划、用途管制和依法取得的前提下，可以出让、租赁、入股，完善入市交易规则、服务监管制度和土地增值收益的合理分配机制。宅基地制度改革的基本思路是：在保障农户依法取得的宅基地用益物权基础上，改革完善农村宅基地制度，探索农民住房保障新机制，对农民住房财产权做出明确界定，探索宅基地有偿使用制度和自愿有偿退出机制，探索农民住房财产权抵押、担保、转让的有效途径。《方案》要求，各地要及时总结经验、不断完善，形成可复制、可推广的改革成果[②]。

2016年9月21日，国土资源部在北京组织召开进一步统筹协调推进农村

---

①《国务院关于农村土地征收、集体经营性建设用地入市、宅基地制度改革试点情况的总结报告》，http://www.npc.gov.cn/npc/xinwen/2018-12/23/content_2067609.htm。

②《中共中央办公厅 国务院办公厅印发〈深化农村改革综合性实施方案〉》，http://www.gov.cn/zhengce/2015-11/02/content_5003540.htm。

土地制度改革三项试点任务部署会议，总结农村土地制度改革三项试点工作阶段性进展，贯彻落实中央关于进一步统筹协调推进农村土地制度改革三项试点任务的部署要求，在坚守“土地公有制性质不改变，耕地红线不突破，粮食生产能力不减弱，农民利益不受损”四条底线的前提下，把土地征收制度改革和农村集体经营性建设用地入市改革扩大到现有33个试点地区，宅基地制度改革仍维持在原15个试点地区①。

2017年4月26日，国土资源部在统筹推进农村土地制度改革三项试点工作现场交流会上，通报了开展进一步统筹协调推进三项试点以来，各试点地区积极谋划并统筹推进农村土地征收、集体经营性建设用地入市、宅基地制度改革取得的成效。33个试点地区累计出台约500项具体制度措施。集体经营性建设用地入市地块共计278宗，总价款约50亿元。3个原征地制度改革试点地区按新办法实施征地共59宗、3.85万亩。15个宅基地制度改革试点地区退出宅基地7万余户，面积约3.2万亩。33个试点已全部纳入新型城镇化综合试点，14个纳入农村改革试验区，15个宅基地制度改革试点全部列入农民住房财产权抵押贷款试点②。

2017年11月，中央全面深化改革领导小组决定将宅基地制度改革拓展到全部33个试点县（市、区）。为更好地显化农村土地制度改革三项试点工作的整体性、系统性、协同性和综合效益，与《中华人民共和国土地管理法》修改工作做好衔接，2017年11月4日，十二届全国人大常委会第三十次会议决定，授权在试点地区暂时调整实施有关法律规定的期限延长至2018年12月31日。

截至2018年3月，农村土地制度试点地区初步形成了一些可复制、可推广、利修法的制度性成果。集体经营性建设用地入市改革方面，形成比较完整的工作制度和政策体系，社会和市场对于入市集体土地的接受程度逐步提高。集体经营性建设用地入市地块812宗，面积1.6万亩，总价款约183亿元。

①《中央批准进一步统筹协调推进农村土地制度改革三项试点》，http：//www.gov.cn/xinwen/2016-09/22/content_5110753.htm。

②《我国农村土地制度改革三项试点综合效益日益显现》，http：//www.xinhuanet.com//house/2017-04-27/c_1120880390.htm。

33个试点地区共查明农村集体经营性建设用地约11.9万宗、141.5万亩；集体经营性建设用地使用权已发证25万多宗，发证率82%，为入市改革廓清了权属基础。建立健全市场交易规则和服务监管制度，试点地区共办理78宗集体经营性建设用地抵押贷款，贷款金额约23.56亿元。健全完善了集体土地资产处置决策程序，各试点地区将乡镇、村和村民小组的集体土地所有权代表或其委托代理人作为入市主体。

宅基地制度改革方面，在宅基地确权登记颁证、加强村民自治管理、探索新的取得方式和盘活闲置宅基地等方面取得进展。大部分试点地区均已开展房地一体的不动产统一登记，普遍对依法取得的宅基地进行了确权登记发证，共办理农房抵押4.7万宗，抵押金额91亿元。试点地区组织编制完善村级土地利用规划，强化自治组织作用，探索不同地区、不同阶段农民户有所居的实现形式及有偿使用制度。加大闲置宅基地盘活力度，多渠道募集有偿退出资金，建立和完善集体经济组织内部的有偿调剂和流转机制，通过土地整治等方式统筹利用闲置宅基地。各地共腾退出零星、闲置的宅基地9.6万户、7.1万亩。

征地制度改革缩小征地范围方面，各地研究土地征收目录，探索公共利益用地范围，将一些不属于公共利益范围的建设用地，不再实行土地征收。规范征地程序，建立社会稳定风险评估机制和民主协商机制，签订征收补偿安置协议，建立健全土地征收矛盾纠纷调处机制，保障被征地农民的合法权益。完善多元保障机制，拓展安置和就业途径，通过留地留物业安置、入股安置、留粮食安置以及征地补偿款代管，将被征地农民纳入城镇社会保障体系等方式，保障被征地农民的长远生计①。

2018年12月23日，国务院向第十三届全国人民代表大会常务委员会第七次会议提交了《关于农村土地征收、集体经营性建设用地入市、宅基地制度改革试点情况的总结报告》，将农村土地制度改革三项试点启动以来，推动城乡统一的建设用地市场建设，增强农村产业发展用地保障能力取得的成效做了汇报。报告显示，33个试点县（市、区）已按新办法实施征地1275宗、

①《农村土地制度改革三项试点阶段成果显著》，http：//www.gov.cn/xinwen/2018-05/29/content_5294521.htm。

18万亩；集体经营性建设用地已入市地块1万余宗，面积9万余亩，总价款约257亿元，收取调节金28.6亿元，办理集体经营性建设用地抵押贷款228宗、38.6亿元；腾退出零星、闲置的宅基地约14万户、8.4万亩，办理农房抵押贷款5.8万宗、111亿元①。

自然资源部部长陆昊受国务院委托，向十三届全国人大常委会第七次会议做《关于再次延长授权国务院在北京市大兴区等三十三个试点县（市、区）行政区域暂时调整实施有关法律规定期限的决定（草案）》的说明，建议土地制度改革三项试点法律调整实施的期限再延长一年，即至2019年12月31日②。陆昊表示，在农村土地制度改革三项试点工作稳步有序推进的同时，也存在一些需要通过进一步深化试点解决的问题。如试点推进不够平衡、部分试点地区改革样本偏少、平衡国家集体个人三者之间收益的有效办法还不够多、三项改革试点之间以及三项改革试点与相关配套改革的统筹融合还不够充分等问题，试点成效有待进一步显现，需要进一步深入统筹推进。《关于农村土地征收、集体经营性建设用地入市、宅基地制度改革试点情况的总结报告》也提出，从面上来看，33个试点县（市、区）的改革推进不够平衡，一些试点地区试点项目数量不够多，一些试点地区村级土地利用规划编制、宅基地确权登记颁证等基础工作还比较薄弱。从点上来看，三项改革试点样本分布不够均衡，土地征收制度改革试点相对不足，33个试点县（市、区）实施的1275宗征地项目中，有918宗（占72%）集中在河北定州、上海松江、浙江义乌、福建晋江、山东禹城等5个试点地区。从内容上来看，平衡国家、集体、个人三者之间收益的有效办法还不够多，宅基地“三权分置”的探索和实践还不够充分。农村土地制度改革试点时间紧、任务重、要求高、责任大，综合考虑试点地区实际工作情况以及土地管理法修订工作进度，建议土地制度改革三项试点法律调整实施的期限再延长一年③。

---

①《关于农村土地征收、集体经营性建设用地入市、宅基地制度改革试点情况的总结报告》，http：//www.npc.gov.cn/npc/xinwen/2018-12/23/content_2067609.htm。

②《农村土地制度改革三项试点拟再试一年》，https：//www.sohu.com/a/283970418_114988。

③《农村土地制度改革三项试点拟再试一年》，https：//item.btime.com/06crjgvv369ddt1vj4cqauvbf6p。

【专栏】农村土地确权实现产权有效激励

党的十八大以来，农村土地承包经营权确权、登记、颁证工作取得长足进展，并不断深化农村土地承包经营权改革，落实农村土地承包经营权确权登记颁证和实现农村承包地的“三权分置”。2013年中央一号文件对农村土地承包经营权确权在完善法律制度的基础上提出了时间要求，即用五年的时间基本完成农村土地承包经营权确权登记颁证工作。2014年中央一号文件对农村土地承包经营权确权登记颁证工作的形式进行了说明，即可以确权确地，也可以确权确股不确地。2014年11月，中办和国办印发的《关于引导农村土地经营权有序流转发展农业适度规模经营的意见》要求建立健全农村土地承包经营权登记制度，并对农村土地承包经营权确权登记相关原则进行了说明，提出在充分尊重农民意愿的前提下确权到户到地，也可以确权确股不确地。2015年，中央一号文件要求扩大土地承包经营权确权登记颁证工作整省推进试点范围，总体上确权到户，确权确股不确地的范围需要严格掌握。2016年中央一号文件进一步强调继续扩大农村承包地确权登记颁证整省推进试点工作，计划到2020年基本完成土地等农村集体资源性资产确权登记颁证工作。

根据农业部统计的结果，截至2015年底全国家庭农场登记数已超过87万家，农民专业合作社数量已超过150万家，农业产业化龙头企业个数已超过12万家，新型农业经营主体已逐步发展成为现代农业建设的生力军。

农村宅基地制度改革稳步推进。2013年中央一号文件提出依法保障农村宅基地使用权。党的十八届三中全会明确提出：保障农户宅基地用益物权，改革完善农村宅基地制度，选择若干试点，慎重稳妥推进农民住房财产权抵押、担保、转让，探索农民增加财产性收入渠道。2014年中央一号文件对保障农户宅基地用益物权的基础上对农村宅基地分配政策做了进一步说明。2014年12月，中办和国办联合印发了《关于农村土地征收、集体经营性建设用地入市、宅基地制度改革试点工作的意见》（简称《意见》），农村宅基地开始进入试点阶段。《意见》完善了宅基地权益保障和农民户有所居的多元化取得方式，进城落户农民可以自愿有偿退出或转让宅基地。2015年，中央一号文件提出了对宅基地制度改革试点采取分类实施的措施，继续探索农民住房保障的新机制。随着土地确权工作的不断推进，2016年中央一号文件提出要加快推进农村宅基地使用权确权登记颁证工作。

2017年10月，党的十九大确定实施乡村振兴战略。提出保障农民权益，包括农民的财产权，保护在城镇就业、定居的农村居民对于集体成员权、土地承包权和宅基地使用权退出及有偿转让的权益。2018年中央一号文件提出“探索宅基地所有权、资格权、使用权‘三权分置’”的政策构想，落实宅基地集体所有权，保障宅基地农户资格权和农民房屋财产权，适度放活宅基地和农民房屋使用权。

农村土地确权工作产生了明显的产权激励作用。北京大学厉以宁教授与师生在浙江的杭州、嘉兴和湖州三地调研时，感受到农村土地确权带来的积极变化。

首先，使农民具有了市场主体身份。党的十八届三中全会《中共中央关于全面深化改革若干重大问题的决定》提出：农村集体经营性建设用地出让、租赁、入股，实行与国有土地同等入市、同权同价；完善土地租赁、转让、抵押二级市场。土地确权后，农民有了“三权”“三证”，有效保护了农民财产权益，成为实实在在的市场主体。“三权”是农民承包地的经营权、宅基地的使用权、宅基地上房屋的房产权。“三证”是农民承包土地的经营权证、宅基地使用权证和在宅基地上自建房的房产证。

“三权”“三证”有了以后，农民权益得到了法律保护，任何人或单位不得随意占有农民的承包地、宅基地和宅基地上的自建房。农民不再担心别人不经自己同意，就圈占他们的土地，拆除他们的房子。土地允许流转后，农民用确权的土地入股后，股权有了保证，土地出租以后产权不变，使农民成为实实在在的市场主体。

其次，缩小了城乡人均收入差距。浙江嘉兴市土地确权后农民收入有了明显增长。据测算，土地确权之前，嘉兴的城市人均收入与农村人均收入之比为3.1：1；土地确权以后，城市与农村人均收入之比是1.9：1。这种变化是由于农民的人均收入提高带来的。农民说，“三权”“三证”到手后，心里就有底了，可以放心开展土地流转，不再担心流转和租赁的土地产权化为乌有。根据嘉兴市所属平湖市的调查分析，农民人均收入增长主要来源于五个方面。一是土地确权以后，农民财产权明确后增强了生产经营的信心，生产积极性被充分调动起来，扩大了种植、养殖的经营规模。二是通过土地流转，农民不仅获得了转包费、租金，并且外出务工或经营小买卖增加收入。三是农民将宅基地的旧房子拆掉了，盖成了几层楼的新房，一部分用来自己居住，其他出租给外地来本地开店的客人，获得了稳定的房租收入。四是一些有技术专长的农民，通过土地流转，建立家庭农场、林场和饲养场，开展规模化经营，降低了成本提高了收入。五是有些农民参加了专业合作社，承担一定的管理、耕种、养殖工作，这样既有了工资收入，还有股份分红的收入。

土地确权有效帮助了农民致富，缩小了城乡收入差距。

最后，增加了农村耕地面积。土地确权丈量后面积增加了20%。经过了解这是由三方面的原因带来的结果。其一，当初实行承包制时，土地质量差别大，优质地一亩算一亩，贫瘠地两亩折算为一亩。经过农民30多年承包和精耕细作后，土地质量差距缩小了，在确权丈量中一亩算一亩，这样土地就多了出来。其二，过去土地都分成小块，有田埂。丈量时田埂不算耕地，田埂两边被太阳挡住的部分也不算耕地。确权丈量时，田埂都拆掉了，这样耕地也多了出来。其三，当初农民交农业税时，村里对于耕地面积基本上都少报，如一亩三分地只报一亩。现在不用交农业税了，土地确权丈量都是实报，要不然报少了土地入股后股份就少了。

第十四章　混合所有制经济在实践中快速发展

产权是所有制的核心和主要内容。对国有企业进行多元化产权改革，是深化国有大中型企业改革的突破口。以现代产权制度为基础形成的混合所有制，已成为我国以公有制为主体、多种所有制经济共同发展基本制度的重要实现形式。党的十八届三中全会提出积极发展混合所有制经济，是新形势下坚持公有制主体地位，增强国有经济活力、控制力、影响力的一个有效途径和必然选择[①]。这为我国坚持和完善基本经济制度开辟了新的通途。

党的十八届三中全会通过的《中共中央关于全面深化改革若干重大问题的决定》指出，积极发展混合所有制经济，“有利于各种所有制资本取长补短、相互促进、共同发展。允许更多国有经济和其他所有制经济发展成为混合所有制经济。国有资本投资项目允许非国有资本参股。允许混合所有制经济实行企业员工持股，形成资本所有者和劳动者利益共同体”[②]。

2015年8月《中共中央　国务院关于深化国有企业改革的指导意见》要求推进国有企业混合所有制改革，引入非国有资本参与国有企业改革，探索实行混合所有制企业员工持股。2015年9月《国务院关于国有企业发展混合所有制经济的意见》指出要通过深化国有企业混合所有制改革，推动完善现代企业制度，提高国有资本配置和运行效率，促进国有企业转换经营机制，分类分层推进国有企业混合所有制改革，鼓励各类资本参与国有企业混合所有制改革。2016年12月，中央经济工作会议提出，混合所有制改革是国企改

①《积极有序推进新时代国有企业混合所有制改革》，http：//www.qstheory.cn/2018-12/11/c_1123837280.htm。

②《十八届三中全会：中共中央关于全面深化改革若干重大问题的决定》，http：//cpc.people.com.cn/n/2013/1115/c64094-23559163.html。

革的重要突破口，要按照完善治理、强化激励、突出主业、提高效率的要求，在电力、石油、天然气、铁路、民航、电信、军工等领域迈出实质性步伐。2018年12月召开的中央经济工作会议再次强调“积极推进混合所有制改革”。

第一节 发展混合所有制企业放大国有资本功能①

混合所有制经济在股份制基础上成功融合了公有制与市场经济。党的十八届三中全会提出积极发展混合所有制经济，目的是深化国有企业改革，引导非公有制资本同国有资本或集体资本合作，为发展社会主义市场经济做贡献。

一、混合所有制企业改革在试点中前行

（一）在探索中推进国有企业混合所有制改革

按照党的十八届三中全会确定的“积极发展混合所有制经济”的要求，根据《国务院关于国有企业发展混合所有制经济的意见》的统一部署，国家发展改革委牵头在重要领域开展混合所有制改革试点。2016年9月28日，国家发展改革委召开国有企业混合所有制改革试点专题会，确定在电力、石油、天然气、铁路、民航、电信、军工等关系国计民生和经济安全的重要领域开展混合所有制改革试点，明确改革的主要任务是开放竞争性业务、破除行政垄断、打破市场垄断，推进政企分开、政资分开、网运分开、特许经营等。允许引入更多的非公资本发展混合所有制经济，混合所有制改革试点要达到“完善治理、强化激励、突出主业、提高效率”的预期目标。通过改革健全协调运转、有效制衡的公司法人治理结构，完善市场化的激励约束机制，推动产业链、价值链关键业务重组整合，提质增效、转型升级、全面提高劳动

①常修泽等：《混合所有制经济新论》，安徽人民出版社，2017年，第185-208页。

生产率，从体制机制上解决国有企业内部管理行政化、外部行为非市场化的问题①。

到2017年底，已有三批50家国有企业纳入混改试点，其中既有中央企业，也有地方国有企业，涵盖电力、石油、天然气、铁路、民航、电信、军工这七大领域。中央企业所属企业中，超过三分之二的企业实现了国有资本和社会资本在产权层面的混合，多途径混改有序展开。通过推进国有企业混合所有制改革，实现了股权结构多元化、法人治理规范化和运营市场化。例如，东方航空物流有限公司的股权结构在开展混改之前是百分之百的国有控股，混改后引进了四家战略投资者，释放了45%的国有股份，有10%的员工持股，国有股份下降到45%。在法人治理规范化实践中，中国联通作为中央企业集团层面的混合所有制改革试点，引入了14家战略投资者，释放了35.2%的股份，集团持股比例从62.7%降至36.7%。混改后，中国联通选举产生了新一届董事会，8个非独立董事席位中，联通仅占3席，战略投资者中国人寿、腾讯、百度、阿里、京东各有1席，按照上市规则设置独立董事5人。成立了发展战略、审计、薪酬与考核、提名等专门委员会，各行其权，各负其责，实现了董事会组成的多元化和决策的专业化②。

（二）在国有企业“混改”试点中需要解决的问题

一是需要完善产权制度。混合所有制改革一头连着深化国有企业改革，一头连着支持民营企业发展。在混改试点中发现，混合所有制改革有一些需要在政策层面解决的问题，如对国有非上市公司，由于缺乏操作细则，资产评估的难度较大，容易形成分歧，企业普遍存在顾虑，相关的交易定价制度办法需要进一步完善。需要研究修订《国有资产评估管理办法》，严格规范国有资产评估程序、细化评估方式、强化监管和法律责任追究、强化违法失信联合惩戒。对按规定程序和方式评估交易的国有资产，建立免责容错机

①《以混合所有制改革试点作为深化国企改革的突破口实现完善治理强化激励突出主业提高效率的改革试点目标——国家发展改革委召开国有企业混合所有制改革试点专题会》，http：//www.ndrc.gov.cn/xwzx/xwfb/201609/t20160930_821881.html。

②《国家发改委司长谈国企混改：力度还将加强，试点还将扩大》，https：//www.thepaper.cn/newsDetail_forward_2572837。

制，鼓励国有企业推动混合所有制改革。

二是需要完善要素市场化配置。土地是国有企业混合所有制改革能够注入的重要资产。在混改工作中进行土地处置和变更登记时，由于一些国有企业历史上获得划拨的国有土地存在证照不全、证实不符、权属不清、土地分割等问题。因此，需要研究加强国有土地资产处置管理工作，为企业在混合所有制改革过程中开展土地处置和变更登记提供便利。

三是完善员工持股激励制度。员工持股是国有企业激励制度改革的重要内容。在已有的国有控股混合所有制企业开展员工持股试点意见及国有科技型企业股权和分红激励办法的基础上，需要抓紧制定重要领域混合所有制改革试点企业开展员工持股的政策意见，促进试点企业在员工持股及中长期激励约束机制建设上加大探索力度。工资是事关企业员工的切身利益激励约束机制的重要内容。2018年5月《国务院关于改革国有企业工资决定机制的意见》①提出“建立健全与劳动力市场基本适应、与国有企业经济效益和劳动生产率挂钩的工资决定和正常增长机制，完善国有企业工资分配监管体制”。对于混合所有制改革企业工资总额问题，需要按照该意见要求，进一步加大在工资总额管理、薪酬决定分配方面的改革授权力度，充分发挥市场在国有企业工资分配中的决定性作用②。

（三）在总结经验基础上深化国有企业“混改”

目前，我国大多数国有企业已在资本层面实现混合。根据国务院国资委数据显示，截至2017年底，国资委监管的中央企业总资产54.5万亿元中，大约65%已进入上市公司，比2012年底的占比54%有了显著增长。在地方层面，一些省份国有企业的总资产已有超过45%进入上市公司，上海、重庆、安徽等地均超过了50%。

在充分竞争领域中，国有企业混合程度更高。目前，商业一类央企的“混改”比例已超过七成，其中建筑、房地产、制造、通信、批发零售等5

①《国务院关于改革国有企业工资决定机制的意见》，http：//www.gov.cn/zhengce/content/2018-05/25/content_5293656.htm。

②《国家发改委司长谈国企混改：力度还将加强，试点还将扩大》，https：//www.thepaper.cn/newsDetail_forward_2572837。

个行业“混改”户数占比分别达到了87%、80%、75%、74%和72%，央企四级及以下子企业超过85%实现了“混改”。

改制上市是规范发展混合所有制的重要方式。实践中，国有企业从市场规则出发，运用股权转让、增资扩股、合资新设、市场化重组以及基金投资等多种方式，与民营资本进行广泛合作。如国投集团下属的企业国投高新，以基金等方式投资了一批引领产业发展的民营企业，支持了1800多家创新型中小企业发展，吸纳就业30万人。

国有企业下一步“混改”工作，要积极推进主业处于充分竞争行业和领域的商业类国有企业的“混改”，针对企业不同层级，重点引导在子公司层面有序推进混合所有制改革。在电力、石油、天然气、民航等重点领域持续加大“混改”力度，有序扩大开放的领域和范围，增加开放的广度和深度。在“混改”中统筹推行落实董事会职权、市场化选聘经营管理者、企业薪酬分配差异化以及员工持股等改革，提升改革的系统性、整体性[①]。在“混改”过程中应注意突出主业，加快剥离辅业，从不具备竞争优势的领域退出；“混改”引入的社会资本，应严禁收购不相干的企业、严禁扩张辅业、严禁圈地；对于长期亏损和无效的资产，要通过产权转移、无偿划拨等形式，加快实现市场出清。

二、国有企业在“混改”中优化股权结构

推进国有企业混合所有制改革的核心是实现产权多元化和完善法人治理结构，目的是增强国有经济活力，放大国有资本功能。混合所有制企业合理的股权结构，既要有利于实现公司内部权力的平衡，又要有利于放大国有资本。因此，需要合理配置国有股权在混合所有制企业中所占比例。

①《国企“混改”持续发力　不断向纵深推进》，http://m.xinhuanet.com/2018-12/20/c_1123882292.htm。

（一）在混改中的国有股权最优比例

国有企业混合所有制改革的核心是优化股权结构，以有效提高企业经营管理活动的灵活性，促进企业经营管理活动的创新改革。合理调整国有股权比例，确定国有股权最优比例成为国有企业混合所有制改革的重要内容。根据对上市公司的实证分析研究显示，国有股权比例与公司绩效显著正相关，呈倒U型曲线关系。当国有股比例为31.13%时，公司绩效最佳。实证研究表明，在国有资本绝对控股的混合所有制企业中，国有股权比例优化区间在51.7%至100%，国有股权最优比例尽量接近51.7%。在国有资本相对控股的混合所有制企业中，国有股权比例优化区间为20.0%至27.3%，国有股权最优比例尽量接近27.3%[①]。近几年，各地政府设立产业引导基金，一般参股比例多在10%左右，对推动新上项目的发展有一定作用。

（二）混合所有制企业合理股权结构

目前，国有企业存在的主要问题是产权单一，国有股权一元独大，导致所有者缺位，产生内部人控制问题。名义上国有企业职工对国有企业产权负责，但在实际经营管理中无法做到。为此，需要通过引入各类投资者，包括民营资本、国外资本、社会资本等，实现企业产权结构的多元化，按国有企业职能定位调整国有资本股权比例，才能建立起相互制衡的法人治理结构，解决所有者缺位问题。按照《国务院关于国有企业发展混合所有制经济的意见》提出的“分类推进国有企业混合所有制改革”要求，国有资本在混合所有制企业股权结构中分为绝对控股、相对控股、参股三种类型。

1. 国有资本绝对控股混合所有制企业

在公益类国有企业混合所有制改革中，国有资本处于绝对控股地位，在股权结构中应不低于51.7%，为方便操作可取整数52%。其他资本在股权结构构成中的比例应为：民营资本股权占比在15%左右；社会资本包括社保基金、证券、保险等机构的投资，股权占比在15%左右；为调动职工积极性和创造性，体现出国有企业主人翁地位，员工持股比例可在13%左右；为激励和约束企业管理层对企业负有的责任，采取管理层持股比

①常修泽等：《混合所有制经济新论》，安徽人民出版社，2017年，第186-197页。

例不应超过5%的管理机制。按照此股权结构设计，2016年中国联通公布的混改方案中，中国联通集团持有中国联通的股权由62.74%减至36.7%，转让给中国人寿保险股份有限公司10.22%、中国国有企业结构调整基金6.11%，国有资本持股比例合计为53.03%，符合国家要求在电信行业国有资本不低于51%的要求。

2. 国有资本相对控股混合所有制企业

按照商业类国有企业可以实行国有资本相对控股要求，国有资本在混合所有制企业中的股权占比应在27.3%左右，为方便操作取整数28%。2016年8月，国资委印发《关于国有控股混合所有制企业开展员工持股试点的意见》，允许主业处于充分竞争行业和领域的商业类企业开展员工入股试点，要求在保证国有资本处于控股地位条件下，试行符合条件的员工自愿入股，并建立健全股权内部流转和退出机制；员工持股总量原则上不高于公司总股本的30%，单一员工持股比例原则上不高于公司总股本的1%；实施员工持股后，应保证国有资本控股地位，且其持股比例不得低于公司总股本的34%[①]。为发挥民营企业创新和经营优势，引入民营资本持股比例不超过24.7%，为方便操作取整数不超过25%。发挥资本市场作用，引入社会资本的社保基金、证券、保险等机构资本持股比例不超过22%。作为上市公司，为调动管理层积极性，采取股权激励、股票增持、定向增长等方式，实行管理层持股比例不超过5%。为调动职工技术创新积极性，对管理骨干、技术骨干进行市场化激励，实行员工持股比例不超过20%。这样的股权结构，保证了第一大股东国有资本持股比例在28%左右。第二、第三大股东持股比例在25%、22%左右，两者股比之和大于第一大股东，形成制衡机制，防止一股独大破坏企业法人治理结构。2016年12月，中国交通建设股份有限公司并购了民营企业绿城中国控股有限公司，国有资本的中国交通建设股份有限公司持股比例为28.89%，香港九龙仓公司持股25%，宋卫平个人持股和香港丹桂基金会有限公司持股10.45%，寿柏年个人股份8.07%，公众投资者25.59%，外资2.00%。

① 《国资委关于印发〈关于国有控股混合所有制企业开展员工持股试点的意见〉的通知》，http：//www.gov.cn/xinwen/2016-08/19/content_5100563.htm。

3. 国有资本参股混合所有制企业

主业处于充分竞争行业的商业类国有企业，政府鼓励支持此类企业提供公共服务，发挥国有经济的引导作用。在国家制定优惠产业引导政策，鼓励发展某些产业时，国有资产出资人投入一定国有资本参股开发，引导其他资本进入该产业。国有资本参股比例应小于20%；民营资本持股比例在28%左右；社保基金、证券和保险等各类社会资本机构持股22%左右；员工持股比例在20%左右；根据民营资本控股特点，管理层持股比例可在10%左右。这样的股权结构设计，既保证了民营资本相对控股地位，又可以防止民营资本一股独大或家族垄断，体现了现代企业法人治理中相互制衡的原则。

（三）国有企业混改优化股权结构措施①

1. 建立多个股东制衡的股权结构，实现股权结构的多元化

国有企业在混合所有制改革中，优化股权结构和完善公司法人治理结构，建立起有多个股东相互制衡的股权结构，通过积极引入民间资本，促进股东结构的多元化，从而激发国有企业的发展活力，壮大国有资本，实现国有经济的主导作用。

2. 建立上市公司内部制衡机构，解决“内部人”控制问题

国有企业在“混改”中引入现代化公司的管理制度，实行独立董事制度和监事会的监督机制，重大决策和关系到国企股东利益的决策，必须召开股东大会讨论决定。加强国有企业的党建工作，充分发挥党委组织的政治核心作用，确保国企资产保值增值。完善工会制度，维护国企职工的合法权益。

3. 逐步扩大上市公司流通股比例，建立公司控制权市场

目前大部分国企只有30%左右的股份在市场上流通，导致国有企业的股价长久没什么波动，市值也徘徊不前。应该提高在市面上流通的国企股权比例，增强国有企业的股票流通性，让广大投资者获益，同时引入的民间资本股东也能够更好地推进国企的进一步改革。

---

①赵加锋：《混改国有企业优化股权结构的研究》，《中外企业家》2017年第10期，第65页。

4. 加强法律监管，建立完善的规范上市公司行为的法律法规

随着中国特色社会主义市场经济的发展，一些法律法规已不适应或有悖市场经济规则，或不具备可操作性。应随着市场的发展，不断调整完善法律法规来适应市场经济的发展。

三、在混改中实现放大国有资本功能

党的十八届三中全会指出，“积极发展混合所有制经济”，“有利于国有资本放大功能、保值增值、提高竞争力，有利于各种所有制资本取长补短、相互促进、共同发展”。2015年5月，国务院在《关于国有企业发展混合所有制经济的意见》中强调，通过深化国有企业混合所有制改革，促进国有企业转换经营机制，放大国有资本功能，实现国有资产保值增值，实现各种所有制资本取长补短、相互促进、共同发展，夯实社会主义基本经济制度的微观基础。

（一）放大国有资本功能内涵丰富意义深远

国有企业改革是全面深化改革的“重头戏”，是进一步理顺政府和市场的关系，发挥市场在资源配置中起决定性作用，深化收入分配制度改革的“中心环节”。

“放大国有资本功能”是通过全面深化国有企业改革，增强其价值力、竞争力与控制力。放大国有资本功能的重要方式就是通过国有企业的混合所有制改革，在竞争性行业中引入民间资本，用适量的国有资本与更多的民间资本合作，通过换股入股的方式带动民间资本进入国有企业或长期国营的行业领域。

国有资本的功能主要包括两个方面：一是具备一般资本的功能与属性，即逐利性，能够带来资本增值与投资回报；二是具备一些特殊功能，即公益性，能够促进我国社会主义市场经济健康发展、推动我国经济高质量发展和保障全体人民共同利益。

国有资本功能应主要在四个方面发挥作用。一是在关乎国家发展战略和经济安全关键领域发挥核心力量作用，如国防军工和能源安全等产业。二

是在发展和优化区域经济、建设大型基础设施方面起骨干作用，如中央企业与一些省市项目的对接活动。三是在落实国家经济宏观调控政策上起到生力军作用，如在国家战略性产业、新兴引导产业、社会保障性产业、基础性产业领域的投入。四是在提供公共服务、保障社会民生方面起到基础性支撑作用，如发展社会保障性产业，将国有企业部分股权划归社保基金。

放大国有资本功能主要体现在四个层面：在企业经营管理层面，应以做大做强做优国有资本作为重要考核指标；在资本结构层面，应带动和影响其他社会资本，共同实施国家经济战略，为社会创造财富；在技术和产业层面，应带动国内相关行业和企业，向高技术、高质量具有国际竞争力的方向共同进步；在企业“走出去”层面，应在全球市场、全球产业发挥重要影响力。

放大国有资本功能应在保证国有资本控制力的前提下，发挥资本的杠杆作用，以投入较少的资本带动更大的资本，提升国家对经济的掌控力①。

（二）探索放大国有资本功能有效机制

1. 构建引导重点产业向高端迈进的机制

国有企业应通过实施混合所有制改革，促进产业结构的转型升级和创新发展。目前，中国的产业结构在总体上仍处于价值链的中低端。国有企业通过混合所有制改革，促进产业的整合、研发的整合、品牌的整合、市场的整合，促进整个产业步入转型升级和创新发展之路，实现产业链与价值链的融合发展，逐步形成引导整个产业向高端迈进的机制。

2. 构建产权结构合理促进国有资产保值增值机制

在建立混合所有制企业股权结构和完善法人治理结构过程中，应鼓励和支持增量资产改革。由于中国仍将长期处于发展战略机遇期，在新常态下我国经济发展空间仍然较大，国有企业有较大发展机遇。因此在新的发展项目上，通过引入民间资本的合作者，集聚增量资产，在完善股权结构和治理机制的基础上，实现资金、技术、市场品牌的优化整合。在市场机制下，国有企业积极参股非公有制企业，发展混合所有制经济，促进国有

①《放大国有资本的功能　造福民生经济》，http：//www.cannews.com.cn/2015/0810/130945.shtml。

资产保值增值。

3. 构建盘活存量资本提升主业和核心竞争力机制

国有企业在实行混合所有制改革中，应重视盘活存量资产，发挥规模经济的竞争优势，厚植国有企业长期注重人才培养和研发积累机制的发展优势，处理好主业与辅业的关系，强化主业发展能力，增强核心竞争力，促进企业向产业高端迈进。

（三）混改在实践中放大国有资本功能

国有企业混合所有制改革已取得显著成效。从数量上看，党的十八届三中全会以来中央企业及下属企业共推进混合所有制改革1995项。截至2017年底，已有三批50家国有企业纳入混改试点，其中既有中央企业，也有地方国有企业，涵盖电力、石油、天然气、铁路、民航、电信、军工这七大领域。中央企业集团及下属企业混合所有制企业（含参股）占比达到了68.9%，实现了国有资本和社会资本在产权层面的混合，企业资产总额达9400多亿元人民币，通过混改引入各类资本约3000亿元。目前已有超过三分之二的央企引进了各类社会资本，半数以上的国有资本集中在公众化的上市公司，不含参股企业的混合所有制企业实收资本达7.6万亿元。上市公司的资产、营业收入和利润总额在中央企业“总盘子”中的占比分别达到61.3%、62.8%和76.2%。中国联通、东航物流等混改试点方案改革力度大，带来市场积极反应。各地方国有企业已改组组建国有资本投资、运营公司89家，省级国资委所出资企业及各级子企业（合并报表范围内）混合所有制企业占比达到了47%。

实践证明，混合所有制是完善我国基本经济制度的重要形式。引入非公有制经济成分的国有混合所有制企业比国有独资企业和民营企业的效率都高。这是因为国有企业引入非公有制成分后，减少了政府对企业的干预、缓解了所有者缺位的负面影响；民营企业进入国有混合所有制企业后，提高了市场信誉度，降低了融资约束，规范了企业运营管理，进入传统国有垄断行业。央企及地方国企通过积极探索和实践混合所有制改革，与社会资本较大范围融合，使得国有资本功能不断放大，国有资本的作用得到进一步加强。

2017年6月19日，东航集团作为进入第一批央企混改试点企业名单的航空公司，正式宣布旗下东方航空物流有限公司（简称“东航物流”）与联想控股等四家投资者以及东航物流核心员工持股层代表正式签署增资协议权①。东航集团让出绝对控股权（45%），引入了联想控股（25%）、德邦（10%）、普洛斯（5%）、绿地（5%）；而且实现了核心员工持股10%。此次入股的联想控股、普洛斯、德邦、绿地等企业与东航物流形成资源互补优势和协调发展优势。借助“混改”所形成的资源互补和协调发展，“东航产地直达”在2017年创下业务量新高。

东航集团在东航物流“混改”中，以实际投入18.45亿元国有资本，有效引入了22.55亿元非国有资本的投入，有效放大了国有资本的影响力。并且使得东航物流资产负债率从2016年12月底的87.86%，降低到75%左右，达到全球一流航空物流企业的平均负债率水平。进一步形成了航空客运与航空物流“双轮”驱动的产业发展模式，有效提升了东航集团的产业整合能力、经营能力和可持续发展能力。

第二节　完善混合所有制经济健康发展环境②

党的十八届三中全会将混合所有制经济提升到国家基本经济制度的重要实现形式，是我国经济制度理论上一个重大突破，为以公有制为主体、多种所有制经济共同发展的实践探索提供了理论支撑。但混合所有制企业的法人治理结构和经营机制还有待在实践中完善。积极发展混合所有制经济，需要加快建立和完善现代企业制度，规范产权主体尤其是大股东的行为，减少企业负责人面临的道德风险和避免国有资产流失。在国有企业混合所有制改革试点中出现的问题，如公司组织形式不规范、经营管理体制不健全、有关法律法规制定滞后、国家政策引导监管薄弱等问题，还需要在深化经济体制改革中逐步加以解决。

①《混改》，http：//www.sasac.gov.cn//n4470048/n4470081/n8398084/n8398089/n8398249/c8409551/content.html。

②常修泽等：《混合所有制经济新论》，安徽人民出版社，2017年，第123–138页，第178–184页。

一、完善产权保护制度，优化企业发展法制环境

要加快法制建设，着重加强产权保护，遵循市场原则，减少行政干预。混合所有制经济的建立需要通过市场由参与方作为主体自主决定，针对混合所有制经济发展出台专项法律法规，注重产权明晰，平等对待资本。加快实施相关行政法制制度，规范市场交易，加强国有资产与民营资产在混合过程中的产权保护。加快构建国家产权交易平台，推动资本间重组兼并。通过设立国家投资基金，将国有资产的管理上升到资本运营层面，政府通过国家投资基金控股、持股相关混合所有制企业。政府通过交易平台引入战略投资者，支持混合所有制企业发展。多元配比股权，制约无限权力，形成完善的权力制衡机制，有效实现国有股权自身优化配比。健全国有资产审计体系，引入专业的第三方审计机构，完善代理人绩效考评办法，提高国有资产评估监管能力。

二、践行竞争中性原则，实现市场主体平等竞争

习近平总书记提出的构建亲清新型政商关系等新思想，《中共中央 国务院关于完善产权保护制度依法保护产权的意见》等文件的出台，进一步激发了民间投资的热情。在推进国有企业混合所有制改革中，要重视坚持“竞争中性原则”，即不同所有制市场主体在竞争中应拥有同样的地位，国有企业和民营企业在产权保护、行业准入、银行贷款、上市融资、产业政策支持、创新政策支持、政府监管等方面都享有同等待遇，不同所有制经济依法平等使用生产要素，公开公正公平参与市场竞争，同等受到法律保护，政府依法监管各种所有制经济。“竞争中性原则”与国有企业改革目标是一致的，国有企业通过深化改革成为真正独立的市场主体，消除国有企业在资源配置中的扭曲状态，实现市场合理配置资源并起决定作用。国有企业实行混合所有制改革后，电力、石油、天然气、铁路、民航、电信、军工等重点行业重要领域逐步向社会资本开放，为非公有制经济发展提供了更广泛的空间。

三、营造竞争性市场环境，推动国有企业提升效率

从混合所有制改革效果看，竞争性行业国有企业混合所有制改革比较有效，其效率高于纯国有企业。下一步要积极稳妥地推进放开垄断性行业中的竞争性业务，加大国有企业引入民营资本进行混合所有制改革的力度。要将国有企业分类改革思路与完善市场竞争环境结合起来，通过营造竞争性市场环境为国有企业改革提供动力。对那些关系国家安全和国民经济命脉的重要行业和关键领域进行科学细分，通过市场竞争的外部环境推动国有企业提升效率，以市场化手段推进混合所有制改革，进一步增强国有企业的活力、竞争力和控制力。

四、健全法人治理结构，建立有效的激励机制

混合所有制企业要建立现代企业制度，完善董事会和监事会机制，实现企业所有权和经营权分离，充分发挥董事会下设的战略委员会、薪酬委员会和审计委员会的监督作用。完善用人机制，由董事会负责招聘经理人团队，通过市场化手段聘请职业经理人。完善激励机制，探索员工股权激励模式，采用期权计划等管理工具激励企业经营者，给予技术骨干和优秀员工适当股份或期权，提高员工积极性；优化职工薪酬结构，使薪酬成为激励员工积极性的基础手段。

五、提供分类政策支持，循序推进探索试点

通过加强顶层设计和总结试点企业经验，优化混合所有制企业方案，防控改革风险。参与改革的国有企业应因地制宜，积极探索混合所有制的有效模式。各级政府部门除了提供整体的政策支持外，还要有针对性地推出专项法律法规，提供相关政策支持。各地政府应根据中央政策法规推出相应的配套措施，为本地区支柱产业和新兴产业发展提供政策支持。可以因地制宜建设混合所有制企业示范园区，形成混合所有制的产业集群。在分析研究和总结经验的基础上稳妥推进。目前混合所有制还处于探索阶段，在理论准备和

实际操作方面尚不成熟，仍需要一段筹备、探索、研究的时期。

第三节　探索混合所有制企业实行员工持股①

建立和完善我国混合所有制企业员工持股制度，对于深化国有企业改革、保护国有资产安全、促进国有资产保值增值、提高员工的积极性等具有重要意义。

党的十八届三中全会提出"允许混合所有制经济实行企业员工持股，形成资本所有者和劳动者利益共同体"。2015年5月，国务院在《关于国有企业发展混合所有制经济的意见》中提出，探索实行混合所有制企业员工持股。员工持股主要采取增资扩股、出资新设等方式，优先支持人才资本和技术要素贡献占比较高的转制科研院所、高新技术企业和科技服务型企业开展试点，支持对企业经营业绩和持续发展有直接或较大影响的科研人员、经营管理人员和业务骨干等持股。完善相关政策，健全审核程序，规范操作流程，严格资产评估，建立健全股权流转和退出机制，确保员工持股公开透明，严禁暗箱操作，防止利益输送。2016年8月，国务院国资委、财政部、证监会三部门联合印发《关于国有控股混合所有制企业开展员工持股试点的意见》，要求试点企业须是主业处于充分竞争行业和领域的商业类企业，科技类企业优先。央企二级以上企业及各省、自治区、直辖市及计划单列市和新疆生产建设兵团所属一级企业暂不开展员工持股试点。试点意见规定，为更好地激励骨干员工，只有在关键岗位工作并对公司经营业绩和持续发展有直接或较大影响的科研人员、经营管理人员和业务骨干才可以参加员工持股。根据安排，试点企业的推进方式是"成熟一户开展一户"，到2018年底进行阶段性总结，视情况再适时扩大试点。首批试点中央企子公司数量为10家，地方国企为5～10家。

①常修泽等：《混合所有制经济新论》，安徽人民出版社，2017年，第67–69页，第158–159页，第172页。

一、员工持股是完善混合所有制改革的有效手段

员工持股制度是一种企业员工（包括经营者）持有本企业股份，分享企业资本增值，参与企业经营管理的一种股权激励。资本和劳动是财富创造的两大基本要素。西方国家自工业革命以来很长一段时期里，资本超越劳动成为生产活动和经济活动的主导力量，导致劳资矛盾日益凸显。从我国改革开放40多年的实际情况看，长期以来由于劳动力过剩而资本短缺，导致重资轻劳的政策取向和价值观念，从而使资本日趋强化，而劳动地位相对弱化。员工持股制度本质上是要提高劳动在财富创造及收益中的地位，是以人为本的科学发展观的重要体现，是新时期全面深化改革的关键节点和重要突破口。

（一）员工持股是社会主义公有制的一种实现形式

实践证明，公有制经济与非公有制经济一样，都可以与市场经济紧密结合，这个结合点就是股份制。多种所有制经济通过股份制这种资本组织形式，有机地组合在一起，形成企业法人财产，既能发挥各自的优势，又能发挥整体功能，这就顺利地实现了公有制与市场经济的结合。在股份制经济中，由本企业职工持有股份，雇佣劳动者的劳动、技术和企业资本联合的经济应属于公有制经济。这种公众所有与传统国有、集体经济共同所有的区别在于，联合占有的资产在价值形态上明晰到每个劳动者个人，成为劳动者作为生产资料所有者领取资本收益的凭证；在实物形态上，仍然是一个完整的生产体系，从事社会化大生产。也可以说，这种公有制是建立在劳动者个人所有制的基础之上的。

（二）员工持股是推动混合所有制改革的有力抓手

当前推动混合所有制改革的关键是推动完善企业产权结构和推动完善公司治理结构。员工持股正是解决这两个问题的有力手段。一是有助于推动产权改革。我国企业改革的目标是最终建立现代企业制度，明确企业的法人地位，建立由企业自主经营、自负盈亏的管理制度，确立企业所有者和经营者分离的经营模式。二是有助于完善企业法人法理结构。现代企业制度下，公司的所有权和经营权分离，所有者需要对经营者进行监督，员工持股计划通

过员工购买企业股票的方法，使得员工成为企业的所有者，解决了所有者和经营者利益冲突的问题，从而削弱“内部人控制”，降低代理成本，提高企业经营效益。

二、完善员工持股的顶层设计和制度法规

（一）实行员工持股的基本原则

一是激励相容原则。通过员工持股真正起到发挥员工主人翁精神的作用，激励员工努力付出，使企业获得更高的收益。二是分享增量原则。鼓励企业将增量效益分享给员工，尤其是那些明确由员工努力而创造出来的企业超额收益，这样可以有效防止国有、集体资产流失，又能增大国有资本创造出的效益。三是长期导向原则。员工持股应是一种长期激励机制，要求在若干年内不能随便流通和转让。四是扩大按劳分配比例原则。在资本和劳动力收入分配上，应通过员工持股，引导劳资分配确定合理比例，使劳动获得更多收益。

（二）制定员工持股操作办法

在制度设计层面，国家应出台关于员工持股的配套政策法规，做好详细的顶层设计。在制度执行层面，有效设计股票价格、持有比例、持有期限、退出机制等。通过员工持股建立起多元化股权结构和优化治理结构，促进混合所有制改革。将高管利益与企业融合，形成命运共同体。在员工持股中，应分为核心层、骨干层和一般员工持股。这样的股权结构，既能壮大公有资本，满足公共利益的需要，又能使企业具有稳定的职工队伍，形成较强的凝聚力。员工持股覆盖范围不宜太广，应着重加大骨干员工的持股比重，这样既可根据员工的贡献确定持股比例，也可以防止管理层持股过高导致加大收入分配差距。同时要考虑为新进员工设置持续激励机制，防止将股份固化为特定一部分人的利益。要做好退出机制设计，主要包括解锁和转让两部分。

（三）完善员工持股相关法律法规

在借鉴国际经验的基础上，应制定全国统一的员工持股规则体系，明确员工持股的法律地位、操作程序。在此基础上，对《中华人民共和国公司法》《中华人民共和国证券法》《中华人民共和国信托法》《中华人民共和国企业所得税法》《中华人民共和国个人所得税法》《中华人民共和国劳动法》等相关法律进行修订。

三、混合所有制企业员工持股试点成效初显

2016年8月，国务院国资委《关于国有控股混合所有制企业开展员工持股试点的意见》对外发布后，11月份，遴选出中央企业所属10户子企业开展员工持股改革试点。选择试点条件主要包括：一是属于充分竞争的商业类企业；二是股权结构较为合理，由国有股东、非公资本股东以及员工股东构成；三是有较好的治理结构和管理基础；四是企业具有较强的市场独立性，营收、利润的九成要来自外部竞争，而非依靠集团“输血”。

在员工持股改革试点中实行“三不”和“两要”，即不搞全员持股、不搞平均持股、不搞存量转让持股；强调要建立股权动态调整机制、要严格防止国有资产流失。这项改革初步起到了促进国有企业改革的效果，加快了国有企业内部劳动、人事、分配“三项制度”改革，职业经理人制度等举措的落地，同时在吸引和留住人才、激发员工与管理层创新创业意识、促进企业业务开拓与业绩提升等方面发挥了作用。在员工持股价格确定上，国资委10家试点企业已经基本实现了通过产权交易所形成市场价格，即员工持股价格与通过产权交易所引入的战略投资者的入股价格相同，员工通过增资扩股成为“混改”企业股东。

2017年7月，10户试点企业全部进入了改革实际操作阶段。2017年11月底，全国已有22个省份的国资监管部门制定了本地方国企员工持股试点的实施办法或操作细则，27个省份的158家地方国企子企业开展员工持股试点[①]。

①《国企员工持股试点改革成效初显》，http：//www.gov.cn/xinwen/2018-02/01/content_5262979.htm

【专栏】中国联通：国有企业混合所有制改革的典范

为深入贯彻落实党中央、国务院关于深化国有企业改革、引入非国有资本参与国有企业改革、积极发展混合所有制经济的精神，按照“完善治理、强化激励、突出主业、提高效率”混合所有制改革十六字方针，2017年8月，国家发改委批复同意中国联通混合所有制试点方案，中央企业集团层面的混合所有制改革试点开始启动。2018年8月20日，中国联通集团下属A股上市公司中国联合网络通信股份有限公司（简称“中国联通”）发布了中国联通关于混合所有制改革有关情况的专项公告，正式披露混合所有制改革试点总体方案[①]。

中国联通“混改”概况

中国联通混合所有制改革试点总体思路是通过整体设计，积极引入境内投资者，降低国有股权比例，将部分公司股权释放给其他国有和非国有资本，实质性地推进混合所有制改革。中国联通混合所有制改革采用非公开发行和老股转让等方式，引入处于行业领先地位、与公司具有协同效应的战略投资者，包括大型互联网公司、垂直行业领先公司、具备雄厚实力的产业集团和金融企业、国内领先的产业基金等，建立健全协调运转、有效制衡的混合所有制企业公司治理机制。混合所有制改革前，中国联通公司总股本约211.97亿股。在混合所有制改革过程中，中国联通向战略投资者非公开发行不超过约90.37亿股股份，募集资金不超过约617.25亿元；由中国联通集团向结构调整基金协议转让其持有的本公司约19.00亿股股份，转让价款约129.75亿元；向核心员工首期授予不超过约8.48亿股限制性股票，募集资金不超过约32.13亿元。上述交易对价合计不超过约779.14亿元。上述交易全部完成后，按照发行上限计算，中国联通集团合计持有中国联通约36.7%股份，新引入战略投资者合计持有公司约35.2%股份，社会公众股东持有股份25.5%，向7800余名核心员工授予占总股比约2.6%的限制性股票，形成混合所有制多元化股权结构。交易完成后，中国联通集团对中国联通A股的持股比例将从原来的63.7%降低到36.7%。但在中国联通A股上市公司中，“中国联通集团+

①《中国联通正式发布混合所有制改革试点方案》，http：//www.xinhuanet.com//2017-08/21/c_1121517515.htm。

结构调整基金（129.75亿元，占6.11%）+中国人寿（217亿元，占10.22%）”股权总计约53%。因此，此次混合所有制改革并不改变中国联通国有企业的性质。

参与中国联通混合所有制改革的“朋友圈”阵容豪华，百度、阿里巴巴、腾讯以及京东等四大互联网巨头集体入局。通过混合所有制改革，中国联通在云计算、大数据、物联网、人工智能、家庭互联网、数字内容、零售体系、支付金融等领域具有领先优势。中国联通混合所有制改革后，2018年3月，新一届董事会正式成立，在结构上有独立董事5人，新引入战略投资者董事5人，中国联通集团3人；建立起员工与企业利益共享、风险共担的市场化机制和股权激励机制，实现股东、公司、员工利益一致。

中国联通“混改”的原因

中国联通曾与中国电信和中国移动三分天下，但由于4G业务的落后，相比于中国电信和中国移动两大运营商，中国联通的经营业绩出现严重下滑，用户数最少。以2016年营收数据看，中国电信是中国联通的近1.3倍，中国移动则是中国联通的2.6倍；以净利润计，中国电信约为中国联通的30倍，中国移动则是中国联通的172倍。同时，中国联通的资产负债率居首，高达62.57%，中国移动、中国电信分别为35.43%、51.52%。对中国联通而言，扭转这种落后局面，混合所有制改革是翻身的希望所在[①]。

中国联通“混改”的效果

在4G上落后的中国联通，通过混合所有制改革募集的资金，为其创新业务建设，加快推进公司战略转型提供了弯道超车的机会。一是将募集到的资金支持业务建设，补齐4G和移动基站的差距，提升网络品质，进行5G布局。二是引入战略投资者共同开创市场空间，通过与互联网巨头等合作，推出互联网套餐和联合电话卡，快速拉动4G用户上客量，在云计算、大数据、物联网、人工智能、家庭互联网、数字内容、零售体系、支付金融等领域共同争取新市场。三是引入非国有资本，在董事会和经理层建立起多元主体，形成权责对等、协调运转、有效制衡的混合所有制公司治理机制。四是试行员工

①《六问联通混改：姓私还是姓公　为什么引入BATJ？》，http：//www.xinhuanet.com//fortune/2017-08/21/c_1121513514.htm。

持股，股权激励对象包括中国联通A股上市公司董事、高级管理人员以及对经营业绩和持续发展有直接影响的管理人员和技术骨干等。激励股权将根据对经营业绩的贡献实现分配。

中国联通实施混合所有制改革后业绩出现明显回升。数据显示，2017年上半年，中国联通的4G用户仍比中国电信少1300万户。仅在9月份，中国联通的单月4G用户就净增756万户，增幅在三大运营商中居首，创出年度新高。2017年第三季度，中国联通的移动通信服务收入同比升幅达9.5%。2017年前三季度，中国移动实现净利润921亿元，同比增长4.6%；中国电信净利润185.02亿元，同比增长5.5%；中国联通净利润13.12亿元，同比增长168.4%。中国联通的净利润增幅高居三大运营商之首。中国联通通过混合所有制改革终于走出了业绩低谷。

参考文献

［1］胡家勇．论新时代所有制理论的创新发展［J］．江海学刊，2018（05）：92-98．

［2］李锦．破除12个国企民企对立思维怪圈［J］．人才资源开发，2018（09）：61-63．

［3］郝鹏．做强做优做大国有资本、加快培育具有全球竞争力的世界一流企业［J］．国资报告，2018（02）：6-11．

［4］许善达．实施混合所有制改革，推动国有资本多元化［N］．上海证券报，2017-05-20．

［5］季晓南．国有企业改革理论的重大创新［J］．企业文明，2017（12）：37-38．

［6］郑新立．城乡一体化是最大的新动能［J］．全球化，2016（12）：19-22．

［7］国务院发展研究中心企业研究所“深化国有企业改革中的突出矛盾与对策研究”课题组．推进我国国有资本布局调整的建议［J］．发展研究，2016（10）：4-8．

［8］陈东琪，臧跃茹，刘立峰，等．国有经济布局战略性调整的方向和改革举措研究［J］．宏观经济研究，2015（01）：3-17．

［9］应焕红．非公有制经济平等使用生产要素研究［J］．学习论坛，2014（04）：34-37．

［10］裴长洪．中国公有制主体地位的量化估算及其发展趋势［J］．中国社会科学，2014（01）：4-29．

［11］姜大明．建立城乡统一的建设用地市场［J］．国土资源，2013（12）：4-7．

［12］厉以宁．民营企业面临的最大问题是产权保护［J］．理论学习，2013（11）：36．

［13］秋石．为什么必须坚持公有制为主体多种所有制经济共同发展的基本经济制度而不能搞私有化和“纯而又纯”的公有制［J］．求是，2009（10）：11-14．

［14］吕薇洲．坚持公有制为主体、多种所有制经济共同发展：新中国60年基本经济制度的确立和完善［J］．红旗文稿，2009（20）：16-18.

［15］张卓元．国有经济应适当收缩［J］．调研世界，1997（03）：1.

［16］王钦敏．中国民营经济发展报告（2015—2016）［M］．北京：中华工商联合出版社，2017.

［17］刘现伟．国有经济与民营经济融合发展研究［M］．北京：经济管理出版社，2017.

［18］刘小鲁，聂辉华．国企混合所有制改革：怎么混？混得怎么样？［M］．北京：中国社会科学出版社，2016.

［19］大成企业研究院．2016年民营经济发展与民间投资重要数据分析报告［M］．北京：社会科学文献出版社，2017.

［20］张文魁．混合所有制与现代企业制度：政策分析及中外实例［M］．北京：人民出版社，2017.

［21］江怡．民营经济发展体制与机制研究［M］．杭州：浙江大学出版社，2016.

［22］程志强．国有企业改革和混合所有制经济发展［M］．北京：人民日报出版社，2016.

［23］郭克莎，胡家勇，张卓元，等．中国所有制结构变化趋势和政策问题研究［M］．广州：广东经济出版社，2015.

［24］厉以宁，程志强．中国道路与混合所有制经济［M］．北京：商务印书馆，2014.

［25］王胜利．中国特色社会主义所有制结构研究［M］．北京：经济科学出版社，2009.

［26］李楠．中国现阶段所有制结构及其演变的理论与实证研究［M］．武汉：武汉大学出版社，2008.

［27］胡均，周新城．我国社会主义初级阶段所有制结构改革状况［M］．北京：中国经济出版社，2007.

［28］范恒山．所有制改革：理论与方案［M］．北京：首都经济贸易大学出版社，2000.

［29］常修泽，等．混合所有制经济新论［M］．合肥：安徽人民出版社，2017：67–208．

［30］钟晟．发展民营经济与坚持国民待遇：兼谈南昌民营经济的发展［J］．南昌高专学报，2005（4）：39–42．

［31］乔榛．中国经济体制改革中的国有企业地位及功能变迁［J］．社会科学辑刊，2018（02）：140–146．

［32］王倩倩．统一监管集结号中央党政机关和事业单位经营性国有资产统一监管调查报告［J］．国资报告，2018（06）：63．

［33］赵加锋．混改国有企业优化股权结构的研究［J］．中外企业家，2017（10）：65．

后 记

2018年2月，为配合纪念改革开放40年活动，《国际视野下的中国对外开放》丛书主编张燕生老师约我就所有制改革写本书。此前，我在承担“完善我国所有制结构重点任务研究”课题时，调研了国有企业、民营企业、外资企业和农村土地制度改革，感受到产权关系对企业经营发展和深化农村改革的深刻影响，我国所有制改革在理论和实践探索中取得的成就，为我国改革开放取得成功提供了重要支撑，认为有必要深入研究改革开放40年来我国在所有制方面发生的巨大变化。于是答应承担《对外开放中的我国所有制结构变迁》一书的写作任务，并邀请课题组的綦鲁明、谈俊和赵天然三位同志共同完成。

在考虑书稿写作方案时，我们商议从历史回顾、理论探索、发展评点、案例剖析、展望未来等方面，研究描绘我国所有制结构变迁历程，从建设现代化国家、提高人民生活水平、建立中国特色社会主义市场经济体制角度，研究我国所有制结构变化的内在动因；从农村土地制度改革、国有企业改革、不同所有制经济共同发展等领域，向读者介绍中国对外开放取得的辉煌成就和重要经验同时，展现我国所有制改革发展的脉络和重要史实，总结取得的成功经验。内容表述以党的理论探索和政策实践为指引，做到既符合学术研究规范，也有较强可读性，使非专业人员喜欢读、专业人员愿意读。按照上述思路，我们在写作中也做了努力和尝试。但囿于我们的研究水平、时间和史料，上述目标是否如愿实现还请读者品评。

参与此书写作的四位同志是姜春力、綦鲁明、谈俊、赵天然。其中姜春力撰写前言和第四编《2013年至今：构建开放型经济新体制，完善公平竞争制度环境》，并负责全书总撰。綦鲁明承担撰写了第一编《1978—1992年，对外开放初期我国所有制结构理论突破与实践探索》，谈俊承担撰写了第二编《1993 - 2001年：社会主义市场经济体制确立初期所有制结构变化》，赵天然承担撰写了第三编《2002—2012年，中国经济融入世界经济体系，不同所有制经济混合发展》。

在此，向三位同志表示诚挚感谢。他们在完成其他繁重研究任务的同时，克服困难，查阅大量研究资料和历史文献，完成了写作任务。还要感谢广东经济出版社编辑、校对的同事，在他们的指导和督促下，我们完成了此书的写作；他们精益求精、认真负责的态度，给我们留下了深刻印象。

由于时间仓促，相关研究资料掌握不全面，同时研究水平有限，本书还存在许多不足之处，敬请专家和读者批评指正。

2019年6月16日于北京消夏园